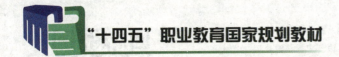

"十四五"职业教育国家规划教材

中国旅游资源赏析与线路设计

（第2版）

主　编　郭盛晖
副主编　林大康　李　妍　李　冰
参　编　冯淑玲　郑艳丽　刘尚超
　　　　梁逸更　彭仙英　陈木丰

北京理工大学出版社
BEIJING INSTITUTE OF TECHNOLOGY PRESS

内 容 提 要

本书为"十四五"职业教育国家规划教材。全书按照理实一体化的项目课程开发思路,适应新时代职业教育和培训的需要,由"中国旅游地理""旅游资源学""旅游线路开发设计"等传统课程整合而成。采用项目化、任务式新体例,设置了12个教学项目、51个学习型任务。在概述中国旅游资源与环境特征、旅游交通、旅游地图、旅游线路设计方法和校园旅游资源之后,分别逐一介绍全国各地的旅游资源、旅游城市和旅游线路。本书语言简洁通俗,图文并茂,另外,可通过手机二维码共享课程网络资源,本书既可作高等院校旅游专业师生的教学用书,也可作旅游从业人员和旅游爱好者的业余读物。

学银在线开放课程
(中国旅游资源赏析与线路设计)

版权专有　侵权必究

图书在版编目(CIP)数据

中国旅游资源赏析与线路设计 / 郭盛晖主编. —2版. —北京:北京理工大学出版社,2019.11(2024.8重印)

ISBN 978 - 7 - 5682 - 7837 - 9

Ⅰ.①中… Ⅱ.①郭… Ⅲ.①旅游资源 - 中国 - 教材 Ⅳ.① F592

中国版本图书馆 CIP 数据核字(2019)第 243854 号

责任编辑 / 赵 磊	文案编辑 / 赵 磊
责任校对 / 周瑞红	责任印制 / 施胜娟

出版发行 / 北京理工大学出版社有限责任公司
社　　址 / 北京市丰台区四合庄路6号
邮　　编 / 100070
电　　话 / (010)68914026(教材售后服务热线)
　　　　　(010)68944437(课件资源服务热线)
网　　址 / http://www.bitpress.com.cn
版 印 次 / 2024年8月第2版第7次印刷
印　　刷 / 河北鑫彩博图印刷有限公司
开　　本 / 787 mm×1092 mm　1/16
印　　张 / 14.25
字　　数 / 344 千字
定　　价 / 59.80 元

图书出现印装质量问题,请拨打售后服务热线,负责调换

PREFACE 再版前言

"中国旅游资源赏析与线路设计"是旅游类专业的核心课程之一,其目标是增长学生对中国旅游资源的欣赏与鉴别、旅游城市与景点的解说、旅游线路的设计与推介等技能,同时,提高学生的旅游文化素养和爱国主义热情,讲好中国故事。为此,本书按照理实一体的项目化课程开发思路,设置了12个教学项目,在认知中国旅游业环境、旅游资源、旅游交通、旅游地图、旅游线路设计和校园旅游之后,将全国分成10个旅游大区,并逐一介绍各地的特色旅游资源、旅游业发展水平、主要旅游城市、旅游景点和旅游线路。

本书第2版是"十四五"职业教育国家规划教材。第2版修订过程中,采同类教材之所长,在编写思路、体例和内容上进行了诸多改革,凸显出以下特色和创新。其一,在指导思想上,体现立德树人、产教融合理念,由职业院校教师和行业企业精英合作编写,将职业道德教育与职业技能培养结合起来,将祖国的壮丽山川和优秀文化等旅游资源进行深度赏析,并通过旅游线路设计进行颂扬与传承。其二,在内容上,对"中国旅游地理""旅游资源学""旅游线路开发设计"等传统课程进行整合,除包括旅游资源与环境、旅游城市与景点等常规内容外,还增加了旅游地图、旅游交通、旅游线路和旅游特色等教学内容。其三,在编写体例上,打破传统教材的章、节体系,以项目化、任务式结构进行编排,全书共设置12个教学项目、51个学习型任务。其四,在资料资源上,构建了相应的课程网站,配套PPT课件、教学设计、教学视频、教学案例和考核评价方案等课程资源。书中资料力求翔实、新颖,所引资料、数据绝大部分更新到2019年或2021年,充分反映了我国旅游行业发展的最新动态与成果,并及时体现和贯彻党的二十大精神。其五,图文并茂,以图说话。全书插入地图与景观图100多幅,以增强教学内容的空间性与直观性,并且运用二维码技术,方便学生使用手机随时随地进行学习。

本书由郭盛晖(广州番禺职业技术学院)任主编,林大康(惠州环宇国际旅行社)、李妍(珠海城市职业技术学院)和李冰(毕节职业技术学院)任副主编,冯淑玲(广东科学技术职业学院)、郑艳丽(山西管理职业学院)、刘尚超(深圳市精英导游服务公司、深圳市中旅集团公司)、梁逸更(茂名职业技术学院)、彭仙英(广州科技贸易职业学院)和陈木丰(广东职业技术学院)参与编写。具体分工如下:郭盛晖负责大纲设计、统稿定稿并编写项目1、项目2和项目8,林大康参与大纲设计并编写项目12,李妍参与大纲设计并编写项目4,李冰参与大纲设计并编写项目7,冯淑玲编写项目9,郑艳丽编写项目5,刘尚超编写项目10,梁逸更编写项目3,彭仙英编写项目6,陈木丰编写项目11。

本书引用和参考了许多优秀教材、专著、报刊及网络资料,因篇幅所限,有的文献未能在参考文献中一一列举,在此谨向这些著作者表示歉意和谢意。

感谢漳州职业技术学院周丽华老师、长春职业技术学院于英丽老师、广东科学技术职业学院万方秋老师、山西管理职业学院王玉杰老师的指导与帮助。感谢广州番禺职业技术学院的领导和同事们的关心与支持。感谢北京理工大学出版社的策划与支持。

因写作时间仓促,加之编者水平有限,书中可能存在一些错漏或不当之处,敬请广大读者、专家谅解并批评指正。

编 者

项目 1 ▶ 旅游资源与线路设计认知
  任务 1.1 中国旅游业与旅游环境认知……………………………… 2
  任务 1.2 中国旅游资源解读…………………………………………… 6
  任务 1.3 中国旅游交通地理认知…………………………………… 10
  任务 1.4 中国旅游地图识读…………………………………………… 14
  任务 1.5 旅游线路设计概要…………………………………………… 17

项目 2 ▶ 游遍校园
  任务 2.1 中国校园旅游资源与线路设计…………………………… 22
  任务 2.2 本校校园旅游资源与线路设计…………………………… 26

项目 3 ▶ 游遍京津冀
  任务 3.1 京津冀的旅游环境及特色资源解读……………………… 31
  任务 3.2 北京旅游资源赏析与线路设计…………………………… 33
  任务 3.3 天津旅游资源赏析与线路设计…………………………… 39
  任务 3.4 河北旅游资源赏析与线路设计…………………………… 43

CONTENTS 目录

项目 4 ▶ 游遍东北三省
- 任务 4.1　东北区的旅游环境及特色资源解读………………………… 49
- 任务 4.2　黑龙江旅游资源赏析与线路设计…………………………… 51
- 任务 4.3　吉林旅游资源赏析与线路设计……………………………… 55
- 任务 4.4　辽宁旅游资源赏析与线路设计……………………………… 59

项目 5 ▶ 游遍华北四省
- 任务 5.1　华北区的旅游环境及特色资源解读………………………… 65
- 任务 5.2　陕西旅游资源赏析与线路设计……………………………… 67
- 任务 5.3　山西旅游资源赏析与线路设计……………………………… 72
- 任务 5.4　河南旅游资源赏析与线路设计……………………………… 77
- 任务 5.5　山东旅游资源赏析与线路设计……………………………… 83

项目 6 ▶ 游遍华东五省市
- 任务 6.1　华东区的旅游环境及特色资源解读………………………… 90
- 任务 6.2　上海旅游资源赏析与线路设计……………………………… 92
- 任务 6.3　浙江旅游资源赏析与线路设计……………………………… 95
- 任务 6.4　江苏旅游资源赏析与线路设计……………………………… 100
- 任务 6.5　安徽旅游资源赏析与线路设计……………………………… 105
- 任务 6.6　江西旅游资源赏析与线路设计……………………………… 109

项目 7 ▶ 游遍华中四省市
- 任务 7.1　华中区的旅游环境及特色资源解读………………………… 115
- 任务 7.2　四川旅游资源赏析与线路设计……………………………… 117
- 任务 7.3　重庆旅游资源赏析与线路设计……………………………… 124
- 任务 7.4　湖北旅游资源赏析与线路设计……………………………… 127
- 任务 7.5　湖南旅游资源赏析与线路设计……………………………… 133

目录 CONTENTS

项目 8 ▶ 游遍华南三省
- 任务 8.1　华南区的旅游环境及特色资源解读……………………………141
- 任务 8.2　广东旅游资源赏析与线路设计…………………………………144
- 任务 8.3　福建旅游资源赏析与线路设计…………………………………152
- 任务 8.4　海南旅游资源赏析与线路设计…………………………………158

项目 9 ▶ 游遍西南三省区
- 任务 9.1　西南区的旅游环境及特色资源解读……………………………164
- 任务 9.2　广西旅游资源赏析与线路设计…………………………………166
- 任务 9.3　云南旅游资源赏析与线路设计…………………………………172
- 任务 9.4　贵州旅游资源赏析与线路设计…………………………………177

项目 10 ▶ 游遍西北四省区
- 任务10.1　西北区的旅游环境及特色资源解读……………………………184
- 任务10.2　内蒙古旅游资源赏析与线路设计………………………………186
- 任务10.3　宁夏旅游资源赏析与线路设计…………………………………190
- 任务10.4　甘肃旅游资源赏析与线路设计…………………………………193
- 任务10.5　新疆旅游资源赏析与线路设计…………………………………198

项目 11 ▶ 游遍青海和西藏
- 任务11.1　青海和西藏的旅游环境及特色资源解读………………………204
- 任务11.2　青海旅游资源赏析与线路设计…………………………………205
- 任务11.3　西藏旅游资源赏析与线路设计…………………………………209

项目 12 ▶ 游遍港澳台
- 任务12.1　港澳台的旅游环境及特色资源解读……………………………214
- 任务12.2　香港旅游资源赏析与线路设计…………………………………215
- 任务12.3　澳门旅游资源赏析与线路设计…………………………………217
- 任务12.4　台湾旅游资源赏析与线路设计…………………………………219

参考文献……………………………………………………………………………222

项目 1

旅游资源与线路设计认知

项目导读

《中国旅游资源赏析与线路设计》是以中国各省市区的旅游资源为学习对象，以景区景点等旅游要素的布局、特色及旅游线路为主要内容的课程。其教学目的是使学生了解区域旅游发展特征与水平、旅游景观特色与布局，学会科学讲解与推介区域旅游资源，设计合理的旅游线路；同时，加强对祖国壮丽山河和优秀文化的深入了解，提高爱国热情和文化自信。本项目是本课程学习的基础与前导，通过本项目学习，学生应初步认识我国的旅游业和旅游地理环境，熟悉我国旅游资源和旅游交通的主要特征与布局，学会识读和应用旅游地图，掌握旅游线路设计的基本知识与方法。

课程资源

中国旅游业与旅游环境认知微课视频

中国旅游资源解读微课视频

旅游线路设计概要微课视频

项目1 PPT课件

任务 1.1

中国旅游业与旅游环境认知

旅游是人们为了观光、休闲、娱乐或其他目的，暂时离开常居地，到外地游玩和逗留的特殊活动。旅游活动是现代人普遍追求的生活方式，也是一种较高品位的消费方式。旅游业是集食、住、行、游、购、娱于一体的综合性产业，其发展需要一定的自然、社会、经济和文化条件。这些因素和条件共同构成一个国家或地区的旅游地理环境。

一、中国旅游业发展概况

相对世界旅游业及国内其他产业来说，中国的旅游业起步较晚、起点较低，但发展速度快、发展潜力大、发展前景好。改革开放前，我国旅游业以外事接待为主，只具备产业雏形，还没有形成真正的规模产业。1978 年以后，我国旅游业以其巨大的资源优势和国际市场积蓄多年的需求存量，领改革开放之先，受改革开放之惠，持续、快速发展，逐渐成为我国国民经济中的重要产业和国际旅游大舞台上异常活跃的新生力量。特别是近年来，我国坚持"大力发展入境旅游，积极发展国内旅游，适度发展出境旅游"的策略，取得了举世瞩目的成绩，形成了"三个市场"相互驱动、相互补充的良好局面，旅游大国的地位得到不断巩固和提高。

21 世纪以来，我国旅游业虽然遭受了非典、金融危机和新冠肺炎疫情等各种突发事件和不利因素的冲击，经受了前所未有的考验，但面对严峻的旅游市场形势，全国旅游行业克服困难，总体上保持了平稳发展。2019 年，全国共接待入境游客 1.45 亿人次，实现国际旅游外汇收入 1 313 亿美元，分别比上年增长 2.9% 和 3.3%；国内旅游人数 60.06 亿人次，收入 57 251 亿元人民币，分别比上年增长 8.4% 和 11.6%；中国公民出境人数达到 15 463 万人次，比上年增长 3.3%；旅游业总收入 6.63 万亿元人民币，比上年增长 11.1%。

"十四五"时期，我国将全面进入大众旅游时代，旅游业发展仍处于重要战略机遇期，但机遇和挑战都有新的发展变化。旅游消费将从低层次向高品质和多样化转变，由注重观光向兼顾观光与休闲度假转变。以文塑旅，以旅彰文，文化和旅游深度融合发展，建设一批富有文化底蕴的世界级旅游景区和度假区，打造一批文化特色鲜明的国家级旅游休闲城市和街区，红色旅游、乡村旅游、智慧旅游等将加快发展。旅游业综合功能不断发挥，旅游强国建设取得明显进展。

二、中国旅游业发展的区域格局

区域旅游业的发展水平与国民经济的发达程度有较强的正相关性，不管是国内旅游还是入境旅游，我国旅游业的区域格局呈明显的东、中、西部梯度推移态势。就旅游经济规模和效益来说，东部沿海特别是珠三角的广东省，长三角的浙江省、江苏省，环渤海的山东省明显高于其他省份，是我国旅游经济效益最好的地区。这些省区经济较发达，区位条件较好，旅游交通与宾馆饭店等设施完善，因而在我国旅游业中居主导与核心地位，是我国的旅游大省。

中部的北京市、河南省和四川省、湖南省、湖北省也是我国国内旅游收入较多的城市和省份，其效益与规模在全国居中间水平和过渡地位。

旅游经济效益较低的省份大多分布在我国的西部地区，这些省区经济发展水平相对落后，旅游业配套条件较差，因而旅游产业规模较小。但西部地区的旅游资源非常丰富，旅游产业发展空间较大。

三、中国各类旅游景区发展概况

就旅游景区而言，伴随着旅游业的发展，景区作为旅游产业核心要素的地位越来越显著。当前，旅游景区已成为我国旅游产业的重要组成部分，各地出现了一批年接待人数过百万、门票收入超亿元的景区，形成了"开发一个景区、形成一个产业、带动一个地区"的成功案例。截至2021年7月，我国已开发各类A级景区1万多家，其中5A级景区306家。世界遗产56项，其中世界文化遗产38项，世界自然遗产14项，世界文化与自然双遗产4项。国家重点风景名胜区187个，国家地质公园240多个，国家森林公园800多个，国家自然保护区300多个。

四、中国旅游环境的基本特征

1. 优越的区位与辽阔的疆域

中国位于亚洲东部、太平洋西岸，是一个海陆兼备的国家。陆地面积 960×10^4 km²，疆域辽阔，仅次于俄罗斯和加拿大，位居世界第三大国。最东端为黑龙江和乌苏里江的主航道中心线相汇处，最西端在帕米尔高原附近，东西相距约 5 000 km；最南端为曾母暗沙，最北端在漠河以北黑龙江主航道的中心线上，南北相距约 5 500 km。

中国陆地疆界长 2.28×10^4 km，与朝鲜、俄罗斯、蒙古、哈萨克斯坦、吉尔吉斯斯坦、塔吉克斯坦、阿富汗、巴基斯坦、印度、尼泊尔、不丹、缅甸、老挝、越南等国家相邻。大陆海岸线长达 1.8×10^4 km 以上，岛屿 6 300 多个，总海岸线长达 3.2×10^4 km。渤海、黄海、东海、南海以及台湾东岸太平洋海域等 5 个海区及台湾海峡、琼州海峡环列于大陆海岸线外侧。隔海与日本、韩国、菲律宾、文莱、印度尼西亚和马来西亚等国家相望。

我国现行行政区基本划分为省（自治区、直辖市）、县（自治县）和乡（镇）三级。省级行政单位包括23个省、5个自治区、4个直辖市和2个特别行政区。由于历史因素，香港、澳门曾长期分别被英国、葡萄牙占领，现已先后回归祖国，作为特别行政区实行"一国两制"，成为我国领土不可分割的部分。

优越的地理位置和广袤的地域空间，孕育了我国复杂多样的地理环境，为各种自然旅游资源的形成提供了良好载体。广阔的沃野良田，众多的江河湖泽，丰富的自然资源，复杂的天象气候以及悠久的历史，为我国独具特色的人文景观旅游资源创造了得天独厚的条件。

2. 众多的人口与丰富的民族

中国人口众多，为世界第一人口大国，截至2020年11月1日全国总人口14.4亿人❶。重庆、上

---

❶ 人口数据来源于《2020年第七次全国人口普查主要数据》（中国统计出版社），后面各省市区的人口统计口径与此相同，不再作特别说明。

海、北京、成都、天津和广州等许多大城市人口均超过 1 000 万，成为世界特大城市。

我国是以汉族为主的多民族大家庭。除汉族外，还有 55 个少数民族，它们是蒙古族、回族、藏族、维吾尔族、苗族、彝族、壮族、布依族、朝鲜族、满族、侗族、瑶族、白族、土家族、哈尼族、哈萨克族、傣族、黎族、傈僳族、佤族、畲族、高山族、拉祜族、水族、东乡族、纳西族、景颇族、柯尔克孜族、土族、达斡尔族、仫佬族、羌族、布朗族、撒拉族、毛南族、仡佬族、锡伯族、阿昌族、普米族、塔吉克族、怒族、乌孜别克族、俄罗斯族、鄂温克族、德昂族、保安族、裕固族、京族、塔塔尔族、独龙族、鄂伦春族、赫哲族、门巴族、珞巴族、基诺族。各民族语言文字、生产生活习惯各不相同，在神州大地上以"大杂居、小聚居"之形式和谐相处。

丰富多彩的民族及其各自特殊的民居、服饰、饮食、宗教信仰、节日庆典等风俗习惯形成了多种独具特色的人文旅游资源，推进中国文化自信自强。

3. 复杂多样的地形

中国的地形复杂多样，地貌轮廓具有两个明显特征：一是地势西高东低，呈阶梯状分布；二是地表形态多种多样，以山地居多。

地势西高东低，大致可分为三级阶梯：第一级阶梯分布在西部，以有"世界屋脊"之称的青藏高原为主体，平均海拔 4 500 m，由极高山、高山、大高原及其间的河谷平原与盆地构成，如昆仑山、冈底斯山、唐古拉山、喜马拉雅山、横断山、羌塘高原、拉萨河谷平原、雅鲁藏布江河谷平原等，其地貌界线为昆仑山—祁连山—岷山—邛崃山—横断山；第二级阶梯由青藏高原外缘至大兴安岭—太行山—巫山—雪峰山一线之间的一系列高山、高原和盆地组成，平均海拔 1 000～2 000 m，主要包括阿尔泰山、天山、秦岭、准噶尔盆地、塔里木盆地、四川盆地、内蒙古高原、黄土高原和云贵高原等；第三级阶梯分布于东部沿海，由坦荡的平原和低缓的丘陵构成，海拔多在 500 m 以下，主要包括东北平原、华北平原、长江中下游平原及东南丘陵等。

地貌类型齐全多样，除山地、高原、丘陵、平原、盆地等类型外，还广泛存在着喀斯特地貌、丹霞地貌、雅丹地貌、冰川地貌、海岸地貌等千姿百态的特殊地貌形态。各种地貌类型除集中连片分布外，往往还交错或叠加在一起，形成错综复杂的地表结构，如高原之上卧伏大山，平原之间镶嵌丘陵，山地里怀抱平原和盆地。

多山是我国地形的主旋律。山地、丘陵和高原构成的广义山区约占全国国土总面积的 69%。其中，海拔 1 000 m 以上的山地高原占全国总面积的一半以上，西部许多山脉都在 3 500 m 以上。喜马拉雅山主峰珠穆朗玛峰海拔高达 8 844.43 m，为世界最高峰。

复杂多样的地貌类型不仅丰富了我国的自然景观，而且为我国古老、独特的人文景观的形成创造了良好条件，正是因为受西部高山、高原这些天然屏障的影响，我国与印度、西亚、欧洲和非洲的古代文明隔离开来，形成相对独立的地域空间，从而创造出独具特色的华夏文明。此外，受地势的约束，我国河流大多发源于西部山区，穿行于高原、盆地与丘陵间，蜿蜒流淌于平原之上，然后滚滚东流入海。还有众多的流泉飞瀑和天然湖泊点缀在复杂的地貌之上，使本来变幻多奇的山水名胜更增添了种种神秘色彩。

4. 复杂多变的气候

我国大部分地区属于温带大陆性季风气候，但受地理位置和地形等因素的影响，气候类型复杂多样。就光热条件而言，我国从南到北可分为赤道带、热带、亚热带、暖温带、中温带、寒温带等六个温度带；按照雨水条件的不同，从东到西可分为湿润、半湿润、半干旱、干旱等四个干湿区，许多山地因高差较大，由山麓到山顶可能出现从热带到亚热带、温带、寒带的气候渐变，呈现出"山下百花盛开，山上飞雪满天"的奇特景观，从而形成"一山有四季，十里天不同"的垂直变化。

我国季风气候的特点为春夏秋冬四季分明。冬季气候干冷，盛行从陆地吹向海洋的偏北风，寒冷干燥；夏季气候湿热，盛行从海洋吹向陆地的偏南风，高温多雨；春季气温上升快，大气层不稳定，多大风；秋季气温下降快，大气层稳定，秋高气爽。季风给我国东部地区的农业和森林植被带来雨露的惠泽，使大自然显现无限生机。季风气候的季节性和多变性，让我国许多旅游资源呈现明显的季相变化，多姿多彩，但同时也带来气候的不稳定性甚至灾变性。

我国西北地区由于深处内陆，又受高山阻隔，海洋湿润气流难以深入，形成典型的温带大陆性气候，气温年较差和日较差大，且干旱少雨。而平均海拔在 4 500 m 以上的青藏高原，是一个相对特殊的气候单元，形成了极为独特的高寒气候，紫外线强，终年低温少雨。

我国气候的这些特点，使我国的自然景观也呈现相应特色。受光热条件的影响，东部广大地区自北向南依次出现寒温带针叶林景观、中温带针叶与落叶阔叶混交林景观、暖温带落叶阔叶林景观、亚热带常绿阔叶林景观、热带雨林和季雨林景观等。受湿度条件的影响，从东南沿海到西北内陆又相继出现森林景观、森林草原景观、草原景观、荒漠草原景观、荒漠景观。一些高大山体从山麓到山顶，则在相对高差数千米之内出现对应于从低纬度到高纬度的自然景观递变现象。

由于呈纬度地带性分布的温度带和略呈经度地带性分布的干湿地区组合，加上垂直地带性与非地带性的地形因素影响，形成了复杂多样的气候类型。我国气候的这一特点，不仅孕育了多种多样的自然景观，而且形成多种多样的旅游气候环境，使旅游者在我国的不同地域、不同季节可产生不同的心理感受，获得各种适宜度假的气候环境。

5. 千姿百态的水域风光

我国是一个山高水长、河川纵横交错、湖泊星罗棋布、泉眼瀑布众多、冰川雪原广布、海洋沙滩辽阔的国家。

全国共有流域面积 1 000 km² 以上的江河 79 条，100 km² 以上的江河 5 000 多条，另有数以万计的溪流遍布全国各地。面积在 1 km² 以上的天然湖泊 2 800 多个，湖泊总面积约 8×10^4 km²。另外，还有众多人工湖泊（水库）、天然泉眼 10 万多处，不仅分布广泛，而且类型齐全。西部高山地区还广泛分布着现代冰川和永久性积雪，它们往往成为江河源头，不仅对河流水源具有补给调节作用，而且形成令人神往的高山冰雪奇观。它们同辽阔的海域共同构成了中国极富活力的水域景观旅游资源。

6. 丰富多彩的生物资源

我国是世界上动植物资源最丰富的国家之一。全国有陆栖脊椎动物 2 000 多种，占世界的 10%，其中，大熊猫、金丝猴、白鳍豚、褐马鸡、丹顶鹤、扬子鳄等珍稀动物为中国所独有。举世闻名的大熊猫在地球上已有 400 万年的历史，目前仅分布在我国的四川、甘肃和陕西交界的山区，极为稀贵。有高等植物 353 科、3 184 属、27 150 多种，仅次于马来西亚和巴西，居世界第三位；仅云南一省就有高等植物 10 200 种，是全欧洲的两倍；属于中国所特有的植物达 196 属，其中水杉、鹅掌楸、银杏被称为"世界三大活化石"，只在中国长江流域才有自然分布。

种类繁多的动植物不仅为人类提供了丰富的食物原料，而且具有美化环境和观赏的功能。中国自然环境生机勃勃、丰富多彩。

7. 悠久的历史与灿烂的文化

我国是人类历史文明的主要发源地之一，我们的祖先从远古时代就在中华大地上休养生息。考古研究表明，早在 170 万年前的旧石器时代，我国的史前文化就已形成了华北和华南两大文化谱系，其中包括著名的元谋文化、蓝田文化、许家窑文化、丁村文化等。到距今 9 000～4 000 年的新石器时代，中国形成了旱地农业、稻作农业和狩猎采集三个史前文化区。其中距今 7 000～4 600 年黄河流域的仰韶文化、大汶口文化和长江流域的马家窑文化等，已经显示出此时期农业已有了相当的进步和发展，定居村落已四处可见。考古工作者在河北武安磁山新石器时代的一个遗址中，发现了 300 多个长方形储粮窖穴，估计储粮能达 10 万千克以上。距今 4 600 年的黄河下游文化，不仅出现了铜器和发达的制陶业，而且出现了卜骨和巫师，即出现了宗教和国事活动，说明当时中华民族即将跨入文明时代。

文字的出现，是人类文明开始的重要标志。在我国，公元前 16 世纪的商代出现了甲骨文。周代形成了以礼、乐为中心的政教系统，并达到鼎盛时期。至春秋、战国时期，出现了以儒、墨、道、法为代表的诸子百家争鸣、学术空前繁荣的崭新局面，把我国文化推到了高峰，并使其一直延续发展经秦、汉至明、清。

在中国历史长河中，在不同时期的政治、经济、社会制度背景下，形成了风格各异、内容丰富的历史文化，留下了许多不同时代的文物古迹，具有很高的史学和美学价值，成为人文景观旅游资源的重要内容。

8. 欣欣向荣的现代社会经济

1949 年新中国成立以后，特别是改革开放以来，我国国民经济快速发展，社会事业欣欣向荣、日新月异，为旅游业的发展提供了良好环境与条件——既创造了丰富的旅游资源，又产生了巨大的市场需求。现代化建设所造就的许多建筑设施、文化场馆成为各地宝贵的旅游资源，如上海的东方明珠电视塔、金茂大厦，北京的中央电视塔、鸟巢、水立方，广州的新白云机场、火车东站广场、天河体育中心、广州塔等。车水马龙的繁华都市、世外桃源的乡下农庄、高峡平湖般的三峡大坝、天堑变通途的青藏铁路、上海黄浦江观光隧道、港珠澳大桥等无不显现了社会经济发展给旅游业带来的巨大影响，中国式现代化开创新局面，旅游环境不断优化和提升。

任务 1.2 中国旅游资源解读

一、旅游资源概述

1. 旅游资源的概念

旅游资源是旅游业发展的凭借和旅游者参观游览的对象物，它是自然界和人类社会中可能对旅游者产生吸引力，可以为旅游业开发利用，并可产生经济效益、社会效益和环境效益的各种事物和因素。旅游资源是旅游业发展的基础和重要条件，在一定程度上可以说，没有旅游资源就没有旅游业。

2. 旅游资源的分类

按成因和属性可分为自然旅游资源和人文旅游资源。自然旅游资源是指自然界天然形成的、能使人产生美感的自然环境和物象地域组合，如山、石、水、气、光、动物、植物等；人文旅游资源是指古今人类创造的、能激发人们旅游动机的物质财富和精神财富，如历史古迹、民俗风情、文化艺术、建筑园林等。

按资源性状如旅游资源的现存状况、形态、特性、特征来划分，可分为地文景观、水域景观、生物景观、天象与气候景观、历史遗迹、建筑与设施、旅游购物商品、人文活动等。全国旅游标准化委员会颁发国标 GB/T 18972—2017《旅游资源分类、调查与评价》中所采用的就是这种分类方案，它将旅游资源分为 8 主类、23 亚类、110 个基本类型。

3. 旅游资源的价值与开发利用

旅游资源的价值通常从美学观赏性、历史文化性、科学性和奇特性等方面进行分析评价。美学观赏性是指旅游资源能提供给旅游者的美感种类及强度，凡是吸引力较大的旅游资源都必须具有较高的美学观赏性，如桂林山水、张家界的山石、敦煌莫高窟、云南少数民族风情等，无不给人以美的享受。历史文化性包含两方面的含义：一是指旅游资源是否与重大历史事件、历史人物相关，其遗留文物古迹的数量和质量；二是指旅游资源是否具有或体现着某种文化特征，是否与某种文化活动有密切关系，或者是否与文学艺术作品、神话传说直接相关。科学性是指旅游资源的某些特性在自然科学、社会科学和教学科研方面具有什么样的地位，能为科学工作者和探索者提供什么样的条件和帮助。奇特性即旅游资源的特色、个性，也就是"与众不同""唯我独有""人有我优""人优我特"的特征。

旅游资源的开发利用就是根据市场需求，运用适当的经济和技术手段对旅游资源进行宣传、包装和挖掘利用，使之纳入旅游业范畴，实现经济效益、社会效益和环境效益。旅游资源的开发利用最主要的形式就是建立各种各样的景区景点，如风景区、文博院、寺庙观堂、旅游度假区、自然保护区、主题公园、森林公园、地质公园、游乐园、动物园、植物园等。

二、中国旅游资源的主要特征

1. 类型齐全，数量丰富

在中国复杂地理环境和悠久历史文化背景下，其旅游资源的数量与质量在世界上也是首屈一指的。《旅游资源分类、调查与评价》方案所设置的 8 大类、23 亚类和 110 个基本类型的旅游资源中，在我国都可以找到其典型代表，而且每个类型还可细分出许多小类，如楼阁可分酒楼、茶楼、戏楼、城楼、钟楼、箭楼、筒楼、风雨楼、观景楼、藏书楼、藏经楼、过街楼等。奇花异草中仅观赏性菊花就有 3 000 多种、兰花 2 000 多种、梅花 200 多种，充分显示出中国旅游资源的多样性和丰富性。

2. 历史古老，风格独特

我国是世界四大文明古国之一，其历史发展从未因异族入侵而中断。5 000 年血脉相承，世代相传，一直保持着自己的独特风格，其历史遗存、文物古迹、风土人情、风味食品、文化艺术等无不打上古老文明的印记。在已发掘的古人类遗址中，云南禄丰石灰坝发现的 800 万年前的古猿化石，是世界上发现的晚中新世到早上新世古猿中的第一个古猿头骨；京杭大运河始凿于公元前 5 世纪的春秋末期，比世界最古老的瑞典果达尔运河要早 2 000 年；古长城修筑历史延续 2 500 余年，被称为"世界七大奇迹"之一；中国的园林艺术始于轩辕黄帝时代；梅花、菊花有 3 000 年以上的栽培历史；养蚕取丝织绸的历史已有 4 000～5 000 年以上。

中国的旅游资源不仅古老，而且独特，可称为世界之最的奇绝旅游资源数以千计。例如，世界最高峰珠穆朗玛峰，世界上最古老的敞肩桥赵州桥（又名安济桥），世界上最大的宫殿建筑群北京故宫，世界上最大的皇家园林承德避暑山庄，世界上最大的石雕佛像乐山大佛等，无不具有独特性和垄断性。

3. 分布广泛，但相对集中

我国丰富多样的旅游资源遍布全国各地城乡。即使在号称"地球第三极"的珠穆朗玛峰，也有冰峰可供旅游者攀登探险，在艾丁湖面有盐池景观可供旅游者观赏。黑龙江和乌苏里江汇合处的东方红日，新疆阿拉山口的夕阳，内蒙古的草原羊群，海南岛的椰林以及偏远山区小县的所谓"八景"或"十景"等等，都表明了我国旅游资源分布广泛的特征。同时，这些资源又具有相对集中的特点。如果从黑龙江省的黑河镇至云南的瑞丽连一条直线，正好把全国分成面积相等的两部分。从宏观上看，此线以东集中了我国的七大古都、五岳、四大佛山名教、四大道教名山、三大古建筑群、江南三大名楼，以及全国著名的园林都市、绝大部分国家级重点风景名胜区和历史文化古城。我国的旅游资源还有呈条块集中分布的特点。例如，长江沿岸从江西庐山到重庆之间，自东而西有"匡庐奇秀甲天下"的庐山，有"龟蛇锁大江"的武汉，有"山、湖、楼浑然一体"的岳阳，有壮丽的长江三峡以及江陵、秭归、白帝城等历史文化名城，有赤壁、当阳等三国古战场以及附于它们的人物传说、碑林石刻，加上葛洲坝、长江三峡水利枢纽等现代工程，共同构成了巨幅长江山水文化长轴画卷。南北大运河、万里长城、茶马古道、丝绸之路以及珠江三角洲、长江三角洲、环渤海湾地区、四川盆地等，都是我国旅游资源成线、成片集中分布之地。

4. 季节性明显，地域性强烈

由于中国绝大部分地区位于季节性变化明显的温带和亚热带，故自然景观上春季草长莺飞，百花吐艳；夏季高温高湿，万象峥嵘；秋季天高气爽，果木飘香；冬季雨雪纷飞，山河露骨。夏季北方的海滨和中纬度地区的山地是避暑度假的理想之地，而冬季的海南岛又成了人们避寒度假的好处所。观泰山日出以冬春二季最佳，看黄山云海最好是春夏之交。由于人类的社会活动往往受制于自然环境，所以我国的不少人文旅游资源同样具有明显的季节性，如南岳衡山的"香市"以金秋八月最旺，内蒙古草原的牛羊以夏秋季节最肥。还有五月端午划龙舟、八月中秋看明月、元宵灯会等节庆活动，无不显示出季节性特征。

受地理环境影响，不同地域的旅游资源风貌迥异。例如，我国的风景地貌，桂林山水以岩溶风光见长，福建武夷山、广东丹霞山以丹霞取胜，湖南张家界的砂岩塔状峰林为世界仅有。还有民居，如北京的四合院、陕北的窑洞、云南的一颗印、广西的干栏、福建的客家土楼等，均显示出强烈的地方特色和民族风格。

5. 自然景观和人文景观交相辉映

中国人民自古具有崇尚自然的特点，"仁者乐山，智者乐水"，便是其历史的总结。帝王将相、文人墨客、高僧名道喜欢出没于名山秀水之间，并留下众多文化胜迹，使一些风景名胜地往往集自然景观与人文景观于一体，融历史文化与山水名胜于一身。例如，湖南岳阳古城不仅出现了"遥看洞庭山水翠，岳阳楼上对君山"的名楼、名山、名水相融的胜景，而且在一个仅有 0.98 km² 的君山 72 峰之间出现了 48 庙以及二妃墓（舜帝的娥皇、女英二妃）、秦始皇的封山印、汉武帝射蛟台、朗吟亭、杨幺寨、柳毅井等，并附有许多美丽动人的神话传说。湖北武当山集中了 72 峰、36 岩、24 涧、11 洞、9 泉、8 宫、2 观、36 庵堂、12 亭、10 祠、72 庙等自然与人文景观，使其更具美学、科学和历史文化价值，从而具有强烈的吸引功能。

三、中国旅游资源的区域分异

根据我国各地的区位特征、资源特色和旅游业发展方向的共性与个性，我国各省、直辖市和自治区可组合为 10 个特色各异的旅游区域。本书将从项目三起逐一分析各区域的旅游资源及旅游线路基本情况。

1. 京津冀旅游区

本区以北京为中心，包括天津、河北，共三省市。本区为我国的政治、经济、文化和国际交流中心，将古都风貌与现代都市融为一体，是国内外游客最多的地区之一。

2. 东北旅游区

本区位于我国东北部，包括辽宁、吉林、黑龙江三省。本区沃野千里，交通发达，气候湿润，林木特产丰富。冰雪气候、滨海风光、山川湖泊、火山奇景、特有动物、极光与极昼现象等，构成了以北国风光为特色的自然旅游资源；以清朝前期满族文化遗存为代表的历史文物及以满族、朝鲜族、鄂伦春族、赫哲族为代表的少数民俗风情，则构成了本区别具一格的人文旅游资源。

3. 华北旅游区

本区包括山西、山东、陕西、河南四省，是中华民族的发祥地，文化古迹遍布。从仰韶文化、半坡遗址、商城殷墟到抗日战争圣地，数千年历史在这里演绎。有三大古都、两大石窟，五岳名山此区占三，历史文化名城占全国的四分之一。

4. 华东旅游区

本区包括上海市、江苏省、安徽省、江西省和浙江省。本区景色秀美，风光旖旎，以都市风光、古典园林、吴越文化及湖光山色吸引国内外游客，成为我国最重要的旅游区之一。

5. 华中旅游区

本区包括重庆市、四川省、湖北省和湖南省，位于我国中部的长江中上游地区，是全国唯一既不靠海又无陆地国境线的旅游区。旅游资源兼有山、河、湖之胜，历史文化悠久，蜀荆湘楚文化浓郁，文化古迹颇丰。

6. 华南旅游区

本区包括福建、广东和海南三省，位于我国最南端。本区具有典型的热带和亚热带山海风光，是我国冬季的避寒胜地，地处我国改革开放的前沿，经济发达，是海外游客的主要入境口岸区，旅游业发展优势突出。

7. 西南旅游区

本区包括广西壮族自治区、贵州省和云南省，位于我国西南部、青藏高原东侧。区内岩溶景观发育典型，分布广泛，热带和亚热带高山、高原及峡谷风光独特，动植物资源极为丰富；少数民族众多，民族风情浓郁，旅游资源丰富多彩、特点突出。本区是我国旅游业发展较为重要的一个区域。

8. 西北旅游区

本区包括新疆维吾尔自治区、内蒙古自治区、宁夏回族自治区和甘肃省。本区古文化遗存丰富，沙漠、草原景观典型，是我国北方少数民族主要居住区；丰富多彩的民族文化，能歌善舞的民族风情，无不令人神往。

9. 青藏旅游区

本区位于我国西南部的青藏高原，号称"世界屋脊"，包括青海省和西藏自治区。高原上独特的冰雪世界、高寒草原、湖泊热泉，以及高原、高山峡谷和原始森林等构成奇异的自然旅游资源。

10. 港澳台旅游区

本区包括香港特别行政区、澳门特别行政区和台湾。地处我国南部亚热带、热带地区，面对广阔海洋，背靠祖国大陆。除台湾省旅游资源较为丰富外，香港特别行政区和澳门特别行政区地域狭小，旅游资源相对较少，但其凭借各自优越的条件，旅游业独具特色。

任务 1.3 中国旅游交通地理认知

一、旅游与交通的关系

旅游交通是指为旅游者在旅行游览过程中，提供所需要的交通运输及因其而产生的一系列的社会经济活动，它是旅游业的四大支柱之一，是一个国家或地区旅游业发展的重要标志。

旅游交通是区域旅游开发的先决条件。通达便利的交通是实现客源地与目的地联系的基础，是旅游行为得以实现的基本条件，也是旅游地开发的前提条件。旅游行为是发生在居住地以外地区的行为，必须借助适当的交通工具实现旅游者的空间位移。旅游者一次完整的旅游行为在空间移动上分为三段，即从其居住地到旅游景区，在旅游地各景区间游览，从旅游地返回居住地。要求"进得来、散得开、出得去"。

旅游交通是旅游业收入的重要来源。在旅游活动中，旅游交通费用是旅游消费的最基本费用，在旅游者所支付的旅游费用中占有相当的比重。旅游交通费用与旅游地的空间距离成正比，距离越长，费用也就越多。另外，以旅游交通为载体的旅游活动，为旅游业带来了更高的附加值，以此吸引更多的客流，增加了旅游业的收入。

旅游交通可以构成富有吸引力的特殊旅游活动。旅游交通方式多种多样，既有各具地域特色的传统方式，如骑马、骑骆驼、坐轿子、划竹筏等，又有各种现代交通方式，如邮轮、游艇、气垫船、高铁、直升机、索道、缆车等。这些特色交通或给人以新奇、惊险的娱乐性、刺激性享受，或给人以豪华、优雅、宽松的舒适性休闲观光享受，都能对旅游者产生了特殊的吸引力。

二、主要的旅游交通方式及其特点

旅游交通按其路线和运输工具的不同，可分为铁路、公路、水运、航空以及其他特种交通方式。各种旅游交通方式各有特点和优势，在旅游业的发展过程中有机结合、优势互补，形成网络化、立体化发展。

1. 铁路旅游交通

铁路交通是我国最重要的中、长途旅游交通方式，具有运载量大、运输能力强、运价低、长途运输成本低、远距离持续行驶能力强、受季节气候影响小等突出的优点。作为旅游交通方式，铁路交通经济、安全、方便，游客可在车厢内尽情饱览沿线风光。朝发夕至的列车还可方便游客夜间乘车休息，白天下车游览。其缺点是铁路建设造价高、工期长、短途成本高、灵活性差。与其他交通方式相比，其速度低于航空运输，运载量低于水路运输，灵活性不及汽车运输，而且受地区经济和地理条件的局限明显，地形过于复杂的山区不便修筑铁路。

近年来，我国铁路部门为了增强铁路旅游交通的吸引力，陆续开辟了旅游专列、动车和高速铁路，采取了提高行车速度、增加服务项目、减少停靠站点等措施，以保证旅游者在旅途中的舒适性和到达目的地的准时性，极大地提高了铁路旅游交通的效率。

2. 公路旅游交通

公路旅游交通是我国最重要的短途运输方式，它不仅可以独立完成运送游客的任务，更是其他交通方式不可缺少的联络伙伴。其优点是灵活、方便、随意，能深入到旅游区内部，实现"门到门"的运送；对自然条件适应性强，路面地形要求不高；道路建设费用少、工期短、见效快。坐汽车旅行，途中可以随意停留，任意选择旅游景点，还可深入到旅游目的地各游览点。但是，公路交通也存在运量小、安全性能较差、汽车尾气对大气污染较为严重等缺点。

随着我国家庭小汽车的普及，自驾车、房车等旅游交通方式不断发展，公路旅游交通的灵活性、方便性及重要性日益凸显。

3. 水路旅游交通

水路运输是以船舶、排筏等作为交通工具，在海洋、江河、湖泊等水域沿航线载运旅客的一种运输方式。水路旅游交通包括内河航运、沿海航运和远洋航运。水路旅游交通的优点：从交通运输的角度比较，具有经济（豪华邮轮除外）、舒适等特点；从旅游的角度比较，沿河、沿海地区往往是旅游资源丰富而集中的地区，人们可以一边航行一边游览。这种融行、游于一体的突出特点是其他交通方式所无法比拟的。缺点是由于航道受地理走向、水情等自然因素制约，以及轮船速度限制，水路旅游交通在运输速度、准时性、连续性等方面比较差。

4. 航空旅游交通

航空旅游交通的出现，特别是大型喷气式客机的使用，不仅缩短了空间距离，更缩短了旅途耗费的时间，为进行远距离的国际旅游和国内大尺度的旅游行为提供了前所未有的条件。因此，有无航空交通成为能否大规模开展旅游业的前提。航空运输业的发达程度是衡量各国旅游业发展水平的重要标志。航空交通的优点是快捷、舒适，旅途越长，这种优势表现得越突出。例如，北京到广州乘坐特快列车需20多个小时，乘飞机只需3小时。

航空交通也具有一些不足，如只能从点到点，即从一个机场到另一个机场，不能直接将客人送到住地或景点；飞机起降时噪声非常大，对周围环境影响也大；候机时间较长，从住地到机场需要一定的时间，加上安检、登机所耗时间也较长，对于短途旅行省时的优越性并不明显；航空交通易受天气状况的影响，飞机在起降阶段，需要高能见度的天气，能见度太低，容易造成空难事故，因此，在雾天、阴雨天，容易造成班机延误、转道甚至被迫取消。

5. 特种旅游交通

特种旅游交通方式很多，可分为自然力特种交通、畜力特种交通、人力特种交通、机械动力特种交通四种类型。

自然力特种交通是指借助风力、水力、下坡重力等自然力量来推动或滑行的运输方式，它包括帆船、漂流艇、滑雪板、滑沙板等。这类交通工具的使用受环境地形等条件的限制，通常应用于特定地区，在一定程度上反映了区域自然文化特色，可以满足旅游者增长见识、追求新奇、锻炼身体等需求。

畜力特种交通是指以牲畜为动力的交通，它包括马、驴、骆驼、大象、牛及其他牲畜。这类交通具有原始性、地方性，多用于现代交通工具无法到达的地区。乘坐这些交通工具，本身就是一项非常有趣的旅游体验，如在草原上骑马驰骋、在沙漠中骑骆驼、在雪地里乘坐狗拉雪橇等，能给人以亲切感，满足人们休闲、接近自然、回归自然的心理需求。

人力特种交通包括自行车、三轮车、人力车、独木舟、人力轿、竹筏、乌篷船等。这类交通具有很强的地域性和传统文化性，是一些地区传统的交通形式，反映了当地民族文化特色。在现代旅游活动中，利用这种交通工具开展专项旅游，可使旅游者在娱乐中了解并吸取旅游目的地民俗文化。

机械动力特种交通主要是指以燃油、电等能源为动力的交通工具，包括索道、观光电梯、电瓶车、潜艇等多种形式。这种交通既能寓游于乐，满足人们省时、省力、新奇、刺激的需要，又可减轻旅游者的徒步之劳、登山之苦，尤为老、幼、病、残者提供了方便。对于提高客运量、吸引游客，具有十分重要的意义。

三、我国旅游交通的空间布局

1. 铁路网线

铁路交通是我国主要的旅游交通方式。自20世纪90年代起，我国铁路为适应旅游形势和市场经济发展的需要，进行了一系列改革和发展。列车多次提速，加快了火车的运行速度；修建了铁路复线，进行了电气化改造，开设了各种旅游专列。尤其是近年来高速铁路的大发展，不仅提高了车速，而且让车厢内设备更完善、舒适、清洁，极大地满足了旅游者的需求。2021年年底，全国铁路总里程 15×10^4 km，其中高铁 4×10^4 km 居世界第一，形成了以北京为中心、由"五纵三横"主干线构成的密如蛛网式铁路运输系统。

2. 公路网线

我国的公路由国道、省道和一般公路组成。国道是全国公路网的主骨架，它贯穿了首都北京和各省会城市，在全国综合运输中起着重要作用。截至2021年底，我国有国道70多条，从北京出发的国道命名为101线至112线；其他南北纵向国道命名为201线至228线；东西横向国道线命名为301线、302线等。

高速公路是指时速可达100 km以上、全封闭、全立交、有4个以上汽车专用道的高等级公路。它是公路运输发展的方向，发挥着越来越重要的作用。我国自1988年修筑上海至嘉定的第一条高速公路以来，陆续修建了沈大、京津唐、广深、广佛、京石、济青、成渝、贵黄、京珠等高速公路，在珠江三角洲、长江三角洲、环渤海城市群等经济发达区形成了非常密集的高速公路网线。

3. 航空网线

自20世纪20年代起，我国开始发展航空交通，但发展速度极为缓慢。1978年改革开放以后，我国的航空交通才大规模发展起来，客运需求以每年平均20%的速度增长。截至2021年底，我国境内有运输机场248个，形成了以北京为中心、辐射全国各大中城市和边远地区的数百条国内航线。截至2019年底，有北京首都国际机场、北京大兴国际机场、上海虹桥机场、广州新白云机场等60多个国际机场，通往全球60多个国家160个城市。为了旅游开发的需要，许多边远的旅游区，如喀什、伊宁、西双版纳、九寨沟等地相继开辟了航线，形成了网络状的航空网线。

4. 水上航线

我国发展水上交通的条件十分优越，现已基本形成了具有相当规模的水运体系。截至2021年底，有远洋航线90多条，与世界150多个国家和地区的600多个港口相连。沿海航线以厦门为界，分为北方航线和南方航线。从鸭绿江口到厦门之间为北方航线，以上海和大连为中心；厦门以南至广西北仑河口为南方航线。沿海主要港口深水泊位已达490个，规模较大的有大连、天津、青岛、上海、厦门、香港、黄埔、湛江等，其中，上海、香港为世界著名港口。

截至2021年底，我国内河航运里程12.7×10^4 km，内河航道中，水深1m的里程已达7×10^4 km，内河主要港口深水泊位已达52个，轮驳船平均吨位已达198吨。重要的内河航运干线有长江、珠江、黑龙江、松花江、京杭大运河等航线。这些航线沿途风光秀丽、景色迷人。享有"黄金水道"之称的长江航线沿途重要港口有重庆、宜昌、武汉、九江、南京、上海等，其中，长江三峡是世界著名的风景区，现有"神女""昆仑""巴山""长江明珠"等多艘游轮在三峡景区接待游客。漓江水运线从桂林至阳朔共83 km，乘游船可以欣赏桂林的"山青、水秀、洞奇、石美"四绝，还可沿江领略"深潭、险滩、流泉、飞瀑"等佳景。广州珠江航线深度开发正大力推进，珠江旅游规模不断拓展。京杭大运河是人工开凿的河道，全线地势高低起伏，是我国东部沟通内河、联系海港的南北水运干线。目前，在扬州、无锡、苏州、杭州段均开辟了水上旅游线，乘游船可观赏两岸江南风光，体验古运河的风采。

邮轮是我国近年来最受游客欢迎的水上运输方式。它是一种在海洋中航行的大型旅游客轮，集交通、住宿、餐饮、娱乐于一体，被誉为"流动型的豪华酒店"。目前，我国上海、天津、厦门、南沙、三亚、香港等地已建设邮轮母港，每年数十艘邮轮在这些港口和国际旅游城市间穿梭。

任务 1.4

中国旅游地图识读

一、旅游地图及其要素

旅游地图是显示旅游地区、旅游线路、旅游点的景观、交通和各种旅游设施的地图。它是一种专题地图，一般可细分为旅游景点分布图、旅游设施分布图、旅游交通图、景区导游图等。

旅游地图要素包括数学要素、地理要素和专题要素。其中，数学要素包括地图投影、比例尺、图廓和控制点等要素。但除了小比例尺大区旅游地图外，全部标明上述数学要素的旅游地图很少。地理要素通常包括地形、水体、境界线、居民点、交通线、交通港和政治、经济、文化中心等，常用图例在左下角列出。专题要素则包括旅游资源要素和旅游设施要素两大系列。

旅游资源要素是旅游者的主要欣赏目标，是旅游地图应表现的第一要素，应放在第一层面上突出表示。为了让所表示的旅游资源更直观形象，便于识别，根据制图区内旅游资源状况，可以分成若干类型，如名山、登山地、风景湖、岩洞、瀑布、峡谷、土石林、名泉、自然保护区、长城、古城堡、古园林、公园、游乐场、古陵墓、寺观宫殿、名人故居、祠庙等。旅游设施要素是指为旅游者提供食、住、行、游、购、娱等各项服务的设施要素，包括旅游饭店、旅行社、景区内游览交通线及附属设施、餐厅、饮食点、野炊地、休疗养区、医院、影剧院、体育场馆、交易会、购物中心、商业区、问询处、邮局等。

二、旅游地图的作用

1. 导游服务

狭义的旅游地图就是导游图。这类图的主要作用就是为旅游者提供导游服务，是旅游地图中数量最大、应用最广泛的种类，构成了旅游地图的主体，所以，旅游地图最明显的作用就是导游服务。景区导游图和城市旅游交通图主要标示景点名称、特征、分布，联系景点的交通线、交通方式，游览线路、游程安排、交通班次、最佳游览和观赏时间、地点，以及为游客提供游、购、娱、吃、住、行等方面服务的设施位置、规模、档次等内容，力争使游客一图在手，万事不愁，消除在旅游地的陌生感，明确自身的位置和行将游览的方向和目的。随着电子技术的发展和多媒体技术的推广，智能电子导游图将提供图文声像导游服务，使旅游地图的导游功能日臻完美。

2. 决策参考

任何区域发展决策，都基于对区内状况的了解和分析。区域旅游发展决策的产生，也必须首先熟知区内旅游要素的基本情况。能直观、形象、综合、全面反映区域内旅游要素状况的参考材料，旅游地图首当其冲。旅游资源分布图、旅游区划图、旅游发展规划图、旅游路线组织图、旅游市场分布图、旅游客流图及旅游设施布局图等，就是专门为旅游管理部门正确决策提供参考的旅游地图。它们能够直观、

项目 1 旅游资源与线路设计认知

便捷地为研究人员和管理人员提供准确的旅游空间信息，以作为决策的信息载体，是执行决策的依据。所以说，旅游地图在旅游管理部门制定决策、表述决策和实施决策中，具有重要的参考作用。

3. 宣传广告

为了吸引众多的旅游者，旅游地图往往尽宣传广告之能事，力求设计新颖、印制精良，通过游客的传播，扩大旅游资源、旅游设施的影响力和旅游企业的经济收益。旅游地图实质上是一种综合性的地理艺术品，它以地理为背景，以旅游为对象，集地图艺术、摄影艺术、绘画艺术、文学艺术、广告艺术等多种艺术形式之大成，在咫尺方寸之间，展现旅游天地的风采，用地图语言表述旅游活动的游、购、娱、吃、住、行及相关要素的空间分布，展示旅游产品的自然美、社会美和意境美，诱发旅游者的旅游欲望和激情。旅游地图的宣传广告作用，与其实用功能、服务功能结合为一体，宣传广告效果尤其明显。在五花八门的旅游宣传广告媒体中，旅游地图具有相当大的发行量和覆盖面，是最好的宣传广告媒体之一。

4. 收藏纪念

设计合理的旅游地图也能当作一种工艺纪念品。台湾曾出版过一种旅游地图，将旅游景点、旅游路线用黄色字符烫印在锦旗似的大红金丝绒布上，做工精细，富丽堂皇，既具有一定的美学意义，又具较强的收藏价值，从而让人爱不释手。人们外出旅游，除了有追求休闲娱乐的动机外，还有文化交流、传递友谊的因素，一幅（件）色彩悦目、制作精良、取材独特、信息丰富的旅游图（图册），很可能被人们当作工艺饰品，装点书案，收藏纪念。

三、旅游地图的应用与绘制

1. 景区游览示意图的应用

为指导游客的游览，每个景区一般都设有游览示意图。游览示意图通常是绘制在景区入口或景区内主要路口的标示牌上，或者印制在门票上，或者制作成专门的小册子。不管形式如何，其内容是将景区内各游览线路、游览点，主要旅游功能区的范围、布局，以及各类旅游服务项目和设施（如餐饮点、小卖部、厕所、停车场、码头、保卫处、电话亭等）要素，以文字、图案的形式绘制成图。与普通的旅游图相比，游览图中各要素间的方位、距离只具有相对性、示意性，不具有可测量性。

在使用游览示意图时，首先，要辨识示意图的方位，明确自己所处的位置。具体方法可采用地物定位法或后方交会定位法；其次，从示意图上了解景区各功能分区的面积、位置、景观特色，以便于根据自己的时间、兴趣等具体情况有所取舍地安排游览活动；最后，熟悉示意图中各类图标的含义，以便充分利用这些资源、设施，获取愉悦的旅游体验。图 1-1① 为五大连池风景名胜区游览图。

图 1-1

① 图片来源，五大连池风景名胜宣传官网。

2. 旅游交通图的应用

与景区游览图相比，旅游交通图包括更大的区域空间、遵循更科学的制图原理、拥有更完善的旅游要素、图中各要素具有可测量性。旅游交通图通常将区域内各景区、交通线路、宾馆饭店等要素准确地绘制到地图上，其内容广泛涉及景区的类型、特色、数量、位置，交通线路的排布、规格、类别、密度、港口、车站及车次，宾馆饭店的数量、级别等。

阅读和使用旅游交通图时，游客首先可根据区域内各景区的资源特色，确定旅游内容和游程，从而确定到哪些旅游区去旅游及游览的时间和顺序；其次，可根据景区间的距离和交通状况因地制宜地选择交通工具，如果选择火车，可以通过旅游交通图明确到哪里乘坐火车，坐什么时间的火车；最后，根据区域内食宿设施的布局情况，分析宾馆饭店与旅游区的距离、相对位置，从而确定在哪里住，在哪里吃。此外，游客还可以利用旅游交通图，了解旅游区的气候、地形、风土人情、土特产等知识。

3. 旅游地图的绘制

旅游地图的绘制要从编图目的、表现内容和表现形式等方面着手。

第一，要明确编图目的。设计旅游地图，必须要搞清楚地图是为哪些读者服务，提供哪些旅游空间信息，要在哪些方面较以往的同类地图有所改进和更新，要了解编制旅游地图的总体要求。要做到目的明确，就要有针对性地选取旅游区的目标信息，选取便于旅游者游览和生活的有关信息。设计者要充分利用已有的资料，如旅游资源状况、区域自然与社会环境及有关地图、照片、绘画等，要进行实地考察，对旅游地图使用者的要求进行调查研究，对前人的资料进行验证和补充，还要有明确的指导思想和处理材料的原则。

第二，要明确表现内容。根据地图用途、比例尺、开本规格、制图区域的景观特征及使用者的需求，选取和强化主要的、典型的、对主题表现有重要作用和影响的内容，舍去次要的、与地图主题关系不大或无关的内容，按照从整体到局部、从高级到低级、从主要到次要的入选顺序选择内容。不同类型的旅游地图，取舍内容各不相同。旅游交通图类要对交通线、等级、交通港（站）详尽表述，而对与交通、旅游无关的要素（如厂房、土壤、地质等）则需舍弃。导游图类应清楚地标明旅游资源、游览线路，以及与旅游者游览、生活有关的游、购、娱、食、住、行方面的信息，对区外或远离景点的交通线、交通港可以从略。旅游地图概括与取舍程度，因比例尺大小而不同。在小比例尺旅游图上，旅游资源及其他要素要高度概括，城市要合并街区，甚至用分级同心圆圈表示，风景区只能用一个小小的象形符号表示。在大比例尺旅游图上，局部可表现得较详尽。城市的每一条街道，甚至每一栋建筑，风景区的每一条小路、每一座山峰、每一个游览点，都要较准确地表现出来。

第三，要选择合理的表现形式。要根据编图的目的和主要内容，确定投影形式和比例尺。为旅游者服务的导游图，对投影形式无特别要求，但对比例尺有要求，尽可能用大比例尺详尽地表现景点与服务设施的空间关系。为汽车司机或长途旅行者服务的旅游交通图，则要求投影变形小，路线长度精确。对范围较大的区域，要用小比例尺。旅游行业地图，要求精密规划，投影变形符合规律，比例尺测算准确。合理选择环境与要素表示方法，如风景区地貌可用写景法或晕渲法，而不用或少用等高线、分层设色等方法。最后，可根据具体情况，选择好设计版面、图幅形式、规格、附图（表）形式、开本大小和装帧规格。

任务 1.5 旅游线路设计概要

旅游线路是指旅游工作者为了让旅游者能够在一定时间内获得较好的旅游体验，将若干旅游城市或旅游景点用交通线组合起来而形成的、具有一定特色的走向和行程。

一、旅游线路的概念

目前，人们对旅游线路的概念认识和表述各不相同。

徐明、谢彦君认为，旅游线路是旅行社或其他旅游经营部门以旅游点或旅游城市为节点，以交通路线为线索，为旅游者设计、串联或组合而成的旅游过程的具体走向。

马勇认为，旅游线路是指在一定的区域内，为使游人能够以最短的时间获得最大观赏效果，由交通线把若干旅游点或旅游城市合理地贯串起来，并具有一定特色的路线。

许春晓认为，旅游线路是旅游经营者或管理者根据旅游客源市场的需求、旅游地旅游资源特色和旅游项目的特殊功能，考虑到各种旅游要素的时空联系而形成的旅游地的旅游服务项目的合理组合。

二、旅游线路的分类

根据不同的分类标准，旅游线路可划分为不同的类型。

1. 按旅游活动的性质分

（1）周游观光型旅游线路。此类线路旅游活动以观光为主，线路中包括多个旅游目的地，同一旅游者重复利用同一路线的可能性小，其成本相对较高，在设计周期性旅游线路时应从单纯的周游性向线性化转移。

（2）度假逗留型旅游线路。此类线路主要为度假旅游者设计，其目的在于休息或娱乐，不很在乎景观的多样性变化。因此，度假逗留型线路所串联的旅游目的地相对较少，有时甚至可以是一两个旅游点，同一旅游者重复利用同一线路的可能性大。

2. 按旅游线路的结构分

（1）环状旅游线路。该线路一般适用于大、中尺度的旅游活动。例如，我国以北京为起点的东线和西线串联合并而成旅游环状线路：东线主要有北京（入境）—南京、苏州—上海、杭州—广州、香港（出境）；西线主要有北京（入境）—西安—成都、昆明—桂林—广州、香港（出境）。此类旅游线路有三个特点：一是跨度大，主要由航空交通联结，铁路或公路交通主要用于连接站点相对密集的区段；二是所选各点均为知名度较高的旅游城市或风景区；三是基本不走"回头路"，出入境地点一般安排在不同口岸。

（2）**节点状旅游线路**。该线路是一种小尺度的旅游线路，旅游者选择一个中心城市或自己的常居地为"节点"，然后以此为中心向四周旅游点做往返性的短途旅游。这类旅游线路在国内旅游中较为常见，其特点在于：节点多为旅游地或旅游点的依托城市，游客对中心城市有归属感，食、宿、行、购等条件较好；节点的交通联系非常方便；游览行程短，可以在短期内往返。

3. 按旅游组织形式分

（1）**传统的包价旅游**。旅游线路的所有行程及所需的全部服务都由旅行社负责安排。

（2）**灵便式包价旅游**。其中"灵便式"旅游线又可分为：拼合选择式旅游线路——整个旅程有几种分段组合线路，游客可以自己选择拼合，并可在旅游过程中改变原有选择；跳跃式旅游线路——旅游部门只提供旅程中几小段路线或大段服务，其余皆由旅游者自己设计。

4. 按旅游者旅游目的分

这类旅游线路可以划分为观光旅游线路、度假休闲旅游线路、专项旅游线路（如探险考察旅游线、文化旅游线、宗教旅游线、民族风情旅游线、节庆活动旅游线）等。

（1）**观光旅游线路**。观光旅游线路是利用各类旅游资源，组织旅游者参观游览及考察。观光旅游线路的内容包括文化观光、自然观光、民俗观光、生态观光、艺术观光、都市观光、农业观光、工业观光、科技观光、修学观光、军事观光等。观光旅游线路一般具有资源丰富、可进入性强、服务设施齐全、安全保障高等特点。此类线路的优点是能在较短的时间内领略尽可能多的景观；缺点是旅游者参与的项目少，旅游者对旅游目的地感受不深。

（2）**度假休闲旅游线路**。度假休闲旅游线路是指组织旅游者前往度假地区短期居住，进行包括娱乐、休憩、健身、疗养等消遣性活动。度假休闲旅游线路内容包括海滨度假、山地度假、湖滨度假、温泉度假、滑雪度假、海岛度假、森林度假、乡村度假等。此类线路通常包含参与性较强的户外休闲、健身、娱乐运动等项目。旅游者在目的地停留时间较长，消费水平较高且大多以散客的形式出行，适应了散客旅游、自助旅游日益增多的潮流。

（3）**专项旅游线路**。专项旅游线路又称特种旅游线路，具有主题繁多、特色鲜明的特点，包括探险旅游、烹饪旅游、保健旅游、考古旅游、漂流旅游、登山旅游、自驾车旅游、品茶旅游、书画旅游、朝圣与祭祀旅游等。此类线路适应了旅游者个性化、多样化的需求特点；其缺点是开发难度大，操作程序多，需要多个政府部门、社会组织的协作，成本一般较高。

此外，按旅游活动的时间可分为一日游线、多日游线；按照产品的消费档次可分为豪华游、标准游和经济游等；按旅游线路跨越的空间尺度可分为洲际游、周边国家游、国内游、邻近省际游及区内游等。

无论设计何种旅游线路，都是为了增强旅游活动组合的科学性，提高旅游组织的效能，方便旅游者，使其达到满意的旅游效果。

三、旅游线路设计的内容

旅游线路是构成旅游产品的主体，包括景点、参观项目、饭店、交通、餐饮、购物和娱乐活动等多种要素。旅游线路设计需考虑四类因子：旅游资源的特色、旅游交通方式、旅游专用设施和旅游成本因子（费用、时间或距离）。旅游线路设计的内容主要包含以下两方面。

❶ 确定线路名称。名称是线路性质、大致内容和设计思路等内容的高度概括，直接反映的是旅游产品的主题。线路名称应简短，突出主题和特色，如"粤东海滨文化四日游"。

❷ 策划线路的行程。行程安排是线路设计的核心内容，包括日程的长短、每天逗留的城市、拟游览的景点及其先后顺序。行程必须围绕线路主题和特色进行安排，力求张弛有度，顺序合理。例如，"粤东海滨文化四日游"行程——D1：惠州，游惠州西湖、巽寮湾；D2：汕尾，游红宫、红场、红海湾；D3：汕头，游礐石、南澳岛；D4：潮州，游广济桥、韩文公祠、瓷都博物馆。

四、旅游线路设计的流程

❶ 确定目标市场的成本因子，它在总体上决定了旅游线路的性质和类型。这是在充分掌握市场信息的前提下做出的判断。

❷ 根据旅游者的类型和期望确定组成线路内容的旅游资源基本空间格局。旅游资源的对应旅游价值必须用量化的指标表示出来。

❸ 结合前两个步骤的背景材料对相关的旅游基础设施和专用设施（住宿等）进行分析，设计出若干可以选择的线路方案。

❹ 选择最优的旅游线路方案（可以有几条）。其中，第三个步骤的工作最富经验性（技术性），设计中必须对第二步骤给出的基本空间格局不断进行调整，以形成新的、带有综合意义的空间格局。

五、旅游线路设计的原则与方法

1. 以市场需求为中心

旅游线路设计的关键是适应市场需求。具体而言，就是它必须最大限度地满足旅游者的需求。
旅游者的需求通常有：
（1）去未曾去过的地方增长见闻并拥有多姿多彩的旅程。
（2）从日常紧张生活中短暂地解脱，提高情趣，舒畅身心。
（3）尽量有效地利用时间而又不太劳累。
（4）尽量有效地控制预算。
（5）购买廉价而又新奇的东西。

旅游者对旅游线路选择的基本出发点是时间最省、路径最短、价格最低、景点内容最丰富、最有价值。由于旅游者来自不同的国家和地区，具有不同的身份以及不同的旅游目的，因而，不同的游客群有不同的需求。总的来说分为观光型、度假型、娱乐型、知识型、商务型、探亲型以及其他专题旅游型。旅游线路设计者应根据不同的旅游者需求设计出不同的线路。

2. 以特色资源为导向

主题突出可以使旅游线路充满魅力和生命力，尤其是个性化旅游的需求推动旅游走向主题化。特色是旅游产品生命力之所在。旅游线路的设计促使有关部门、单位以及个人依托当地相当丰厚的旅游资源和自身条件，发挥聪明才智，精心打造和组合与众不同、具有持久吸引力的旅游产品和旅游线路，从而推动旅游产品结构和旅游方式的完善。

在重点突出"人无我有、人有我优"主题的同时，还应围绕主题安排丰富多彩的旅游项目。世界上有些事物是独一无二的，如甘肃的莫高石窟、陕西的秦始皇兵马俑，这就是特色。由于人类求新求异的心理，单一的观光功能景区和游线难以吸引旅游者回头，即使是一些著名景区和游线，旅游者也会有"不可不来，不可再来"的想法。因此，在产品设计上应尽量突出资源特色，唯此才能保持较强的旅游吸引力。

3. 旅游景点结构合理

旅游景点之间的距离要适中，旅游线路中的景点数量要适宜。同一线路旅游点的游览顺序要科学，尽量避免走重复路线，各旅游景点特色差异突出。

一条好的旅游线路就好比一首成功的交响乐，有时是激昂跌宕的旋律，有时是平缓的过渡，都应当有序幕—发展—高潮—尾声。在旅游线路的设计中，应充分考虑旅游者的心理与精力，将旅游者的心理、兴致与景观特色分布结合起来，注意高潮景点在线路上的布局。而且旅游活动不能安排得太紧凑，应该有张有弛。

4. 旅游交通安排合理

旅游交通选择以迅速、舒适、安全、方便为基本标准，与旅程的主题结合，减少候车时间。一次完整的旅游活动，其空间移动分为三个阶段：从常住地到旅游地、在旅游地各景区旅行游览、从旅游地返回常住地。这三个阶段可以概括为：进得去、散得开、出得来。

没有通达的交通，就不能保证旅游者空间移动的顺利进行，就会出现交通环节上的压客现象，即使是徒步旅游也离不开道路。因此在设计线路时，即便具有很大潜力，但目前不具备交通要求或交通条件不佳的景点、景区还应慎重考虑。否则，因交通因素导致游客途中颠簸、游速缓慢，从而影响旅游者的兴致与心境，旅游效果就会大打折扣。

实训作业与学习评价

1. 简述我国旅游地理环境的基本特征。
2. 针对我国旅游资源的主要特色做5分钟简要介绍。
3. 想以最方便、最快捷的方式坐火车从广州到西宁，要经过哪些铁路线及省会城市？

项目 2

游遍校园

项目导读

校园旅游在国外由来已久,而在我国则是新兴的旅游项目,具有很大的发展潜力。那么,校园旅游到底游什么,如何游?通过本项目学习,全面了解我国的校园旅游资源及其特色,合理设计校园旅游线路。同时,学会发掘和欣赏校园美景,提高对自己学校的认同和热爱。

课程资源

中国校园旅游资源与
线路设计微课视频

项目2 PPT课件

任务 2.1

中国校园旅游资源与线路设计

一、校园旅游的内涵及意义

校园旅游是以校园（主要是高校）的教学楼、实验室、科研所、图书馆、体育馆等教学设施以及秀丽的校园景色为依托，以悠久而深厚的文化底蕴以及浓郁的学术氛围为背景，以知识传播和科学普及为主要目标，以社会青少年及中青年家长为主要对象而开展的专项旅游活动。

国外许多著名的大学，如英国的牛津、剑桥，美国的斯坦福等大学早已成为旅游者的重要目的地。自 20 世纪 80 年代，每年有近 400 万人到剑桥旅游，其中 55% 是外国人，给剑桥市每年带来了 1.1 亿英镑的旅游收入。在我国，许多高校也已经通过校园旅游宣传自己，展示校园风采，提高学校的知名度。据统计，近年来，我国各地校园旅游人数每年以 20% 左右的速度递增。为满足旅游者需要及提升校园建设水平，我国一些高校已将校园创建为国家 3A 甚至 4A 景区。

二、校园旅游资源及其分类

校园旅游资源是指各类校园（尤其是高校）内对外来游客具有吸引力的、可以开展旅游活动的有形物质及无形事物。它包括优美的自然环境、独特的人文氛围和特殊校园事件。

1. 实体景观资源

几乎所有高校都绿树环绕，风景盎然。有极富诗意的亭台楼阁，有风情万种的河塘小溪，还有宁静幽美的林荫小道。例如，具有"世界最美丽的大学"之美誉的武汉大学，地处东湖之滨，青山连绵，登山远眺，视野开阔，气象万千。其一年一度的樱花节吸引了无数的游客，那种"樱花漫天飞"的浪漫令人倍感温馨。

高校校园的建筑也显独特精美，特别是一些有着悠久历史的校园，其古朴典雅的楼宇往往具有极高的美学价值。例如，北京大学的象牙塔、清华大学的水木清华、剑桥大学的"叹息桥"等，举不胜举。遍布高校各角落的名人雕像、壁画、纪念碑，记录着一段段或激动人心或令人黯然神伤的历史。

2. 人文景观资源

从学校特色上看，有军事、农林、矿业等以专门教育为主的大学，其野战训练、科技园区参观、有机资源展等对人们都极富吸引力；也有中央民族大学、华侨大学等生源特殊的大学，来自不同民族、不同地域的学生风俗文化相互碰撞、相互融合，不仅能加固民族团结，还能增强相互间的感情和联系。

高校还举办多姿多彩的校园活动，如一年一度的大学生运动会，各式各样的文化节，精彩的辩论赛、歌舞赛，无不洋溢着青春的激情。例如，在华侨大学可以感受"CUBA"带来的激情，在复旦大学可以领略辩论雄狮的风采。这种勃勃生机是在其他地方难以体验到的。

许多高校具有悠久的历史，并集聚了众多驰名中外的名人。特别是一些名牌大学，在一定历史时期里对本地乃至全国的影响非常深远。例如，百年沧桑的北京大学，其深厚的文化底蕴和历史内涵令无数人景仰；声名显赫的西南联大和黄埔军校，为中国革命培养了一批批坚忍刚毅的文武将才。

3. 教育科研资源

高校独特的教育资源同它的校园活动一样丰富多彩。硬件不仅有实验室、研究室、网络中心、科技展览馆等科研设施，还有多媒体教室、图书馆、博物馆、模拟法庭、会议厅等众多的教研设施。软件包括强大的师资队伍、庞大的学生群体以及在校服务人员等。亲身感受高校那种严谨、求实、创新的文化氛围有助于激发旅游者对科学和知识的兴趣，同时也是一次精神的洗礼。

4. 辅助设施资源

每所大学都拥有一定的辅助设施，如食堂、澡堂、学生公寓等日常生活设施，体育馆、健身房、演出场、电影院等娱乐设施，超市、小商品店、学生街等购物设施。可以说"食、住、行、游、购、娱"样样俱全，后勤服务体系十分到位。

数所高校集结的大学城，其设施的配套性、规模化则更加突出。例如，广州大学城，不仅是大学生们修学、治身之所，也成为社会大众休闲、娱乐、健身和学习的理想之地，曾一度被纳入羊城新八景的评选范围。

三、校园旅游资源的开发利用

（1）**中小学生理想游**。中小学生急切想了解高校、体验大学生活，他们渴望能够接触高校、与高校学生直接交流。高校旅游可以满足他们的好奇心理，高校的学习氛围、生活气息更能激发他们勤奋学习的动力。相对于其他形式的旅游，高校旅游更易获得学生家长、老师和学校的认可，从而吸引众多的中小学生参加。

（2）**大学新生入学游**。刚刚考入大学的新生，大多对陌生的学校及其所在的城市充满好奇心和探知欲。同时，通过组织、吸引新生参观游览所在学校及其所在城市的其他兄弟院校和旅游景点，能使其了解今后几年将要生活的环境、学习的场所，从而锻炼适应环境能力，增强人际交往能力，增进友谊和合作意识。

（3）**探亲访友游**。高等学校作为大学生这个年轻群体的集聚地，人员往来十分频繁。一是现在的大学生多数为独生子女，家人的探望关怀超过以往任何时期；二是如今的年轻一代很重视人际交往，老乡、同学的往来成为他们日常生活的重要内容。

（4）**毕业庆典游**。大学毕业庆典是毕业生一生中难以忘怀的时刻，往往邀请父母、兄弟姐妹、亲戚、好友参加其学位授予仪式，观赏隆重的毕业庆典。同时，毕业生可以带领亲朋好友参观学校景点、设施，合影留念，欣赏精彩的毕业晚会。

（5）**校友返校游**。各届毕业的学生，因为工作、生活的紧张忙碌或其他不便很少有机会重返母校，有着故地重游的强烈愿望。校友通过返校参观游览母校，重温在校生活，既能满足校友重游母校的愿望，又能增进校友与学校的情谊。

四、校园旅游优秀案例

1. 北京大学

北京大学（以下简称北大），前身燕京大学，创建于1898年，是中国近代第一所国立大学，被公认为中国的最高学府，也是亚洲和世界最重要的大学之一。在中国现代史上，北大是中国"新文化运动"与"五四运动"等运动的中心发祥地，也是多种政治思潮和社会理想在中国的最早传播地，有"中国政治晴雨表"之称，享有极高的声誉和重要的地位。

北大的校园旅游景点很多，著名的有北大西门、勺园、贝公楼、艺术博物馆、红楼及其建筑群、镜春园、朗润园、致福轩、德才均备四斋、未名湖、山鹰社、博雅塔、临湖轩、北大英语角、静园草坪、六院、图书馆、教学楼、五四大道、百周年纪念讲堂、商业一条街、蔡元培铜像等数十处。其中，知名度最高的当属未名湖（见图2-1），它除了本身所固有的美丽之外，更多已升华为一种文化意义的象征，成为北大的标志与灵魂。

图 2-1

2. 清华大学

清华大学，前身清华学堂，创建于1911年。地处北京市海淀区，是在几处清朝皇家园林的遗址上发展而成的。清华校园周围高等学府和名园古迹林立，园内林木俊秀，水木清华，清澈的万泉河水从腹地蜿蜒流过，勾连成一处处湖泊和小溪，滋润着一代代清华学子高洁的志趣和情操。

漫步在清华校园，简洁朴素的建筑辉映着严谨勤奋的校风。大面积的灰色水刷石墙面装饰着砖红色的陶土面砖，狭长的窗户挺拔峻朗，给人以振奋向上之感。校园西部的近春园、清华园，山水间流露着皇家园林的气质；中部的早期建筑采用欧美风格，一大片红砖带出浓郁的异域情调；东部的主楼则是俄罗斯建筑形式，庄严气派；主校门附近的建筑无疑是现代派的缩影。还有校园里随处可见的各种雕塑、亭、碑、塔、桥、池、石，有纪念先哲、先师、学长的，更多的是各届学子赠送给母校校庆的礼物。点滴之间，流露出清华人对母校的感谢，渗透着清华人对母校的热爱。水木清华（见图2-2）是清华园内最引人入胜的一处胜景。

图 2-2

3. 武汉大学

武汉大学环绕东湖水，坐拥珞珈山，校园环境优美，风景如画，被誉为"中国最美丽的大学"。校园内中西合璧的宫殿式建筑群古朴典雅，巍峨壮观，26栋早期建筑被列为"全国文物重点保护单位"。校内有珞珈山、狮子山、侧船山、半边山、小龟山、火石山等，蜿蜒起伏，相互呼应，错落有致；登高远眺，视野开阔，湖光山色，气象万千，自然风光独领风骚；仿古建筑构思精巧，群而不乱，典雅凝重，银墙琉瓦掩映于苍翠林木和万花丛中，更显得仪态端庄秀丽，令人流连忘返。

在学生生活区已形成樱园、梅园、枫园、桂园等，各有特色和情趣。尤其是樱园（见图2-3），以日本樱花为主，汇集了早樱和垂枝樱等共6种10余个佳品，花色丰富，绚丽多彩。樱花树的枝干多异且

图 2-3

花期不同，盛开时节，樱园酷似花的海洋，成千上万游客慕名而至。高峰期一天的游客数量超10万人次。

4. 厦门大学

厦门大学（以下简称厦大）依山傍海，风光旖旎，建筑独具一格。与闽南古刹南普陀寺为邻；出了白城校门就是海滨浴场。厦大四季色彩斑斓，绿意盎然，冬天也有木棉和圣诞红盛放。红墙绿瓦的特色建筑，碧波荡漾的湖水，轻拂水面的绿柳，充满朝气的笑脸，令人心情自然轻松愉快。上弦场和建南大礼堂是厦大的标志性建筑。校内楼房的命名也颇有讲究，凌云、凌峰、映雪、囊萤、群贤、芙蓉，单看这些名字就让人遐想无限。校园里保留着许多石板铺就的小径，两旁绿树成荫，景观堪比公园（见图2-4）。

图2-4

5. 广州大学城

广州大学城（见图2-5）位于广州市番禺区新造镇小谷围岛及其南岸地区，是国家一流的大学园区，是华南地区高级人才培养、科学研究和交流的中心，是学、研、产一体化发展的城市新区，同时也是面向21世纪适应市场经济体制和广州国际化区域中心城市地位、生态化和信息化的大学园区。进驻大学城的十所高校分别是：中山大学、华南理工大学、华南师范大学、广东工业大学、广东外语外贸大学、广州中医药大学、广东药学院、广州大学、广州美术学院、星海音乐学院。广州大学城是广州高等教育的圣地，享有广州"智心"的美誉。

图2-5

这里四面环水景观宜人。除了拥有大学城体育中心、娱乐中心以及GOGO新天地等一大批人文、休闲及商业配套外，还拥有极佳的绿色生态环境。四大湿地公园和32公里的绿道使大学城宛如世外桃源，成为市民休闲度假的好去处。

6. 浙江旅游职业学院

浙江旅游职业学院利用校园主要的实训设施、功能设施和配套设施，通过功能整合、空间整合、产品设计和项目创新等手段，形成了"一馆（浙江旅游博物馆）、两中心（南北校区旅游接待服务中心）、五基地（户外运动建设基地、钟爱文化交流研习基地、美酒美食体验基地、诗画山水旅游演艺基地、航空航海模拟演示基地）"的空间格局，已成为国家4A级景区。

此外，广西师范大学王城校区、中国地质大学"逸夫博物馆"、西北农林科技大学博览园、四川旅游学院休闲美食文化园、桂林旅游学院雁山校区、六安职业技术学院、哈尔滨工程大学哈军工文化园、黑龙江农业经济职业学院芍菊古苑等都是全国著名的校园旅游景区。

五、校园旅游线路设计

1. 单一校园旅游线路设计

即对单个校园内的资源进行开发与组合，在校内形成合理的旅游项目和游览线路。这类线路设计必须做好三项工作：一是要深入挖掘自然景观隐藏其间的精神实质，可将景观中的寓意和寄托着的人类情感提炼出来；二是要将博物馆、实训室等人文景观从历史角度和现代眼光去解读，用现代科技或静态或动态地去展示；三是在挖掘上述旅游资源的基础上，将校内各景点连接起来，形成具有丰富旅游内容、吸引游客、联手营销，且不影响正常教学的合理线路。

北京大学国际旅行社的做法较为成功。在"秉承百年文化，驾驭休闲时光"的宗旨下，该旅行社推出了A、B、C三条线路，让游客充分领略"名校文化的真诚与魅力"。A线北大精品游：参观华表、考古博物馆、未名湖（红楼、南北阁、蔡元培像、钟亭、花神庙、石舫、斯诺墓、博雅塔）、图书馆外景、与校高才生座谈；B线北大半日游：北大参观同上，北大餐厅就餐；C线清华北大一日游：北大参观同上，参观清华校园（西校门、荷塘月色、水木清华、二校门、大讲堂），与清华高才生座谈。

2. 区域校园旅游线路设计

即设计校园旅游专线。针对大城市高校数量较多、类型较齐全、分布比较集中的特点，每类院校都有自己独特的旅游资源和文化风格，可以充分发挥这一资源优势，将其转化为旅游产品。考虑到同类景点资源的合并开发、线路的合理组合、横向广度联系既扩大了规模又增强了影响力。可以大城市为中心，将该城市的高校旅游资源进行组合，推出高校旅游专线，缓解"高校游"的供需矛盾，扩大高校旅游的影响。例如，上海晨报特别设计了一张上海市高校的旅游地图，包括三条线路。西南线：华东政法学院—华东师范大学—上海交通大学；南线：上海戏剧学院—上海音乐学院—上海第二医科大学；东线：复旦大学—同济大学—上海体育学院—上海理工大学。

任务 2.2

本校校园旅游资源与线路设计

我国大部分高校（包括高职院校）都拥有美丽的校园、完善的教学和休闲设施，以及富有特色的校园文化，可以不同程度地开展校园旅游。因此，学生可因地制宜，以本校校园为对象，分析各自的旅游资源及校园旅游线路设计。下面以广州番禺职业技术学院为例，展示本部分的主要内容及教学建议。

一、广州番禺职业技术学院概况

广州番禺职业技术学院（原名番禺理工学院、番禺职业技术学院，以下简称番职院）于1993年筹建，是全国首批、广州市属第一所公办全日制普通高等职业院校。2009年12月通过教育部、财政部的验收，被正式批准为首批国家示范性高等职业院校。

学校地处珠江三角洲腹地的广州市番禺区。校园峰峦起伏，碧波粼粼，繁花似锦，绿草如茵，是广州市花园式单位，被誉为国内最美丽的大学之一。设有财经学院、现代物流学院、智能制造学院、建筑工程学院、旅游商务学院、创新创业学院、信息工程学院、艺术设计学院、珠宝学院、马克思主义学院等二级学院，已开设40多个紧贴珠三角地区产业结构和社会发展需求的专业。现有全日制在校生1.4万余人，教职工1 000余人。

学校坚持以服务为宗旨，是国家计算机应用与软件技术专业领域技能型紧缺人才培养培训基地、中国玩具行业人才培训基地、广东省首批省级示范性软件学院建设学校、广州市模具专业技术人员继续教育基地、广州市中等职业学校教师培训基地，并成立了国家职业技能鉴定所，可以开展55个工种的职业资格鉴定。

学校广泛开展与国际国内院校的交流与合作，加强与海内外知名大学、同类职业技术学院及培训机构的联系。一方面邀请国（境）内外友好或合作院校前来访问指导，积极探索合作办学新模式，引进优质职教资源；另一方面多次派出业务骨干赴国（境）内外考察培训，主要学习先进职教理念，科学借鉴成功经验。学校现已与澳大利亚、日本、韩国、新加坡、印度、比利时、德国等国家和地区建立了合作关系，还建立了新加坡南洋理工学院学生研习基地。

二、广州番禺职业技术学院主要的旅游资源

1. 美丽的自然景观

番职院占地面积140公顷。原为番禺青山湖农场，背靠滴水岩自然保护区，面临沙湾水道。校园湖光山色，环境清幽，四季绿树成荫，芳草茵茵。校园建设依山就势，交错有致，自然景观非常优美，如图2-6所示。

校区内有青山湖、西湖两大人工湖，碧水蓝天交相辉映，花树绕湖边，浮桥通湖心，静谧清幽，碧波荡漾。东区图书馆、西区青年旅馆前各有一块大草坪，自北向南微斜延展，四季绿意盎然。叠翠园，花树环绕，春有桃花送爽，秋有丹桂飘香，令人神往。更有各种热带植物的奇异生态现象，如榕树呼吸根所形成的独树成林，杧果树的

图2-6

板状根以及各种茎上花茎上果，让人深感大自然的奇特与神秘。在休闲坡登高望远，番职美景尽收眼底。花树相抱，绿草铺地，乘凉赏月，绝佳之境，也是青年学子交流感情、探讨学识的绝佳胜地。

2. 现代化的人文景观

番职院有造型独特的罗马广场，气魄宏伟，设计精巧，数根圆柱衬出恢宏气势，是师生举行各种户外文艺演出的最佳场所。演出时刻，广场流光溢彩，金碧辉煌，轻歌曼舞，琴声悠扬，鼓乐铿锵，余音袅袅，不绝于耳。屹立于罗马广场四周的是教学楼、办公楼和图书馆，这些建筑物功能不同、风格各异。其中许多是由侨居海外的乡亲、名人捐建的，如霍英东学术交流中心、番禺旅港会所图书馆、何善衡大楼等。除凝聚了浓浓的海外助学桑梓情，与这些名人相关的典故、史实使这一道道人文景观价值更加凸显。

规模宏大的室内体育馆，不仅丰富了师生的体育活动，还对社会开放，承办各项体育赛事活动，2010年第16届亚运会的一项重要活动便在此举行。此外，还有别具特色的陶吧、青年旅馆、玩具表演船模训练基地以及校园内雕塑、园林、建筑小品等各种人文景观，令人流连忘返。

3. 丰富的教学与实训资源

番职院教学基础设施先进，功能齐全。校舍建筑面积 28.8×10^4 m²，有教学大楼三栋，固定资产总值超过 6.48 亿元，其中教学仪器设备总值超过 1.56 亿元；图书馆面积 3.03×10^4 m²，馆藏纸质图书 101.53 万册、电子图书 2 606 GB、纸质专业期刊 1 073 种、电子专业期刊 9 812 种。建有 31 个校内实训基地和 366 个校外实训基地，其中，2 个国家级校内实训基地、3 个省级校内实训基地和 2 个省级校外实训基地。旅游实训中心、艺术作品展示厅、珠宝开发实验中心、财经实训室、信息工程实训室、工商管理实训基地、创业实训中心等实训实验设施成为学生、家长和同行经常光顾的场所。

4. 独特的校园文化

除学术活动外，校园拥有丰富多样的文化形式。既有元旦、三八妇女节、五一节、国庆节等各种节日的庆典和纪念，又有以校、系为主体的丰富多彩的文化艺术节或主题日，如工商模拟市场、滴水旅游文化节、体育运动会、科技节以及一年一度的毕业生庆典、新生入学和校园开放日等。

工商模拟市场已连续举办了 10 多届。对番职院的学生来说，工模贯穿他们三年的大学生活，成为一种集体回忆，一种校园文化的积淀。每年的工商模拟市场犹如盛大的节日一样热闹，在校生吆喝亲朋好友一起来"吃喝玩乐"，毕业生纷纷相约回母校"帮衬"师弟师妹，促进消费。

校史馆（见图 2-7）是一项重要的校园文化成果，也是独特的校园旅游景点。整个校史馆以图文并茂的形式，分神韵番职、春风化雨、史韵悠扬、红棉灼灼、滋兰树蕙、振翅翱翔、海纳百川、意在凌云等八个专题全面展示学校 20 年的发展历程。

图 2-7

三、广州番禺职业技术学院旅游线路设计

针对校园内各旅游景观的特点、旅游者的身份和来校旅游的目的以及不同的主题设计出以下旅游线路。

1. 新生一日游

> 校史馆—图书馆—办公大楼—教学楼—实训室—体育馆—学生饭堂—大学生创业中心—其他休闲娱乐场馆。

其主题是让新生了解学校概况，熟悉校园生活。

2. 社会公众一日游

> 东区大门—体育馆—东湖—虎口—罗马广场—图书馆—校史馆—艺术大楼—陶吧—西区青年旅馆—颂雅园—大学生创业中心—休闲坡—其他各类活动场景。

其主题是展示学校风采，了解学校特色并开展休闲活动。

3. 同行（兄弟院校师生）考察游

> 东区大门—校史馆—教学大楼—旅游实训基地—财经实训基地—工商实训基地—艺术实训基地—珠宝实训基地—信息工程实训基地—机电实训基地—颂雅园—大学生创业中心。

其主题是展示校园教学实训设施和教学模式以及校园文化。

实训作业与学习评价

1. 2人一组，互为导游/游客，以"带你游武大樱园/广州大学城"为题，做10分钟讲解，并相互点评。
2. 5人一组，为高中一年级学生设计一条"中国名校旅游线路"。要求：制作图文并茂的PPT，并进行10分钟的旅游线路推介解说。
3. 在校园内进行现场景观欣赏与讲解，要求：2人一组，互为游客/导游，自选本校校园景观做10分钟讲解，并相互点评。
4. 请为校园开放日学生家长设计一条"番职院一日游"线路，并说明线路内容与特色。

项目 3

游遍京津冀

项目导读

京津冀是我国的旅游大区之一，尤其在出、入境旅游以及古建筑和现代设施等方面地位突出。通过本项目学习，学生应掌握本区的旅游资源与环境特征，熟悉北京、天津、河北等地的主要旅游城市和景点，并能根据不同的客源需求设计合理的旅游线路并进行推介与讲解。同时，通过对红色景点的赏析和红色旅游线路的设计，提高爱国情怀和人文素养。

课程资源

北京旅游资源赏析与线路设计微课视频

天津旅游资源赏析与线路设计微课视频

项目3 PPT课件

任务 3.1

京津冀的旅游环境及特色资源解读

一、位置与范围

本区包括北京、天津和河北两市一省，位于华北平原的中北部。西北部的坝上高原与内蒙古高原相连，西依太行山与山西为邻，东北部与辽宁接壤，东临渤海，南接山东、河南两省，地势由西向东倾斜直至渤海。它是我国旅游活动兴起和发展最早的地区之一，并以其优越的区位和丰富的旅游资源成为全国旅游业最发达的区域。

二、旅游环境与资源特征

1. 历史沉淀丰厚，名胜古迹荟萃

本区历史悠久，是人类发祥地之一。周口店北京猿人就生活在距今 70 万～20 万年前。本区有中国五朝古都，各历史阶段遗存丰厚，有春秋战国时期的遗址，有数量众多的寺庙建筑，有世界最古老的石拱桥——赵州桥，还有至今保存完好的帝王宫殿、皇家坛庙、皇家园林、帝王陵墓、伟大工程等，堪称"人类发展史博物馆"。本区以文物古迹和历史名胜为主，汇集了周口店北京猿人遗址、长城、明清皇宫、承德避暑山庄及周围寺庙、颐和园、天坛、明清皇家陵寝等 7 处世界文化遗产，资源品位度高。

2. 地貌类型多样，名山胜景众多

本区地貌类型多样，地形上分属冀北山地、太行山地和华北平原，自然旅游资源极其丰富。冀北山地是华北平原和内蒙古高原的过渡地带，由山地和许多山间盆地组合而成，总称燕山。燕山在北京市境内叫军都山，主峰八达岭，有长城经过。军都山东南侧山前地带，明代帝王陵墓选址于此，即明十三陵。燕山山脉伸入平原的一支，构成京东第一山，即在天津境内的盘山。西部太行山最高峰是位于河北省蔚县境内的小五台山，风景优美。太行山以东、燕山以南为河北平原，它是华北平原的一部分，主要由黄河、海河及滦河等河流冲积而成，河网注淀星罗棋布，湖泊众多。渤海沿岸的海岸地带，海滩平缓，气候温和，形成众多的海水浴场和避暑胜地，如北戴河、昌黎海岸等。

3. 大陆性季风气候显著，旅游业淡旺季较明显

本区位于中纬度暖温带气候区，东临渤海，西北以群山为屏，在东亚季风环流的控制下，形成暖温带大陆性季风气候。冬季受蒙古高压控制，盛行偏北和西北气流，气温迅速降低，呈现出寒冷干旱的气候，1 月最低均温在 0℃ 以下。春季干旱多风沙，偶有沙尘暴破坏明媚的春光，影响人们出游及

旅游效果；夏季受东亚季风控制，形成炎热多雨的气候，山区多暴雨和冰雹；秋季蒙古高压逐渐控制本区，常出现连续的晴朗天气，气温适宜，是旅游的黄金季节；冬季漫长而寒冷，干燥少雪，草本凋零，景色单调，成为旅游淡季。但大雪天气的北国雪景，往往会为旅游业形成一个小旺季。秦皇岛、昌黎一带，受海洋影响较大，气温变化比较缓和，适于旅游避暑；承德盆地形成冬暖夏凉的小气候，是避暑的好去处。

4. 燕赵故土，文化艺术繁荣

本区特有的地理条件孕育出来的燕赵文化，无论是武术、地方戏曲、民间艺术还是民俗风情，都体现出粗犷、豪放和慷慨的雄风侠骨。金、元杂剧首先盛行于此地。独具燕赵风韵的戏剧有京剧、评剧、河北梆子等。燕赵武术威震四海，本区是中华武术的摇篮和发祥地之一，是"南拳北腿"之"北腿"的故乡。尚武成风自春秋战国以来流传至今，仅河北省就有70多个市县开展武术活动，建立了本地的武术节。本区民间艺术丰富多彩，有杂技、马戏、吹歌、舞蹈、美术、皮影、剪纸、石雕、泥人、草编、陶瓷等。

5. 都市新貌，繁盛可喜

本区是我国重要的工业基地和城镇聚集地，城市现代化水平很高。北京是古都风貌与现代化大都市风貌相交融的城市，其中心是古都风貌最强烈的区域，越向外围，现代化大都市的风貌越强烈。天津是北方综合性工商业、重要港口和接待国际会议的重要城市，现代大都市风貌明显。石家庄、唐山、邯郸等一批区域中心城市的建设也卓有成效，散发出都市新貌的旅游魅力。本区又是革命的起源地，名人聚居地，革命遗址、纪念地很多，如北大红楼、卢沟桥、西柏坡中共中央旧址等，是进行历史教育和爱国主义教育的良好阵地。

6. 特色商品，备受青睐

本区工农业发达，民间工艺品和特种工艺品很有特色，深受旅游者的喜爱。北京是全国最大的商业中心之一，商品齐全，名特产众多，如密云小枣、京白梨、良乡栗子闻名全国。传统特种工艺品中，景泰蓝、玉雕、牙雕、中国画等闻名天下。天津名特产品以工艺美术品天津四艺（地毯、风筝、杨柳青年画、泥人张彩塑）和风味小吃三绝（狗不理包子、桂发祥麻花和耳朵眼炸糕）享有盛誉。河北省特产以鸭梨、深州蜜桃、宣化葡萄、塞外口蘑等最为著名，传统工艺品以陶瓷、山海关的人造琥珀最为典型。

三、特色资源及其开发利用

本区旅游资源比较丰富，类型齐全，数量众多，尤以古建筑类和现代设施类旅游资源最具特色。

1. 古建筑类旅游资源

古建筑指的是具有历史意义的古代民用和公共建筑物以及包括民国时期的建筑物，具有鲜明的地域性、民族性、时代性、科学性和艺术性特点。它综合反映了一个民族在一定历史时期所达到的科学技术和文化艺术水平，是当时物质生活生产和精神文明的标志。古代建筑不仅是历史研究的重要实物资料，也是观赏性很强的人文景观资源。

我国古代建筑旅游资源主要包括宫殿建筑、工程建筑、陵墓建筑、民居建筑、园林建筑和宗教建筑等。作为京畿要地，历代留存的古建筑旅游资源十分丰富，有北京的故宫、长城、颐和园、明清皇家陵寝、四合院等，天津的独乐寺、风情街，河北省的避暑山庄、赵州桥、山海关等。

在各类古建筑中，宫殿建筑尤其受到旅游者青睐，因为历代的宫殿都是皇帝居住和处理朝政的地方，是当时最高规格的建筑。历代统治者为显示其至高无上的尊严与权威，满足其穷奢极欲的享受，倾举国之财，集国内外之能工巧匠，为自己修建富丽堂皇的豪华宫殿。丰富珍贵的收藏物和与此相关的重大历史事件等，更使宫殿充满神秘的色彩。天坛祈年殿（见图3-1）、故宫是最有代表性的宫殿建筑。

图 3-1

2. 现代设施类旅游资源

现代设施通常是指在现代化社会主义建设过程中建设起来的博物馆或展览馆、动植物园、现代都市风貌、现代建筑与工程、现代人造旅游景观等。

博物馆或展览馆是陈列、研究、保藏物质和精神文化的实物及自然标本的一种文化机构；植物园是搜集、种植各种植物，以作科学研究、科普教育游览观赏的园林；动物园是专门饲养各种动物供展览观赏，并进行科普教育与科学研究的场所。本区著名的动植物园有北京动物园、植物园、海洋馆、森林公园等。

现代建筑是指作为现代建设成就的宏大建筑物，具有强烈的时代感和代表性，可以成为重要的旅游吸引物，形成具有鲜明现代文明色彩的人文景观，如中国科技新馆（见图3-2）、国家大剧院、央视大楼、鸟巢和水立方等。

图 3-2

任务 3.2

北京旅游资源赏析与线路设计

一、旅游资源与环境概况

北京，中华人民共和国的首都，全国的政治、经济和文化中心。位于华北平原北部，东部与天津市毗邻，其余均与河北省交界。地处北纬39°56′、东经116°20′，面积$1.6 \times 10^4 \text{ km}^2$，人口2 189万。西部、北部和东北部为连绵不断的群山，分别是太行山余脉和燕山山脉，东南是一片缓缓向渤海倾斜的平原。居民以汉族为主体，另有回、满、蒙古、朝鲜族等民族。其辖东城区、西城区等16个区县。

北京最早见于文献的名称为蓟。春秋中期，燕灭蓟，迁都蓟城，自此蓟城一直是燕的都城。公元938年，蓟城成为辽的陪都，叫燕京。后金灭辽，于1153年迁都燕京，改名中都。1267年，蒙古族首领忽必烈下令建新城，1276年建成元大都。从此，北京成为中国的政治中心，并延续到明、清两代。1911年，随着清朝的消亡，北京结束了封建帝都的历史。1949年10月1日，北京成为新中国首都，古城历史揭开了新的一页。如今的北京正以雄伟、奇丽、新鲜、现代化的姿态出现在世界东方。

北京市交通便利，航空、铁路、公路、水路四大运输体系的立体交通网络科学发达。首都机场和大兴机场是我国规模最大、设备最先进的国际空港。北京也是全国的铁路枢纽，有京沪、京哈、京秦、京广、京九等铁路干线通向全国各地，京港、京哈、京沪、京津等城际高铁已经开通运营。

二、旅游业特色与水平

北京是综合性产业城市，综合经济实力位居全国前列，第三产业规模在中国大陆排名第一。人们出游能力较强，旅游资源质量具有绝对的优势，在全球范围影响力大。旅游业发展水平高，入境旅游人数、旅游外汇收入、国内旅游收入等指标居全国前列（见表3-1）。

表3-1 北京市旅游业发展概况一览表[1]

项目	入境游客数	国内游客数	星级酒店数	旅行社数	5A级景区数
北京	258万人次	881万人次	439家	13 062家	8家
全国	3 057万人次	36 139万人次	10 003家	38 943家	280家
占比	8.4%	2.4%	4.4%	7.9%	2.9%
排名	4	14	4	2	16

北京的旅游服务水平与配套条件完善，可满足各类游客的旅游需求，尤以历史文化和现代都市风情最具特色。有以皇室文化为代表的中华民族文化精华，文化生活丰富多彩，各种类型的演出、国际性展会一应俱全。拥有200多年历史的京剧被誉为中国的"国粹"，其华丽的戏服、动听的唱腔、百变的脸谱，令人惊叹。

北京将环首都旅游圈作为发展战略，打造世界级旅游目的地。全面提升传统观光旅游，大力推进都市旅游，完善发展商务会展旅游，深度开发城区民俗旅游，合理开发休闲度假旅游，培育拓展乡村旅游，多功能开发其他专项旅游，策划精品节庆旅游。重点发展奥林匹克公园综合旅游区、天安门红色旅游区、前门—大栅栏传统商业区、"新国展"会展旅游区、什刹海历史文化旅游区、小汤山保健休闲旅游区、平谷农业观光特色休闲旅游区和大兴绿色田园生态旅游区等。

三、经典旅游线路及行程特色

1. 皇城文化三日游

行程：D1：北京，故宫博物院—天坛—北海公园；
　　　D2：北京，雍和宫—国子监—智化寺；

---

[1] 入境游客数，是指旅行社组织、接待的入境旅游者人次；国内游客数，是指旅行社组织、接待的国内游客人次；占比，是指该项指标北京市占全国的比例；排名，是指该项指标北京市在全国各省级行政区中的排名。所有数据均为2019年的统计数据，数据来源：《中国文化文物和旅游统计年鉴2020》（中华人民共和国文化和旅游部编，国家图书馆出版社，2020年12月）。后面各省、直辖市、自治区的同类数据的内涵及统计口径与此相同，不再做重复说明。

D3：北京，南锣鼓巷—钟鼓楼—什刹海风景区—恭王府。

特色：既有皇城，又有胡同，本路线以上自帝王下至百姓的生活场所为特色。

2. 北京休闲四日游

行程：D1：北京，故宫—天坛—王府井大街；
D2：北京，鸟巢—水立方—秀水街—三里屯；
D3：北京，慕田峪长城—十三陵；
D4：北京，颐和园—动物园—798艺术区。

特色：本路线以现代场馆和798艺术区的全新体验为特色，并增加了都市购物体验。

3. 北京经典三日游

行程：D1：北京，天安门广场—故宫—恭王府—南锣鼓巷；
D2：北京，明十三陵—八达岭长城—奥林匹克公园（含鸟巢—水立方）；
D3：北京，天坛—圆明园—颐和园—北京大学。

特色：本线路不但能饱览最经典的皇城景点，还能参观高校。

4. 北京深度五日游

行程：D1：北京，天安门广场—故宫—景山公园—国家大剧院；
D2：北京，奥林匹克公园（含鸟巢—水立方）—中国科技馆新馆—北京欢乐谷；
D3：北京，天坛—前门大街—北海公园—国子监；
D4：北京，八达岭长城—明十三陵—十三陵水库；
D5：北京，圆明园—颐和园—清华大学—香山。

特色：本线路将北京的传统文化景观和现代新貌相结合，并提供首都文化和现代化场馆的深度体验。

5. 北京红色专项三日游

行程：D1：北京，天安门城楼—人民英雄纪念碑—毛主席纪念堂—中国国家博物馆；
D2：北京，中国人民革命军事博物馆—新文化运动纪念馆—李大钊烈士陵园；
D3：北京，中国人民抗日战争纪念馆—卢沟桥—宛平城—园博园。

特色：瞻仰一系列革命胜迹及英雄伟人的纪念场馆，感悟五四运动和抗日精神，传承红色基因。

四、旅游城区与景点

1. 东城区

东城区是首都北京的心脏，是重要的政治活动区、繁华的商贸服务区和资源丰富的文化旅游区，是北京城文物古迹最为集中的区域。皇室文化在这里得以充分体现，辖区内有国家级文物保护单位16处、市级文物保护单位60处。著名景点有天安门广场、故宫博物院、天坛、雍和宫、国子监、中山公园、前门大街、太庙、社稷坛、古观象台、钟鼓楼、南新仓文化休闲街景区等。

天安门广场：位于北京市中心、故宫的南侧，与天安门城楼隔长安街相望，面积 $44\times10^4\,m^2$，如图 3-3 所示。广场的南部是人民英雄纪念碑。正阳门位于广场的最南端，是明清时期北京九门之一，俗称前门。在人民英雄纪念碑与正阳门之间，是 1977 年建成的毛主席纪念堂。广场西侧是人民大会堂，东侧是国家博物馆。

图 3-3

故宫：也称"紫禁城"，位于天安门广场的北部，是明清两代的皇宫，曾有 24 位皇帝在这里执政，现为"故宫博物院"。始建于明永乐四年（1406 年），永乐十八年（1420 年）落成，距今近 600 年历史。故宫占地 $72\times10^4\,m^2$，建筑面积约 $15\times10^4\,m^2$，共有殿宇 9 000 余间，都是砖木结构、黄琉璃瓦顶、青白石底座饰以金碧辉煌的彩绘，是世界上现存规模最大、最完整的古代皇家建筑群，被誉为"世界五大宫之一"，并被列为"世界文化遗产名录"。故宫建筑布局坐北朝南，正门即午门，北为神武门，西为西华门，东为东华门。主体建筑分"外朝"和"内廷"两部分。"外朝"以太和、中和、保和三殿为中心，文华、武英两殿为侧翼，是朝廷举行大典、召见群臣的场所。"内廷"有乾清宫、交泰殿、坤宁宫及东西六宫等，是朝廷处理日常政务和皇帝居住、游玩之地。

天坛：位于北京市南部，永定门内大街东侧，占地 $270\times10^4\,m^2$，是中国现存最大的古代祭祀性建筑群，是帝王祭天、祈谷之地。始建于明永乐十八年（1420 年），是世界文化遗产和全国重点文物保护单位。天坛是圜丘、祈谷两坛的总称，有坛墙两重，形成内外坛，坛墙南方北圆，象征天圆地方。著名的祈年殿在最北方，上下三层屋顶，均用深蓝色琉璃瓦铺盖，象征天色。

2. 西城区

西城区位于北京市中心城区西部，是首都功能核心区之一。主要景区有恭王府、北海公园、什刹海风景区、陶然亭公园、首都博物馆、景山公园、动物园等。

恭王府：位于北京什刹海的西南角，前身原为清代乾隆朝权臣和珅的宅第和嘉庆皇帝的弟弟永璘的府邸。其建筑布局规整、工艺精良、楼阁交错，充分体现了皇室辉煌富贵的风范和民间清致素雅的风韵。恭王府前半部分是富丽堂皇的府邸，后半部分是精美优雅的花园，主体建筑为葆光室和锡晋斋。

北海公园：国家第一批重点文物保护单位，位于北京市中心，故宫的西北，是我国现存最悠久、保存最完整的皇家园林之一，距今已有近千年的历史。原是辽、金、元、明、清历代帝王的御花园，是世界建园最早的皇家御园。北海公园是中国历史园林的艺术杰作，由琼华岛、东岸、北岸景区组成。北海园林博采众长，兼北方园林的宏阔气势和江南私家园林婉约多姿的风韵，蓄帝王宫苑的富丽堂皇及宗教寺院的庄严肃穆，气象万千而又浑然一体，是中国园林艺术的瑰宝。

3. 朝阳区

朝阳区位于主城区的东部和东北部，因在朝阳门外而得名，是近郊区中面积最大的一个区。其对外交往活动频繁，是北京市重要的外事活动区。主要景区有奥林匹克公园、东岳庙、798 艺术区、日坛、八里桥、通惠河、西黄寺、北土城公园、红领巾公园、朝阳公园、中华民族园、奥运村和中国共产党历史展览馆等。

奥林匹克公园：位于朝阳区北辰东路 15 号，是举办 2008 年北京奥运会和残奥会的奥运公园。分为五个片区：体育功能区有鸟巢、水立方、国家体育馆、奥体中心体育场、奥体中心体育馆、英东游泳馆等体育设施；文化科教区有中国科技馆新馆、中国美术馆新馆、中国国学中心等科教文化设施；

特色商业区有国家会议中心、北辰洲际酒店、下沉广场商业区以及瞭望塔；森林游憩区对应森林公园南区；生态康体区对应森林公园北区。

鸟巢：即中国国家体育场，位于朝阳区国家体育场南路 1 号，是北京奥运会的主体育场，形态如同孕育生命的"巢"，寄托着人类对未来的希望，占地 21 公顷，建筑面积 $25.8 \times 10^4 \text{ m}^2$。体育场各结构组件相互支撑，形成网格状的构架，外观看上去仿若树枝织成的鸟巢，内部没有一根立柱，看台是一个完整的没有任何遮挡的碗状造型，如同一个巨大的容器，如图 3-4 所示。

图 3-4

4. 海淀区

海淀区位于北京城区西北部，是全国著名的科技、文化、教育、旅游胜地，文化资源居全国之首。中央电视塔、国家图书馆等一大批国家级文化设施、场所坐落在海淀区，著名的北京大学、清华大学、中国人民大学、北京师范大学等 68 所高等院校也坐落在海淀区。此外，还有颐和园、圆明园、香山公园、玉渊潭公园、八大处、百望山、卧佛寺、大觉寺、北京植物园、凤凰岭等著名景点。

颐和园：是中国现存规模最大、保存最完整的皇家园林，被誉为皇家园林博物馆。原是清朝帝王的行宫和花园，乾隆十五年（1750 年），乾隆皇帝为孝敬其母孝圣皇后，把两边的四个园子连成一体，建成了从现清华园到香山长达 20 km 的园林区。光绪十四年（1888 年），慈禧太后动用海军经费，由雷廷昌主持重建，改称颐和园，作消夏游乐地（见图 3-5）。现为国家 5A 级景区、世界文化遗产名录地。

香山公园：位于北京西北郊小西山山脉东麓，是一座著名的具有皇家园林特色的大型山林公园。始建于金大定二十六年（1186 年），距今已有 800 多年历史。香山公园地势崛峻，峰峦叠翠，泉沛林茂，主峰香炉峰海拔 557 m。深秋时节，10 万株黄栌如火如荼，气势磅礴，被评为"北京新十六景"之一。

图 3-5

5. 丰台区

丰台区位于北京市南部。永定河由北至南贯穿丰台区，河东部邻近北京市区部分及永定河两岸多为平原地带，西部多丘陵。主要景点有中国人民抗日战争纪念馆、世界公园、卢沟桥、娘娘庙、药王庙、青龙头等。

中国人民抗日战争纪念馆：位于中华民族全面抗日战争的爆发地——丰台区卢沟桥畔的宛平城内，是世界各国人民了解中国抗战历史的重要窗口、爱国主义教育基地和红色旅游景区。纪念馆陈列了以七七事变为主题的半景画，这种陈列形式在中国属于首创，以巨幅油画与实物和模型相结合，通过计算机控制的声、光、电技术，使油画立即变得乌云翻滚、浓烟飘动、战火纷飞，有如身临当年的卢沟桥事变战场。

卢沟桥：始建于 1189 年，是北京市现存最古老的石造联拱桥。全长 266.5 m，宽 7.5 m，最宽处可达 9.3 m。有桥墩 10 座，共 11 个桥孔，为华北最长的古代石桥。桥身左右两侧石雕护栏各有望柱 140 根，柱头上均雕卧伏的大小石狮，神态各异，栩栩如生。

6. 石景山区

石景山区位于北京市西山风景区南麓和永定河冲积扇上。地势北高南低，略有起伏，因"燕都第一仙山——石景山"而得名，自古就是京西历史文化重镇。主要景区有八大处、灵光寺、法海寺、永定河、天泰山等。

八大处公园： 位于石景山区八大处路 3 号，西山风景区南麓。是北京市首批重点文物保护单位，是一座历史悠久、文脉丰厚的佛教寺庙园林。八座古刹分别创建于唐宋元明各朝，经历代重修，迄今古建筑群仍保存完好。

7. 延庆区

延庆区地处北京市西北部，三面环山一面临水，生态环境优良，是首都西北重要的生态屏障。境内有巍峨壮观的八达岭长城、风光旖旎的龙庆峡、沁心宜人的康西草原，有离现代大都市最近的松山原始森林自然保护区，还有经一亿四千万年进化形成的硅化木国家地质公园等众多景区。

八达岭长城： 位于延庆区军都山关沟古道北口。史称天下九塞之一，是长城重要关口居庸关的前哨。在明长城中保存最好，也最具代表性，是万里长城向游人开放最早的地段。建于明弘治十八年（1505 年），嘉靖、万历年间曾修葺，古称"居庸之险不在关而在八达岭"。该段长城地势险峻，居高临下，集巍峨险峻、秀丽苍翠于一体（见图 3-6）。它是第一批国家级文物保护单位、国家 5A 级旅游景区。

图 3-6

8. 昌平区

昌平区位于北京西北部。自古为军事重镇，军事必争之地，是首都北京的北大门，素有北京后花园之称。主要景区有明十三陵、居庸关长城、龙虎台、虎峪风景区、银山塔林、老甲艺术馆、小汤山农业示范园、蟒山国家森林公园等。

明十三陵： 位于昌平区境内的天寿山麓，是世界文化遗产、国家 5A 级景区、全国重点文物保护单位、全国重点风景名胜区。是明朝 13 位皇帝的陵墓群，陵域面积约 120 km²，具有规模宏大、体系完备和保存较为完整的特点，展示了中国传统文化的丰富内涵，具有极高的历史和文物价值，已成为驰名中外的旅游胜地，如图 3-7 所示。

图 3-7

9. 房山区

房山区位于北京西南，是进出北京的西南大门。处华北平原与太行山交界地带，是京郊著名的"建材之乡""煤炭之乡""林果之乡"。房山文化璀璨，主要景区有北京猿人遗址、西周燕都遗址、云居寺、石花洞、森林公园、上方山、十渡、圣莲山等。

周口店北京猿人遗址： 位于房山区周口店镇龙骨山北部，是世界文化遗产、全国重点文物保护单位。周口店遗址博物馆系统地介绍了 60 万年前的"北京人"、10 万年前的"新洞人"、18 000 年前的"山顶洞人"的生活环境和生活状况。序厅正面为龙骨山立体模型，展柜中摆放着周口店地区从 4 亿年前到 1 亿年前的各种岩石标本。

10. 怀柔区

怀柔区是北京市的远郊区，地处燕山南麓，风光秀丽，素有"京郊明珠"的美誉。主要景点有慕田峪长城、红螺寺、青龙峡、雁栖湖风景区、九谷口夹扁楼、九眼楼长城、星美影视基地等。

慕田峪长城： 是明朝万里长城的精华所在。这里敌楼密集、关隘险要，城两侧均有垛口，群山环抱，风景秀丽。春季，群芳争艳，山花烂漫；夏季，满山青翠，流水潺潺；秋季，红叶漫山，果实累累；冬季，白雪皑皑，银装素裹，一派北国风光。在中外享有"万里长城慕田峪独秀"的美誉。

红螺寺景区： 始建于东晋咸康四年（338年），是我国北方佛教发祥地和最大的佛教丛林，千余年来在佛教界中享有极高的地位。古寺山水环绕，依山而建，北倚雄伟的红螺山，南照秀美的红螺湖，寺庙周边林壑荫蔽，古树参天，藏风聚气，为一方风水宝地。

11. 其他旅游区与景点

此外，还有门头沟区、大兴区、通州区、顺义区、平谷区和密云区等区县。门头沟区位于北京西部山区，是具有悠久历史文化和优良革命传统的老区，区内有妙峰山、双龙峡、黄芩仙谷、京西十八潭等景区。大兴区位于北京市南部，主要景区有北京野生动物园、留民营生态农场、中华文化园等。通州区位于北京市东南部、京杭大运河北端，主要景区有通州大运河森林公园、北京韩美林艺术馆、中国民兵武器装备陈列馆等。顺义区位于北京市东北部，是北京市近年重点发展的新城，主要景区有北京奥林匹克水上公园、焦庄户地道战遗址纪念馆、北京汉石桥湿地景区等。平谷区地处北京、天津、河北三个省市的交界处，主要景区有京东大溶洞、青龙山、金海湖等。密云区地处燕山南麓，华北平原北缘，是华北平原与蒙古高原过渡地带，主要景区有司马台长城、金山岭长城、首云矿山公园等。

任务 3.3

天津旅游资源赏析与线路设计

一、旅游资源与环境概况

天津位于华北平原东北部、海河下游。东临渤海，北依燕山，西靠首都北京，其他地方与河北省相接壤。位于北纬 38°34′~40°15′、东经 116°43′~118°04′。"天津"这个名字为朱棣所赐，意为天子渡河的地方。天津是海河五大支流南运河、子牙河、大清河、永定河、北运河的汇合处和入海口，是北京通往东北、华东地区铁路的交通咽喉和远洋航运的港口，有"河海要冲"和"畿辅门户"之称。面积 $1.2 \times 10^4 \, km^2$，人口 1 387 万；现辖 15 个区、3 个县。

天津自然景观和名胜古迹众多，如盘山风景区、蓟县❶长城、独乐寺等。与中国近代史有关的景点也不少，如炮台是反帝的见证，望海楼与"天津教案"、义和团运动有关，张园曾是孙中山下榻处，南开大学是周恩来的母校。

天津由铁路、公路、水路和航空四种运输方式构成了四通八达的交通运输网络，是北京通往东北和上海方向的重要铁路枢纽。天津港是世界等级最高、中国最大的人工深水港，是吞吐量居世界第四的综合性港口，服务和辐射京津冀及中西部地区的10余个省市区。

二、旅游业特色与水平

"近代中国看天津"，天津以老城津韵、杨柳古镇、欧陆风韵、意奥风情、小站练兵等12个文化旅游主题板块为核心载体，吸引了世界各地的游客，带动了旅游经济的蓬勃发展。但总体而言，天津旅游业发展水平不高，在全国的影响力尚低（见表3-2）。

表3-2 天津市旅游业发展概况一览表

项目	入境游客数	国内游客数	星级酒店数	旅行社数	5A级景区数
天津	18万人次	475万人次	71家	502家	2家
全国	3 057万人次	36 139万人次	10 003家	38 943家	280家
占比	0.6%	1.3%	0.7%	1.3%	0.7%
排名	22	20	31	28	31

天津旅游业正在以"建设旅游强市，打造国际旅游目的地和集散地"为目标，大力推进"都市观光旅游、休闲度假旅游、商务会展旅游"三大支撑体系建设。按照《天津市旅游发展总体规划》和《滨海新区旅游发展规划》蓝图，实施"一带三区九组团"（一带，即海河旅游观光带；三区，即中心都市旅游区、东部滨海旅游区、北部山野旅游区；九组团，即东丽湖商务会展休闲组团、京津新城温泉度假组团、七里海湿地生态组团、大黄堡湿地度假组团、官港休闲游乐组团、杨柳青民俗文化组团、团泊湖生态休闲组团、津南历史文化民俗组团、天嘉湖生态旅游组团）的旅游发展规划，加快旅游产业转型升级。

三、经典旅游线路及行程特色

1. 天津近代史一日游

行程：D1：天津，意式风情区—津城静园—瓷房子—海河—天津之眼摩天轮—南市食品街—海河外滩公园。

特色：本线路以观赏天津在近代史上的印记为特色。

2. 感觉天津二日游

行程：D1：天津，世纪广场—意式风情区—天津之眼摩天轮—南市食品街；

D2：天津，五大道—塘沽洋货市场—外滩公园—小白楼1902欧式风情街。

---

❶ 蓟县：今为蓟州区。

特色：本线路以经典建筑、街市及民俗文化景观为特色。

3. 天津深度三日游

行程：D1：天津，古文化街旅游区津门故里—天津之眼摩天轮—庄王府；

D2：天津，天津港—北塘古镇—大沽炮台—天津海滨旅游度假区；

D3：蓟州，独乐寺—盘山风景名胜区。

特色：本线路以城市、海滨港口及自然景观为特色。

4. 天津红色专项二日游

行程：D1：天津，周恩来邓颖超纪念馆—平津战役纪念馆；

D2：天津，大沽口炮台遗址博物馆—盘山烈士陵园。

特色：参观革命胜迹和伟人先烈纪念馆，了解革命历史，传承红色文化。

四、旅游城区与景点

1. 天津市区

天津市区包括和平区、河东区、南开区、河西区、河北区、东丽区和红桥区。地处华北平原东北部、环渤海湾的中心。东临渤海，北依燕山，西北与首都北京毗邻，相距仅 120 km。主要景区有古文化街、民俗博物馆、天津之眼摩天轮、意式风情区、庄王府、广东会馆、自然博物馆、五大道风情区、广播电视塔、水上公园等。

古文化街：位于南开区东北隅东门外，海河西岸，北起老铁桥大街，南至水阁大街，建筑总面积 $2.2 \times 10^4 \text{ m}^2$。古建筑高低错落、蜿蜒曲折，一阁一檐皆有讲究。有果仁张、皮糖张、蹦豆张、泥人张等多家全国闻名的津门老字号店铺。

天津之眼摩天轮：是世界上唯一建在桥上的摩天轮。高 120 m，轮外装挂 48 个 360 度透明座舱，每个座舱可乘坐 8 人，可同时供 384 人观光，旋转一周所需时间为 30 分钟，如图 3-8 所示。到达最高处时，周边景色一览无余，甚至能看到方圆 40 km 内的景致，是天津市的标志性景观之一。

五大道风情区：位于和平区重庆道 96 号，是指成都道以南、马场道以北、西康路以东、马场道与南京路交口以西的一片长方形区域。拥有 19 世纪二三十年代建成的花园式洋房 2 000 多幢，其中风貌建筑和名人故居 300 多处，被誉为"万国建筑博览馆"。

图 3-8

2. 滨海新区

滨海新区位于天津东部沿海，地处环渤海经济带和京津冀城市群的交汇点，是亚欧大陆桥最近的东部起点。拥有世界吞吐量第四的综合性港口，通达全球 400 多个港湾，是东、中亚内陆国家重要的出海口。主要景区有天津港、洋货市场、东方公主号、北塘古镇、海河外滩公园、宋庆龄渤海儿童世界、大沽炮台、基辅航空母舰、潮音寺等。

天津港： 位于塘沽区❶海河入海口，处于京津城市带和环渤海经济圈的交汇点上。是环渤海中与华北、西北等内陆地区距离最短的港口，是首都北京和天津市的海上门户，也是亚欧大陆桥的起点之一，如图3-9所示。

大沽炮台： 位于塘沽区东沽，是海河入海口，素有"海门古塞"之称，即津门海防要隘之意。炮台内用木料、外用青砖砌成，白灰灌浆非常坚固。高度约为一丈五尺，宽九尺，进深六尺。这是大沽口最早的炮台。大沽口炮台是中华民族抗击侵略、不畏强暴的历史见证。

图 3-9

3. 蓟州区

蓟州区位于天津市最北部，历代为兵家必争之地。其处名流人才荟萃，古塔、寺庙、碑刻、古墓众多，历史文化悠久灿烂，自然风光秀丽，名胜古迹众多。目前已形成盘山、黄崖关长城、翠屏湖、县城古文物、中上元古界、八仙山和九龙山等一批著名景区，还有国家重点保护的千年古刹——独乐寺和白塔寺等文物古迹。

盘山： 位于蓟州区西北15 km处，因雄踞北京之东，故有"京东第一山"之誉。以"五峰""八石""三盘之胜"奇特称绝。主峰名挂月峰，前有紫盖峰，后依自来峰，东连九华峰，西傍舞剑峰，五峰攒簇。盘山为历代帝王将相、文人墨客竞游之地。

独乐寺： 位于蓟州城内。始建于隋，辽代统和二年（984年）重建，以古建、泥塑、壁画三绝享誉中外，如图3-10所示。是全国首批重点文物保护单位。由山门、观音阁、韦驮亭、报恩院、乾隆行宫、清代民居等构成规模宏大的建筑群。

图 3-10

4. 其他旅游区与景点

此外，还有津南区、西青区、北辰区、武清区、宝坻区、静海区和宁河区。津南区位于天津市东南部，海河下游南岸，素有天津"金三角"之称，主要景区有小站练兵园、宝成奇石园、郑家大院等。西青区位于天津市西南部，区内杨柳青镇是著名的杨柳青年画原产地，主要景区有霍元甲纪念馆、杨柳青石家大院、文昌阁等。北辰区位于中心城区北部，素有皇家粮仓的美誉，主要景点有明珠园、御河园、滦水园等。武清区位于天津市西北部，京津之间，主要景区有杨村小世界、港北自然保护区、凯旋王国等。宝坻区位于天津中北部，主要景区有广济寺、松江生态园、小辛码头村等。静海区地处天津市西南部，主要景区有团泊风景区、东滩头东汉墓等。宁河区位于天津市东北部，主要景区有天尊阁、于方舟烈士故居、七里海等。

---

❶ 塘沽区：今为滨海新区。

任务 3.4

河北旅游资源赏析与线路设计

一、旅游资源与环境概况

河北地处华北地区、黄河下游以北,故称河北,省会石家庄市。位于东经 113°31′~119°50′、北纬 36°02′~42°37′,西为太行山,北为燕山,面积 18.77 万 km²,人口 7 461 万。东临渤海,包围着北京和天津两个直辖市,是京城通往外地的门户,自古即是京畿要地。

河北省辖石家庄、唐山等 11 个地级市以及雄安新区,是中国农业大省,是小麦、棉花和玉米的重要产地。工业主要有煤炭、钢铁、陶瓷、电力、纺织、石油、医药工业,其钢铁产量居全国第一。另外邯郸市和唐山市是北方最大的瓷都。

河北是北京连接全国各地的交通枢纽,已形成了陆、海、空综合交通运输网。全省有 25 条主要干线铁路通过,铁路货物周转量居全国大陆省份首位。省内有铁路客运京广线、京九线、京哈线、京沪线、京包线经过。石家庄、秦皇岛、邯郸、唐山、张家口五个城市已开通民航航线,能为游客提供便利的交通服务。

二、旅游业特色与水平

河北环京津、沿渤海,区位和市场优势明显,旅游资源丰富,自然风光秀美,文物古迹众多,特殊资源荟萃,旅游产业已形成了较为完善的产业体系。全省开放景区达 600 多家,其中 5A 级景区 10 家,特色旅游商品、纪念品近 300 种。旅游业规模较大,特别是旅行社、酒店和景区数量居全国前列(详见表 3-3)。

表 3-3 河北省旅游业发展情况一览表

项目	入境游客数	国内游客数	星级酒店数	旅行社数	5A级景区数
河北	14 万人次	433 万人次	320 家	1 513 家	10 家
全国	3 057 万人次	36 139 万人次	10 003 家	38 943 家	280 家
占比	0.5%	1.2%	3.2%	3.9%	3.6%
排名	26	21	11	8	11

河北旅游业发展迅猛,综合配套的旅游接待服务体系已经形成,拥有"金红蓝绿白"五大特色产品。"金"为承德避暑山庄及外八庙、清东陵与清西陵等皇家胜迹;"红"为西柏坡等革命圣地;"蓝"为北戴河、乐亭等地的海滨海岛;"绿"为坝上森林草原、太行燕山等自然生态;"白"为张家口、承德等地的冰雪旅游。

三、经典旅游线路及行程特色

1. 河北红色专项三日游

行程： D1：西柏坡，中共中央旧址—五大书记旧居—五大书记铜像—西柏坡纪念馆—《新中国从这里走来》主题陈列展览；

D2：清苑，冉庄地道战遗址—展馆—老电影《地道战》场景；

D3：安新，白洋淀—文化苑—雁翎队纪念馆—嘎子村—祈福钱屏—游康熙水围行宫—敕赐沛恩寺。

特色：本线路以革命根据地、地道战遗址和湖景为特色。

2. 承德文化四日深度游

行程： D1：承德，避暑山庄—金丝楠木殿—四知书屋—山区—湖边烟雨楼—金山上帝阁—热河—试马棣—万树园草；

D2：承德，木兰围场坝上—伊逊崖口—庙宫水库—塞罕坝国家森林公园—内蒙古克什克腾旗—红山军马场骑马—乌兰布通大草原—晚餐后举行篝火晚会；

D3：承德，御道口景区—高原湖泊——月亮湖—百花坡—塞罕塔—普陀宗乘之庙景区—须弥福寿之庙；

D4：承德，外八庙—普宁寺景区—普宁街—玉佛寺—普佑寺。

特色：本线路以承德皇家风情和坝上自然风光为特色。

3. 北戴河海滨公园画廊—长城三日游

行程： D1：秦皇岛，北戴河—鸽子窝公园—东海滩公园—奥林匹克大道公园；

D2：秦皇岛，南戴河旅游区—南戴河国际娱乐中心—中华荷园—滨海大道—秦皇岛奥体中心；

D3：秦皇岛，山海关—天下第一关古城。

特色：本线路以休闲娱乐、长城、海滨公园全景为特色。

4. 石家庄—邢台—邯郸经典四日游

行程： D1：石家庄，隆兴寺—荣国府；

D2：正定县，西柏坡—黑山大峡谷—驼梁山；

D3：邢台，空山白云洞—汉牡丹园城；

D4：邯郸，磁州窑富田遗址—响堂山国家森林公园—晋娘祠。

特色：本线路以历史文化、红色革命根据地和自然景观为特色。

四、旅游城市与景点

1. 石家庄市

河北省省会，国家重要交通枢纽，被誉为"火车拉来的城市"。主要景区有红色圣地西柏坡、正定古城、赵州桥、秦皇古道、五岳寨、嶂石岩、驼梁、白鹿温泉、天桂山、柏林禅寺、苍岩山、毗卢寺、抱犊寨、封龙山等。

西柏坡：位于平山县境内，是解放战争后期中国共产党中央和中国人民解放军总部所在地，是解放全中国的最后一个农村指挥所。它以卓越的历史贡献奠定了其在中国革命史上的重要地位。西柏坡纪念馆藏品原件较多，革命文物有2 000多件。有毛泽东、朱德、刘少奇、周恩来、任弼时、董必武的旧居以及中国共产党七届二中全会会址、中共中央九月会议会址和中国人民解放军总部等（见图3-11）。

图3-11

赵州桥：位于石家庄市赵县城南，又名安济桥，俗称大石桥。建于隋开皇至大业初年（595—605年），为大型单跨圆弧敞肩石拱桥，全长64.4 m，桥面宽9 m，主拱由28道券纵向并列砌筑而成。是世界现存年代最久、保存最好、科学水平极高、艺术形象极美的古石拱桥，是现代钢筋混凝土拱桥的祖先。

2. 张家口市

张家口市位于河北省西北部，京、冀、晋、蒙四省市交界处。是北京的北大门，也是历史上兵家必争之地。张家口历史悠久，文物古迹荟萃。主要景区有黄帝城遗址、大境门、天鹅湖、鸡鸣山、宣化文化古城、暖泉古镇和冬奥会场馆等。

黄帝城遗址：位于张家口市涿鹿县矾山镇水磨村，是中华三祖黄帝、炎帝、蚩尤三族部落在涿鹿之野留下的遗址遗迹。整个景区包括中华三祖堂、黄帝泉、轩辕湖、黄帝城遗址、中华合符坛五个中心景点，还有港土归根碑、澳土归根碑、华表、五十六民族图腾柱、九龙腾飞柱等景观。

大境门：位于桥西区西太平山，是张家口的标志性建筑。与山海关、居庸关、嘉峪关并称为"中国长城四大名关"，被誉为中国"万里长城第一门"。这段长城始建于明成化二十一年（1485年），是在北魏和北齐长城的基础上修建的，距今已有500多年历史。

3. 承德市

承德市位于河北省东北部，旧称"热河"，是首批国家历史文化名城之一。主要景区有承德避暑山庄、御道口景区、木兰围场、金山岭长城、兴隆溶洞、董存瑞烈士陵园、双塔山、京北第一草原等。

避暑山庄及周围寺庙：又名承德离宫或热河行宫，始建于康熙四十二年（1703年），建成于乾隆五十五年，占地564×10^4 m^2，是中国现存最大的古典皇家园林。曾是清朝皇帝的夏宫，由皇帝宫室、皇家园林和宏伟壮观的寺庙群组成。山庄的建筑布局大体可分为宫殿区和苑景区两大部分，苑景区又可分成湖区、平原区和山区三部分，是中国三大古建筑群之一。现为国家5A级景区、世界文化遗产名录地。

4. 邯郸市

邯郸市位于河北省南端，西依太行山脉，与晋鲁豫三省接壤。主要景区有娲皇宫、八路军一二九师纪念馆、太行五指山、丛台公园、京娘湖、赵苑景区、东山文化博艺园、响堂寺石窟、七步沟景区等。

娲皇宫：位于涉县西北的凤凰山上，相传是"女娲炼石补天，抟土造人"之处。始建于北齐文宣帝时，是中国最大、最早的奉祀上古天神女娲的古建筑，是北齐文宣帝高洋往返邺城至晋阳所建的离宫。

太行五指山：位于太行山东麓涉县境内，以"雄、奇、险、秀"著称。主要参观景点有苦禅洞、五指奇峰、雄狮探海、雄鹰望佛、朝鲜义勇军旧址等。

5. 秦皇岛市

秦皇岛市位于河北省东北部。秦皇岛自然资源以山、海闻名，人文资源以关、城最为突出，形成了以长城、滨海、生态为主要特色的旅游产品体系。主要景区有山海关、长寿山景区、鳄鱼湖、角山长城、老龙头、孟姜女庙、悬阳洞、燕塞湖、秦皇求仙入海处、新澳海底世界、鸽子窝公园、秦皇岛野生动物园等。

山海关：建于明洪武年间（1381年）。是现存万里长城的最东端，是一座防御体系完整的城关，历史上曾是重要的军事要塞。游览山海关主要是参观东门镇远楼。登上城楼，一边是碧波荡漾的大海，一边是蜿蜒连绵的万里长城（见图3-12）。

姜女庙：位于山海关以东6.5 km的凤凰山上，由贞女祠和孟姜女苑组成。贞女祠始建于宋代以前，明万历年间二十二年（1594年）主事张栋重修，现为河北省重点文物保护单位。

图3-12

6. 唐山市

唐山市依燕山、跨平原，是全国优秀旅游城市。主要景区有清东陵、滦州古城、遵化万佛园、唐山抗震纪念馆、金沙岛、水下长城、唐山曹妃甸等。

清东陵：位于唐山市遵化昌瑞山南麓。其四面环山，碧水夹流，是我国现存规模最为宏大、体系最为完整，集皇家文化、孝道文化、丧葬文化、碑文古刻、建筑艺术为一体的清代皇家陵寝建筑群。

滦州古城：位于滦县滦州镇。整体建筑以盛清（康、乾）的建筑风格为主基调，共同展现北方古镇的地域特色。古城内分布有四合院客栈、文庙、关帝庙、县衙等多种功能建筑，以北方稀缺的水景古城塑造滦州古城特色。

7. 保定市

保定市位于河北省中部，与北京、天津构成黄金三角，互成掎角之势，保定即"永保大都（即元大都北京）安定"之意。主要景区有野三坡、晋察冀军区司令部旧址、白石山、狼牙山、大茂山、清西陵、定州开元寺塔等。

清西陵：位于易县境内，总面积237 km²。始建于1730年，葬有雍正、嘉庆、道光、光绪四位皇帝及后妃80余人，是我国现存最大、保存最完整、建筑类型最齐全的古代皇室陵墓群。陵区内有千余间宫殿建筑和百余座古建筑、古雕刻，气势磅礴。

8. 雄安新区

雄安新区为河北省管辖的国家级新区，位于河北省中部，包括雄县、容城县、安新县三县及周边部分区域，其发展定位为"北京非首都功能疏解集中承载地"。主要景区有白洋淀、美泉世界温泉、异国风情园等。

白洋淀：位于安新县境，面积366 km²。气候宜人，风景绝美，以大面积的芦苇荡和千亩连片的荷花淀而闻名，素有"华北明珠"之称，如图3-13所示。其处四季竞秀，妙趣天成。抗日战争时期水上游击队——雁翎队的故事脍炙人口。

9. 其他旅游城市与景点

此外，河北还有衡水、邢台、廊坊、沧州等旅游城市。衡水是河北最年轻的城市，位于河北省东南部，主要景区有衡水湖、武强年画博物馆、冀州旧城址、封氏墓群、开福寺舍利塔、圣姑庙、庆林寺塔、大冯营汉墓等。邢台位于河北省南部，有3 500余年的建城史，主要景区有崆山白云洞、邢台峡谷群、紫金山、北武当山、邢台古城、扁鹊庙、邢窑遗址等。廊坊位于河北省中部偏东，地处京津两大城市之间，是龙凤文化发祥地之一，主要景区有廊坊市文化艺术中心、华夏民间收藏馆、白塔寺、灵山寺等。沧州是闻名遐迩的武术之乡、杂技之乡，主要景区有吴桥杂技大世界、东光铁佛寺、沧州铁狮子、献县汉墓群、泊头清真寺、沧县纪晓岚墓、黄骅海丰镇遗址、大运河、南大港湿地等。

图 3-13

实训作业与学习评价

1. 请5分钟内说出本区旅游资源与环境的特征。
2. 请用5分钟介绍北京故宫博物院/天津盘山风景区/承德避暑山庄。
3. 暑假期间，某广州大学一学生计划与爷爷奶奶、父母及妹妹一行6人到北京旅游8天，请为他们设计一条适用的旅游线路。

项目 4

游遍东北三省

项目导读

东北三省是我国的旅游大区之一,其肥沃的黑土地是我国的粮仓和能源基地。旅游以冰雪旅游和金清遗迹而闻名。通过本项目学习,学生应该掌握本区的旅游资源与环境特征,熟悉区内省份的主要旅游城市和景点,并能根据不同的客源需求设计合理的旅游线路并进行推介与讲解。同时,通过对东北抗战等红色胜迹的赏析和红色专项旅游线路的设计,提高爱国情怀和民族自信心。

课程资源

黑龙江旅游资源赏析
与线路设计微课视频

项目 4 PPT 课件

任务 4.1

东北区的旅游环境及特色资源解读

一、位置与范围

东北区包括黑龙江、吉林、辽宁三省,地处我国东北部,习称东北地区。因位于山海关以东,又称关东地区。与俄罗斯、朝鲜接壤,与日本、韩国隔海相望。本区以汉族为主体,另有满、蒙古、朝鲜、鄂伦春、赫哲、回、达斡尔等少数民族,民族风情浓郁。本区山环水绕,平原内孕,构成相对独立的地理单元,历史文化演进也比较特殊,形成了独特的自然和人文景观。

二、旅游环境与资源特征

1. 山环水绕,沃野千里

东北地区河流、山脉和平原呈三层半环状合围,向南部沿海突出,最外一环是黑龙江、乌苏里江、图们江、鸭绿江等河谷谷地;中环为大、小兴安岭及长白山地构成的山体;内层为松嫩平原和辽河平原构成的东北大平原。东北地区山地多,江河湖泊也多,中部平原辽阔,是我国最大的平原,形成了"山环水绕、沃野千里"的环境格局。尤以白山黑水最为著名,白山即长白山,黑水即黑龙江,因此东北地区又有"白山黑水"之称。东北境内的旅游景观也体现了"山""水"特色,山有长白山、千山、医巫闾山等,水有镜泊湖、松花湖、五大连池、天池等。

2. 北国风光,冰天雪地

东北是我国纬度最高的地区,大部分属中温带,大兴安岭北端为寒温带。冬季寒冷而漫长,一月平均温度 −12℃ ~ −30℃,是世界上同纬度陆地气温最低的地区。黑龙江漠河地区曾出现过 −52.3℃ 的极低温,被称为中国的"寒极"。冬季长达 6~8 个月,降雪日多,积雪期长,积雪厚度可达 50 cm 左右,天寒地冻,呈现一片"千里冰封,万里雪飘"的北国风光。冰、雪及雾凇、雨凇成为东北独特而极富吸引力的旅游景观。

3. 森林与野生动植物富集

东北是我国最大的原始森林和次森林分布区,有以兴安落叶松为主的大兴安岭针叶林区,以挺拔的红松和冷杉为标志的小兴安岭、长白山针阔混交林区,以及别具北国情调的次生白桦林。茂密的森林不仅具有很强的观赏性,而且还蕴藏着不少珍贵的野生动植物资源,著名的东北虎、紫貂、熊、麝、梅花鹿、猞猁等珍稀动物即活动于内,其中人参、貂皮、鹿茸被称为"东北三宝"。此外,在三江平原等沼泽湿地还栖息着丹顶鹤、野天鹅等珍贵美丽的禽类,大连有著名的蛇岛及老铁山候鸟景观等。以这些动植物为基础,本区建立了相应的森林公园、自然保护区。

4. 历史古迹众多,以清代遗迹居多

东北地区不同历史时期的文物古迹众多,上自春秋、下及清代的历史古迹皆有发现,且富有民族风格和地方特点,尤以清代遗迹数量最多、保存最完整,而且历史价值和旅游价值也较高。著名的古迹有沈阳故宫和清朝关外三陵。沈阳故宫是清室入关以前的皇宫,独具满族生活色彩与艺术风格,是融合满、汉两族建筑风格的经典之作,是我国不可多得的皇家宫殿建筑群,被列入世界文化遗产。此外,本地区规模较大的还有吉林省集安市的高句丽古建筑、古墓群和壁画。黑龙江省宁安市上京龙泉府遗址也是国家级文物保护单位。

5. 兼容并蓄的关东文化

在经历了契丹、女真、满与中原汉文化的交替控制,加上近现代日本、俄国入侵,欧美朝鲜文化的影响,以及新中国成立后的东北大移民和北大荒开垦,东北地区形成了兼容并蓄的关东文化。多民族的融合,多元文化的碰撞,形成了以豪放、旷达、质朴厚重、宽厚包容为特点的关东人群体性格。

民俗风情丰富多彩,如鄂伦春族和鄂温克族的游猎风情、赫哲族的渔猎文化、乡土气息极为浓郁的"二人转",为本区增添了独特的民俗风情旅游资源。"二人转"亦称"蹦蹦",是东北地区喜闻乐见、具有地方色彩的民间艺术。它通俗易懂、幽默风趣,充满生活气息,深受广大群众欢迎,在民间有"宁舍一顿饭,不舍二人转"的说法。

6. 中西合璧的多元化城市风貌

由于诸多历史因素,哈尔滨的城市建设基本采用俄罗斯风格,同时吸收西方其他建筑艺术特色,有"东方莫斯科""东方小巴黎"之称。目前保存完好的西式建筑有 500 多处,其中不乏俄罗斯式索菲亚教堂、拜占庭式东正教堂等代表性建筑。长春则遗存有伪满时期兼具中国宫殿和日式风格的"八大部"建筑及伪满洲国皇宫,是日本帝国主义侵略中国的物证。

三、特色资源及其开发利用

东北地区由于特殊的地理位置、地质结构与气候条件,形成了独具特色的冰雪类旅游资源和火山遗迹类旅游资源。

1. 冰雪类旅游资源

冰雪类旅游资源属于自然旅游资源中的气象、气候类资源,它一般在中高纬度或高海拔地区、相对寒冷的环境中形成,包括冰、雪和雾凇等主要类型。银装素裹、玉树琼花的冰雪世界既是一种独特的自然景观,又衍生出多种艺术和民俗文化,成为宝贵的旅游资源。

东北境内不少地区坡度和缓、雪盖稳定、雪被质量好,为开展滑雪运动提供了良好条件,形成了黑龙江亚布力、二龙山、玉泉等一些享誉国内外的高等级滑雪场。冰层厚实、冰面光滑的众多河湖,则是开展滑冰的绝好场所。而本地区的树挂、冰雕、冰灯等冰雪奇景更是独具魅力。以天然冰雪资源为材料的冰雕、冰灯、雪雕等雕塑艺术,更是一项独具北国风采的造型艺术,由此,可开展集观赏性、参与性、体验性、娱乐性于一体的多种旅游活动,如滑冰、滑雪、冰雕、雪雕、冰灯、冰洞捕鱼、坐冰帆、打冰猴、冰上婚礼、冰雪艺术节和相关比赛。

雾凇又名树挂、冰花，是一种附着于地面物体（如树枝、电线）迎风面上的白色或乳白色不透明冰层。雾凇轻盈洁白，附着在树木等物体上，宛如琼树银花，清秀雅致，形成奇特的自然景观，如图4-1所示。

2. 火山遗迹类旅游资源

火山遗迹是由火山喷发留下的各种遗迹，如火口湖、堰塞湖、火山锥、温泉、熔岩洞穴等，是吸引旅游者的重要旅游资源。东北地处亚欧板块与太平洋板块交界处，地壳运动非常活跃，历史上火山爆发频繁，留下了众多火山遗迹。小兴安岭的张广才岭多为第四纪以来火山活动地

图 4-1

区，近代曾有过火山喷发，形成我国著名的火山群区。其中黑龙江省德都县北部火山群中的火烧山和老黑山，曾在1719—1721年爆发，熔岩流堵拦河道，形成湖泊，成为著名的火山堰塞湖群——五大连池。这里不仅火山湖、火山锥成群分布，而且有形如蟒蛇、海龟、波浪、隧洞、石塔等的熔岩景物，堪称"火山天然博物馆"。

长白山也是历史上活火山活动激烈的地区。据历史文献记载，近300多年中就有过3次大的火山喷发，使这一带成为一个风光绮丽的休眠火山区。主峰白头峰是一个典型的复合式盾状火山锥体，顶部天池为一典型火口湖。湖面海拔2 194 m，面积达9.8 km^2，池水从北侧缺口外流至1 250 m处坠入深谷，形成高达68 m的天然瀑布，蔚为奇观。黑龙江东部的镜泊湖也是牡丹江下游河道因火山熔岩堰塞而形成的大型火山堰塞湖，湖面达90 km^2，湖长45 km，湖水从北面的"熔岩坝"越过注入下游河道，形成了著名的吊水楼瀑布。湖区火山地貌发育，地下岩熔隧道和火山口森林都是罕见的世界奇观。火山活动区地热资源丰富，温泉相伴分布。五大连池地热洞、长白山温泉、鞍山汤岗子温泉、本溪温泉、兴城温泉等，都是全国著名的温泉。

任务 4.2

黑龙江旅游资源赏析与线路设计

一、旅游资源与环境概况

黑龙江省是我国位置最北、最东、纬度最高的一个省份。北部、东部以黑龙江、乌苏里江为界与俄罗斯相望；西部与内蒙古毗邻；南部与吉林省接壤。面积47.3×10^4 km^2，人口约3 185万人。民族以汉族为主，另有满族、回族、蒙古族、朝鲜族、达斡尔族、锡伯族、赫哲族、鄂伦春族、鄂温克族、柯尔克孜族等少数民族。

本省的地貌特征为"五山、一水、一草、三分田"。西北部、北部、东南部为大兴安岭山地、小兴安岭山地和张广才岭等山脉；东北部、西南部地势较低，为三江平原和松嫩平原。黑龙江、乌苏里

江、松花江、嫩江和绥芬河等五大水系斜贯全省,森林、湿地广布。本省属于寒温带、中温带大陆性季风气候,冬季严寒多冰雪,夏季凉爽能避暑。

交通运输以铁路为主。黑龙江是我国修建铁路最早的省份之一,省境内有60条铁路干线、支线和联络线,铁路营运里程居全国第一。干支线以哈尔滨、齐齐哈尔、牡丹江、佳木斯为轴心向四周辐射,并通过国际干线和国内干线外接俄罗斯、朝鲜,内联吉林、辽宁和内蒙古。

二、旅游业特色与水平

近年来,黑龙江不断强化旅游业的发展地位,充分发挥资源优势,旅游业得到快速发展,特别是冬季已成为全国的旅游热点区域,旅游接待量和旅游收入的增长已超过全国平均水平(见表4-1)。

表4-1 黑龙江省旅游业发展概况一览表

项目	入境游客数	国内游客数	星级酒店数	旅行社数	5A级景区数
黑龙江	18万人次	146万人次	155家	837家	6家
全国	3 057万人次	36 139万人次	10 003家	38 943家	280家
占比	0.6%	0.6%	1.5%	2.7%	2.1%
排名	24	26	27	21	24

黑龙江凭借全国最大面积的森林、众多的江河湖泊、独特的火山地貌及丰富的冰雪旅游资源,已培育了一批国内外知名的旅游品牌。"哈尔滨—亚布力—雪乡"等精品冰雪旅游线路已成为海内外知名的黄金旅游线路,避暑、生态、休闲、文化等旅游产品不断推向市场,对俄边境旅游、北方少数民族风情旅游等系列产品也深受人们喜欢,基本形成了以哈尔滨为中心、向周边区域市场辐射的良好发展格局。哈尔滨的文化旅游、齐齐哈尔扎龙的湿地旅游、五大连池的火山地貌、伊春的森林旅游、镜泊湖的高山堰塞旅游、亚布力与雪乡的冰雪旅游已成为全国闻名的特色旅游项目。

三、经典旅游线路及行程特色

1. 西线深度五日游

行程:D1:哈尔滨,太阳岛—中央大街—防洪纪念塔;
　　　D2:大庆,油田—铁人博物馆;
　　　D3:齐齐哈尔,扎龙自然保护区—龙沙公园;
　　　D4:齐齐哈尔,五大连池;
　　　D5:漠河,极光—北极村。
特色:既有城市风光又有自然生态,既有人文情怀又有历史古迹,既有自然奇观又有异域风情。

2. 冰雪三日游

行程：D1：哈尔滨，冰雪大世界—雪雕艺术博览会—中央大街；
　　　D2：牡丹江，亚布力滑雪；
　　　D3：牡丹江，雪乡。

特色：冰雪奇观汇聚一堂，动静结合，老少皆宜。

3. 异国风情三日游

行程：D1：绥芬河，绥芬河国家森林公园—绥芬河国门—中俄绥贸易综合体；
　　　D2：海参崴，海鲜市场—阿穆尔黄金海岸—金角湾—东正教堂；
　　　D3：海参崴，潜水艇博物馆—太平洋海军司令部—太平洋海军军舰群—胜利广场。

特色：充满异域风情的俄罗斯，东北亚最大的港口城市观光体验。

4. 东线深度三日游

行程：D1：牡丹江，镜泊湖—地下森林；
　　　D2：鸡西，兴凯湖；
　　　D3：鸡西，虎头要塞—乌苏里江。

特色：大江大湖、"二战"遗迹、清凉解暑、风景宜人。

5. 黑龙江红色专项二日游

行程：D1：哈尔滨，东北烈士纪念馆—东北抗联博物馆—侵华日军第七三一部队罪证陈列馆；
　　　D2：尚志市，尚志碑林—赵尚志纪念馆—赵一曼纪念园—石砬子会议遗址。

特色：两天游遍黑龙江抗战胜迹，全面了解抗战历史，感悟抗战精神。

四、旅游城市与景点

1. 哈尔滨

哈尔滨是黑龙江省的省会，是一个文化交融、工农业基础雄厚的现代化国际大都市，以美丽开放、中西文化交融为特色，被誉为"东方莫斯科""东方小巴黎"。一年一度的哈尔滨之夏音乐会、冰灯游园会、冰雪大世界等大型活动展示了哈尔滨的北国风采；极地馆、防洪纪念塔、文庙、极乐寺、圣·索菲亚教堂、中央大街、萧红故居、东北虎林园和亚布力滑雪场等特色景点使哈尔滨成为国家首批优秀旅游城市。

太阳岛：位于美丽的哈尔滨松花江北岸，总面积为 88 km²，其中规划面积为 38 km²，外围保护区面积为 50 km²。新中国成立初，著名歌唱家郑绪岚一曲《美丽的太阳岛上》使该景区享誉全国。图 4-2 为该景区正门前。该岛具有质朴、粗犷的北方原野特色风光，拥有太阳山、水阁云天、中日友好公园、俄罗斯风情小镇等 20 多处景观。

冰雪大世界：是哈尔滨冰雪旅游的一项创举，是目前世界上面积最大、项目最多的冰雪游乐园。经过多年的兴建，规模不断扩大、内容不断充实、花样不断翻新，制作工艺充分应用现代光

图 4-2

影效果，将中国古典园林的艺术巧妙地应用到冰雪景致中，集观赏性、参与性和娱乐性于一体，成为哈尔滨的重要旅游名片。

东北虎林园： 位于哈尔滨市松花江以北，与太阳岛风景区相邻，是目前世界上最大的东北虎野生放养繁殖基地。面积 $36×10^4$ m²，园内按老虎的年龄及凶猛程度划分为 8 个小园区。在这里你可以乘车"漫步"于群虎之间，近距离领略虎的凶猛与刺激，仿佛置身于原始森林之中，野趣无穷，难以忘怀，如图 4-3 所示。

图 4-3

2. 伊春

伊春位于黑龙江省的北部，小兴安岭的脚下，是著名的"林都"，森林资源十分丰富，尤其以盛产红松而闻名。有汤旺河林海奇石风景区、五营国家森林公园、嘉荫恐龙国家地质公园、桃山森林冰雪玉石温泉等著名景区。

汤旺河林海奇石： 隶属小兴安岭山脉，以稀有的花岗岩石林地貌景观和完善的原始生态为特色，融奇石、森林、冰雪、峰涧、湖溪于一体，集奇、险、秀、幽于一身（见图 4-4）。在此可登山、漂流、垂钓、原始林探险、科普修学、源头寻踪、野菜野果采摘。夏季平均温度为 18℃~23℃，是难得的度假胜地。

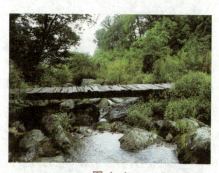

图 4-4

3. 牡丹江

牡丹江市位于黑龙江省东南部，因牡丹江横跨市区而得名。已开发利用的景点有火山口国家森林公园、牡丹峰国家森林公园、牡丹峰滑雪场、八女投江纪念群雕和雪乡、雪堡等。

镜泊湖： 位于黑龙江省东南部、牡丹江市境内，是我国最大的高山堰塞湖泊，面积 90 km²，水深 40~50 m。四周群山环抱，水量稳定，湖水清澈如镜，风景秀丽，一派恬静的自然风光。景区中的吊水楼台瀑布（见图 4-5）是与黄果树瀑布、壶口瀑布并称的我国三大瀑布之一。瀑布高 20 m，宽约 40 m，景色十分壮观。

图 4-5

4. 齐齐哈尔

齐齐哈尔位于黑龙江省西部，别称鹤城、龙城、卜奎，是黑龙江省第二大城市和新兴的旅游城市。主要景点有扎龙自然保护区、龙沙公园、甘南大峡沟等。

扎龙自然保护区： 位于齐齐哈尔市东南部，乌裕河的下游。保护区内芦苇沼泽广袤辽阔，湖泊星罗棋布，苇草肥美，鱼虾丰盛，环境幽静，风光绮丽。保护区是鸟类繁衍的"天堂"，栖居鸟类 150 多种，其中鹤的种类多、数量大，其中最让世人瞩目的是丹顶鹤，约占全世界丹顶鹤总数的四分之一,因此有"丹顶鹤的故乡"之称。

5. 鸡西

鸡西位于黑龙江省东南部,是东北最大的煤城和著名的工业城市。除工业旅游资源外,现已开发的景点有兴凯湖、珍宝岛、神顶峰、月牙湖、乌苏里江和虎林风景区等。

兴凯湖:中俄边界上的浅水湖,由大、小两湖组成。兴凯湖多沼泽,湖水混浊,透明度仅0.6 m。湖中盛产鱼类,大白鱼是其特产。如今的兴凯湖是一座集防洪蓄水排涝、灌溉及旅游等多功能的湖泊。

6. 其他旅游城市与景点

此外,还有佳木斯、大庆、双鸭山、鹤岗、黑河和漠河等城市。佳木斯简称佳市,位于黑龙江省东北部,拥有亚洲最大的湿地——三江湿地,以及水源山、杏林湖、西浦森林公园等景点。大庆市位于黑龙江省西南部,别称油城、百湖之城,主要景点有铁人王进喜纪念馆、石油文化公园、油立方。双鸭山市位于黑龙江省东北部,与俄罗斯隔乌苏里江相望,是中国重要的煤矿基地,主要景点有七星峰、安邦河湿地、挹娄王城。鹤岗市位于黑龙江省东北部,主要景点有煤海公园、松鹤公园、东山万人坑等。黑河市位于黑龙江省西北部,小兴安岭北麓,著名景点有五大连池、小兴安岭、锦河大峡谷等。

五大连池:坐落在小兴安岭西南侧的德都县境内。因火山熔岩堵塞白河河道,而形成了五个相邻的火山堰塞湖,故称"五大连池"。该景区以池、石、泉三绝和14座火山名山、36个旅游点的洞、潭、瀑等风景享誉中外,被称为"火山博物馆",是我国第一个地质自然保护区。

任务 4.3

吉林旅游资源赏析与线路设计

一、旅游资源与环境概况

吉林省位于东北的中部,东部与朝鲜、俄罗斯交界。清置吉林省,因境内的吉林城而得名。位于东经 121° 38′ ~ 131° 19′、北纬 40° 50′ ~ 46° 19′,面积 19 万 km²,人口 2 407 万,省内有朝鲜、满、回、蒙古、锡伯等少数民族,省会为长春市。

吉林省地形大体可分为三部分,自东向西分别为山地、丘陵、平原。以松花江为代表的河流和以松花湖为代表的湖泊构成了完整的水利体系。该省重工业和农业堪称发达,电力、化工、汽车制造、水稻和玉米的生产在全国占有重要的地位。吉林省旅游资源丰富，雾凇景观美丽奇特。

二、旅游业特色与水平

近年来，吉林省的旅游业得到了快速、大规模发展，取得了良好成效。但相对而言，受经济发展水平和配套条件的制约，吉林省的旅游业在东北三省中相对滞后，旅游业的各项发展指标暂居全国中下等水平（见表4-2）。

表4-2 吉林省旅游业发展概况一览表

项目	入境游客数	国内游客数	星级酒店数	旅行社数	5A级景区数
吉林	47万人次	142万人次	94家	701家	7家
全国	3 057万人次	36 139万人次	10 003家	38 943家	280家
占比	1.5%	0.4%	0.9%	1.8%	2.5%
排名	15	27	29	24	19

根据旅游资源特色和旅游业规划，吉林省重点开发 1 个旅游带（沿边境旅游带），建设 4 个旅游区（长白山、长春、吉林、西部草原四个旅游区），办好 3 个旅游节（吉林雾凇冰雪节、长春电影节、延边朝鲜族民俗节），重点推出 18 条旅游线（长白观光旅游线、吉林冰雪风光旅游线、长春殖民遗址旅游线、东北亚金三角跨国旅游线、集安高句丽古迹旅游线、向海观鸟旅游线、蒸汽机车旅游线、通化人参之路旅游线、白城草原风光旅游线、辽源鹿乡观光旅游线、民族民俗风情旅游线等）。

三、经典旅游线路及行程特色

1. 城市精华四日游

行程：D1：长春，伪满皇宫—电影城；
D2：长春，松花湖—净月潭；
D3：吉林，雾凇—松花湖；
D4：吉林，北大湖滑雪。
特色：长春、吉林两个核心城市的全方位体验。

2. 民族风情三日游

行程：D1：通化，五女峰森林公园；
D2：通化，集安高句丽古墓群；
D3：延吉，朝鲜民族村。
特色：朝鲜族民族风情、饮食、历史全方位体验。

3. 长白山深度三日游

行程：D1：白山，长白山大关东文化园—挖参体验—满族婚礼观赏体验—长白山大戏台河景区—九星泉—飞瀑流泉—紫杉、水曲柳等；

D2：白山，长白山北景区—长白山峡谷浮石林景区—天池—长白瀑布—聚龙温泉群；

D3：白山，绿渊潭—中国朝鲜族第一村。

特色：长白山主要游览项目全方位体验。

4. 吉林红色专项二日游

行程：D1：长春，东北沦陷史陈列馆—伪满皇宫博物院；

D2：四平，四平战役纪念馆—四平烈士陵园—塔子山战斗遗址。

特色：参观长春、四平的革命胜迹，了解东北的抗日战争和解放战争历史。

四、旅游城市与景点

1. 长春

吉林省省会，是全国重要的汽车工业城市。长春是新中国电影的摇篮，被称为"电影城"。长春电影制片厂是我国第一家电影制片厂。长春是新中国汽车工业的诞生地，因此被称为"汽车城"。第一汽车制造厂见证了我国汽车行业的发展。长春是中国首批优秀旅游城市，构建了以净月潭森林、冰雪为主打产品的生态游；以伪满皇宫、"八大部"为代表的伪满遗迹游；以长影、电影城为主的影视文化游；以一汽、汽车城为龙头的工业游等四大旅游品牌。

净月潭： 位于长春市东南 12 km，面积 200 km^2，有水面 4.3 km^2，森林覆盖率达 58.6%，被誉为"亚洲第一大人工林海"。现为国家 5A 级景区，包括净月潭国家重点风景名胜区、净月潭国家森林公园和净月潭旅游度假区三部分。景区内空气清新宜人，群山环抱，一年四季景色各异，是游玩的绝佳去处（见图4-6）。

图 4-6

伪满皇宫： 位于长春市宽城区，是由清朝末代皇帝溥仪居住的伪满洲国傀儡皇宫改建而成的博物馆（见图4-7）。它是中国现存的三大宫廷遗址之一，同时也是日本帝国主义武力侵占中国东北、推行法西斯殖民统治的历史见证。博物院是集伪满宫廷、红色旅游、文化休闲区、旅游商服于一体的特色人文景区，是国家 5A 级景区。占地面积 25×10^4 m^2，开放的景点 30 多处，各类原状陈列、基本陈列和专题展览 50 余个。

长影世纪城： 位于净月潭风景区西侧，是我国首家电影制片工业与旅游业相结合的电影主题公园，堪

图 4-7

称东方好莱坞。长影世纪城内的主要景观有 4D 特效电影、立体水幕电影、激光悬浮电影、动感球幕电影、三维巨幕电影等。其中，特效电影是长影世纪城最具特色的旅游娱乐产品。长影世纪城园区内设有的 3D 巨幕、4D 特效、激光悬浮、动感球幕、立体水幕等五个特效影院，将当今世界最先进的特效电影汇集于一个园区内。

2. 吉林

吉林市是吉林省第二大城市、东北地区重要旅游城市和化工工业基地。吉林省因其而得名。吉林市是中国唯一一座省市同名的城市，满语名为"吉林乌拉"，意为"沿江的城池"，别名"江城"。吉林市是满族的发祥地和聚居地之一，风景名胜区众多，有松花湖、北大湖滑雪场、松花江岸边的雾凇、北山公园、乌拉街满族镇、吉林一号陨石和龙潭山等。

北大湖滑雪场： 位于吉林市永吉县境内，是国内标准高山滑雪场之一。北大湖属中低山区，自然条件比较好，这里山坡平缓，很少悬崖峭壁。冬季避风好，有时近似无风状态，气候较为适宜。山区雪情好、雪期长，一年中积雪日达 160 天左右，有效滑雪期可达 140 天左右，适合开展各种雪上运动，是我国重要的滑雪运动基地和滑雪旅游中心，已多次成功举办各类国际、国内滑雪竞技活动。

雾凇岛： 雾凇岛是松花江上的一座小岛，位于吉林市龙潭区乌拉街满族镇。乌拉街满族镇的韩屯、曾通屯等村落是雾凇最为集中的地方，也是观赏和拍摄雾凇的最佳地。尤其在曾通村，素有"赏雾凇，到曾通"的说法。雾凇岛的最佳观赏季节是每年 12 月下旬到次年 2 月底。

3. 通化

通化市位于吉林省西南部长白山区，南与朝鲜隔江相望，西与辽宁省的本溪、抚顺、丹东等市相邻，是我国对朝三大口岸之一。通化生态环境优良，文物古迹众多，较为著名的有五女峰国家森林公园、千叶湖、集安高句丽古墓群和靖宇陵园等。

集安： 中国历史名城，至今完整地保留着距今 1 500 年的高句丽文化遗产（包括高句丽的王城、王陵和贵族墓葬等），2004 年被列为联合国教科文组织《世界人类文化遗产名录》。

4. 敦化

敦化市隶属于延边朝鲜族自治州，是延边州的"西大门"，位于吉林省东部山区，长白山腹地。现为国家优秀旅游城市，著名景点有雁鸣湖、六鼎山、敖东古城遗址、老白山风景区等。

六鼎山： 原名六顶山，位于敦化市南部，是国家 5A 级旅游景区、吉林省第一家文化旅游开发区，拥有佛教文化、渤海文化、清始祖文化和生态文化。景区内有唐代渤海国最早的王室贵族墓葬群、全国重点文物保护单位——六顶山古墓群，世界最大的满族祭祀祠堂——清祖祠，世界最高的释迦牟尼青铜坐佛——金鼎大佛，世界知名尼众道场——正觉寺和国内顶级的宗教文化展示中心——佛教文化艺术馆。

5. 长白山

长白山保护开发区，位于吉林省东南部，相当于一个地级行政单位，辖池北区、池西区、池南区三区，集自然保护、经济开发和旅游观光于一体。

长白山景区： 位于吉林省长白山保护开发区境内，是国家 5A 级景区。长白山是中国东北部最高的山地。其主峰白头山海拔 2 691 m，山体纵横。海拔在 2 500 m 以上的山峰共有 16 座，是我国著名的湖泊、瀑布、林海、温泉风景区。由于山地地形的垂直变化影响，从山脚到山顶随高度的增加而形成了由温带到寒带的 4 个景观带。长白山也是东北境内海拔最高、喷口最大的火山体。主要景点有长白山天池（见图 4-8）、白云峰、黑风口、锦江大峡谷、万亩高山大花园、地下森林等。

6. 其他旅游城市与景点

此外，还有四平、辽源、松原、白城等城市。四平市为吉林省第三大城市，为多民族聚居的地方，著名景点有叶赫那拉城、二龙湖风景区和山门风景区。辽源市位于吉林省中南部，文化底蕴丰厚，有"中国琵琶之乡""中国二人转之乡"等美誉，主要景点有魁星楼、福寿宫、茵特拉根欢乐谷等。松原市位于吉林省中西部，主要景点有查干湖、龙华寺、乾安泥林。白城市位于吉林省西北部，嫩江平原西部，是国家级大型商品粮基地，主要景点有向海自然保护区、莫莫格自然保护区。

图 4-8

任务 4.4

辽宁旅游资源赏析与线路设计

一、旅游资源与环境概况

辽宁省南邻黄海、渤海，东南与朝鲜一江之隔，与日本、韩国隔海相望，是东北地区唯一的既沿海又沿边的省份，也是东北及内蒙古自治区东部地区对外开放的门户，对外联系方便，地理位置优越。山地、丘陵分列东西，中部为广阔肥沃的辽河平原。面积 $14.8 \times 10^4 \ km^2$，人口 4 259 万，有满族、蒙古族、回族、朝鲜族、锡伯族、达斡尔族等少数民族。自然气候为温带、暖温带大陆性季风气候。辽宁省是我国著名的重工业、老工业基地，实力雄厚。

本省的旅游资源以山水风光和前清史迹为主要特色。旅游资源数量甚丰，全省国家重点风景名胜区 9 处、历史文化名城 1 座、国家级自然保护区 5 个。近年来发展起以大连国际服装节和赏槐节、锦州文化旅游节为代表的旅游节庆活动，为旅游业发展提供了新的增长点。

二、旅游业特色与水平

辽宁省是我国著名的经济强省，也是我国重要的旅游大省。其悠久的人文历史、优美的自然风光、便利的交通和强大的经济实力使辽宁省不仅具有很强的出游能力，而且有着巨大的旅游接待能力，旅游业的多项发展指标居全国前列（见表 4-3）。

表4-3 辽宁省旅游业发展概况一览表

项目	入境游客数	国内游客数	星级酒店数	旅行社数	5A级景区数
辽宁	379万人次	1 066万人次	304家	1 524家	6家
全国	3 057万人次	36 139万人次	10 003家	38 943家	280家
占比	12.4%	2.9%	3.0%	3.9%	2.1%
排名	2	12	14	7	22

辽宁省以其雄奇壮美的北国风光、悠久的历史、灿烂的文化、绚丽的少数民族风情和多姿多彩的关东习俗，成为世人关注、充满神奇魅力的黑土地。自秦始皇统一中国至清朝末年，辽宁一直都是东北地区政治、经济和军事的中心，各朝代均在此留下了大量的文物古迹。这里有被称为"中华民族文明曙光"的朝阳牛河梁、阜新查海遗址、秦始皇冬巡碣石山行宫遗址、兴城明代古城、清初帝王的宫殿和陵寝等人文旅游资源。三燕文化、辽文化、满族文化都是其宝贵的财富。

名山、秀水、奇石、异洞可谓遍布辽宁省各地。千山、凤凰山观光游，本溪水洞游，大连、葫芦岛、兴城滨海旅游，丹东的异国风情游等，都深受旅游者的欢迎。此外，辽宁省还开辟了一批丰富多彩的专项旅游活动，如著名的大连国际服装节、大连啤酒节、大连丝绸节、凤凰山会、荷花节等。

三、经典旅游线路及行程特色

1. 沈阳深度三日游

行程：D1：沈阳，故宫—大帅府；
D2：沈阳，怪坡—响山；
D3：沈阳，植物园—工业园。

特色：深度体验城市风情。

2. 山水风光四日游

行程：D1：沈阳，植物园—鞍山；
D2：鞍山，汤岗子温泉；
D3：葫芦岛，海滨风光；
D4：锦州，世博园。

特色：一路休闲度假，养生、赏花、玩水。

3. 滨海风光三日游

行程：D1：兴城，城市风光—兴城海滨
D2：大连，金石滩—海洋公园；
D4：丹东，鸭绿江—凤凰山。

特色：兴城海边古城、大连现代化海滨都市、丹东滨海边境小城，同样的海不一样的美。

4. 辽宁红色专项三日游

行程：D1：沈阳，九一八历史博物馆—张氏帅府；

D2：抚顺，雷锋纪念馆—抚顺战犯管理所陈列馆；

D3：丹东，抗美援朝纪念馆—鸭绿江公园。

特色：了解东北抗战历史，感悟和平的来之不易，学习先烈与英雄们的革命精神。

四、旅游城市与景点

1. 沈阳

辽宁省省会，古称沈州、盛京、奉天，位于辽河平原中部、浑河北岸。浑河古称沈河，因水的北面为阳，故称"沈阳"。沈阳是东北的第一大城市，是我国东北地区经济、文化、交通、金融、商业中心，著名的重工业生产基地，首批历史文化名城。其旅游产品丰富，主要旅游景点有一宫二陵、沈阳怪坡、棋盘山和沈阳植物园等。

沈阳故宫：位于沈阳市旧城区，为清初皇宫，入关后称奉天行宫，是中国仅存的两大宫殿建筑群之一。又称盛京皇宫，为清朝初期的皇宫，距今近400年历史。其建筑雄伟壮观、富丽堂皇，且具满汉艺术之风采，是我国现存的仅次于北京故宫的最完整的皇宫建筑群。占地面积 6×10^4 m²，全部建筑达70余处，房间300间。沈阳故宫博物院（见图4-9）藏有丰富的清代珍贵宫廷文物。

图 4-9

怪坡响山：怪坡位于沈阳市北清水台镇，是一条长约80 m、宽约1.5 m、东低西高的坡路。各种车辆到此上坡滑行，下坡不走，极富神秘色彩，故称"怪坡"。距怪坡东南约100 m处有一奇山，只要用脚一跺，就发出"空空"的响声，到山顶用锤砸地，其响声更大，如万马奔腾，鼓震雷鸣，故称"嗡顶"和"响山"。

2. 大连

大连市位于辽东半岛南端，东临黄海，西邻渤海，南与山东半岛相望。属温带海洋性气候，终年温和，四季分明。冬季海港水深不冻，是我国著名的对外贸易港口。大连是理想的疗养、旅游胜地，人居环境优越，是联合国命名的海滨花园城市。著名的风景区有老虎滩海洋公园、金石滩风景区、旅顺口风景区、棒槌岛、白云山庄等景区。

老虎滩海洋公园：位于大连市南部滨海中路，现为国家5A级景点。这里有亚洲最大的以展示珊瑚礁生物群为主的大型海洋生物馆——珊瑚馆，以现代化展示极地海洋动物的场馆——极地馆，全国最大的半自然状态的人工鸟笼——鸟语林，全国最大的花岗岩动物石雕——群虎雕塑以及化腐朽为神奇的马驷骥根雕艺术馆等闻名全国的旅游景点。还有全国最长的大型跨海空中索道，大连南部海域最大的旅游观光船，特种电影播放场所——四维影院以及惊险刺激的侏罗纪激流探险、海盗船、蹦极、速降等游乐设施。

金石滩景区：国家级旅游度假区，有"神力雕塑公园"和"绅士乐园"之誉。这里浓缩了距今6亿至3亿年间的地质奇观，形成了被称为"东方神力雕塑"的海蚀岸、海蚀洞、海蚀柱等奇观。含玫瑰园、龙宫、南秀院、鳌滩四大景区和大鹏展翅、恐龙吞海等百余处景点，气势恢宏，栩栩如生，专家们称之为"凝固了的动物世界"。

3. 本溪

本溪市是辽宁中部的中心城市。本溪矿藏丰富，被誉为"地质博物馆"；是中国著名的钢铁城市，以产优质焦煤、低磷铁、特种钢而著称。本溪还享有中国优秀旅游城市、全国民族团结先进市等美誉。著名景点有本溪水洞、五女山、关门山、老秃顶、大雅河。

本溪水洞： 位于本溪市东 35 km 处，是我国北方最大的地下河洞穴，也是我国最大的水上游览洞穴。由水洞、温泉寺、汤沟、关门山、铁刹山、庙后山六个景区组成。景区沿太子河呈带状分布，以水洞为主体，融山、水、洞、泉、湖、古人类文化遗址为一体。泛舟于洞内，岩壁石笋林立，千姿百态，光怪陆离，洞顶穹隆，晶莹斑斓，如图 4-10 所示。

图 4-10

4. 鞍山

辽宁省第三大城市，因市区南部一座形似马鞍的山峰而得名。鞍山是东北地区最大的钢铁工业城市、新中国钢铁工业的摇篮、中国第一钢铁工业城市，有着"共和国钢都"的美誉。因盛产岫玉，故又有"中国玉都"之称。著名景点有千山、玉佛苑、罗汉圣地、汤岗子温泉等。

千山： 位于鞍山市东南，因山峰近千，故称千朵莲花山。景区森林覆盖率达 95% 以上，为我国名山少有，素享东北"风景明珠"的美誉。千山景庙交融，文化韵味浓郁，宗教文化久远，佛道两教空前繁荣。自古就有"无峰不奇，无寺不古，无石不俏"之美誉。2001 年以来举办的"中国鞍山、千山国际旅游节"已成为这里的特色旅游产品。

5. 葫芦岛市

葫芦岛市位于辽宁省西南部。1989 年建市，是环渤海湾最年轻的城市之一。原名锦西（1994 年 10 月更名为现名），是京沈线上重要的工业、旅游、军事城市之一。葫芦岛市是国家级园林城市和中国优秀旅游城市，著名景点有龙湾海滨、望海寺海滨、葫芦山庄和兴城古城等。

兴城： 位于山海关上的辽西走廊，是我国保存最完好的明城之一。它建于明宣德年间，明末抗清名将袁崇焕主持重修，称宁远卫城。当时有内外两重城墙，现外城已废，内城略呈正方形，设四门，门外有瓮城，城上设有重檐敌楼，城四角还建有方形敌台，可向三方发射弓箭或炮火，如图 4-11 所示。

图 4-11

6. 其他旅游城市与景点

此外，还有丹东、抚顺、锦州、阜新、辽阳、铁岭、盘锦和营口等旅游城市。丹东位于辽宁省东南部，与朝鲜隔江相望，是我国对朝贸易最大的口岸城市、中国优秀旅游城市和全国双拥模范城市，是一个经历抗美援朝战火洗礼的"英雄城市"，主要景点有鸭绿江风景名胜区、锦江山公园和虎山长城等。抚顺素有"煤都"之称，位于辽宁省东部，是一座美丽的带状城市，主要景点有赫图阿拉城、红河峡谷漂流、雷锋纪念馆等。锦州位于辽宁省的西南部,是连接华北和东北两大区域的交通枢纽,主要景点有医巫闾山、笔架山、世博园、辽沈战役纪念馆等。阜新位于辽宁省西部的低山丘陵区,为沈阳经济区重要城市之一,主要景点有瑞应寺、海棠山摩崖造像、查海遗址、懿州城等。辽阳古称襄平、辽东城,是中国优秀旅游城市,主要景点有辽阳白塔、东京城城址、广佑寺、通明山。铁岭市地处辽宁省北部,松辽平原中段,是中国的粮食主产区、优质农产品生产加工基地和新兴的煤电能源之城,主要景点有国家级莲花湖湿地景区以及银冈书院、冰砬山国家森林公园等。营口地处辽东半岛中枢、渤海东岸、大辽河入海口处,是中国大陆上唯一一个可观夕阳落海的地级市,主要景点有辽河、望儿山、山海广场、西炮台、熊岳温泉。此外,还有盘锦市,它是优秀旅游城市,也是石油化工城市,其主要景点有红海滩、苇海和蛤蜊岗等。

实训作业与学习评价

1. 现在东北三省都已将发展冰雪旅游作为核心项目在打造,怎样对三个省进行项目定位,使其各自形成特色,优势互补,而不是单纯的重复建设?
2. 请为"美丽镜泊湖"做 5 分钟的旅游推介。
3. 辽宁的"清文化"还可以如何开发?

项目 5

游遍华北四省

项目导读

华北四省历史悠久、文化灿烂，是中国古人类和中华民族文化主要的发祥地之一。通过本项目学习，学生应掌握本区的旅游资源与环境特征，熟悉陕西、山西、河南、山东四省的主要旅游城市和景点，能根据不同的客源需求设计合理的旅游线路并进行推介与讲解。同时，通过对本区历史古迹等资源的赏析和红色专项旅游线路的设计，提高文化自信和爱国情怀。

课程资源

华北区的旅游环境及特色资源解读微课视频

山东旅游资源赏析与线路设计微课视频

项目5 PPT课件

任务 5.1

华北区的旅游环境及特色资源解读

一、位置与范围

本区包括陕西、山西、河南、山东四个省,位于我国的中东部,黄河中下游。其北部和西部与我国的京津冀地区、西北区和西南区相连,南部与华中、华东区相邻,东部毗连渤海、黄海,隔海与韩国、朝鲜、日本相望。

二、旅游环境与资源特征

1. 地貌类型齐全,自然景观多样

本区在我国地貌格局上跨二、三级阶梯,拥有山地、高原、平原、丘陵、盆地等多种地形,包括黄土高原、华北平原、太行山、山东丘陵等基本地理单元。黄土高原东部自北向南有恒山、五台山、系舟山、太岳山和中条山等。本区黄土地貌典型,主要地貌形态有塬、梁、峁。黄土窑洞是最具自然地理特色的人文景观。华北平原地处近太行山山麓平原区,有孤山、低岗、台地、沙丘等多种地形,它们是形成风景名胜的物质基础。山东丘陵为海拔 500 m 左右的断块山,泰山是山东丘陵的最高峰,为五岳之首。黄海之滨的崂山,山海相连,风景清幽,为著名旅游胜地。

2. 暖温带湿润、半湿润季风气候典型

本区位于大陆东部,中纬地带。除汉中盆地以外,皆为暖温带湿润、半湿润季风气候,春季干燥多风,夏季炎热多雨,秋季秋高气爽,冬季寒冷少雪,四季分明,冬季长而春秋短。其中秋季秋高气爽、天高云淡,是旅游的黄金季节。本区降水集中在七、八两月,占全年降水量的 70%,降水量自东向西递减。

3. 黄河横贯,库湖散布

本区以黄河水系为主,全区湖泊少而分散。冬季大部分河流有一定封冻期,但局部河段的特殊景观可形成旅游热点。例如,黄河切割山地形成了急流、峡谷、瀑布;在吕梁山西南端形成著名的壶口瀑布、龙门急流,有"黄河之水天上来"之势;黄河穿过三门峡,形成了陡峭石壁,地势险要,是漂流黄河的最佳地段;黄河进入黄淮平原后,形成了著名的"地上河"。另外,本区济南、临潼、太原等地的名泉已辟为旅游胜地。

4. 中华文明的摇篮,文物古迹荟萃

本区是华夏文明和中华民族的核心发祥地,是华夏历史文化的中心。历史名胜和文物古迹众多,人文旅游资源极其丰富,成为本区最突出的旅游特征。旧石器时代及夏、商、周、汉、唐、宋等文化

遗迹甚多，如半坡、仰韶文化遗址等。帝王陵墓有黄帝、尧、舜以及秦、汉、宋等各朝代陵墓。宗教遗址也较丰富，佛教建筑分布广，也最为壮观，有白马寺、少林寺、悬空寺等。著名的宗教石窟有龙门石窟和云冈石窟。古塔数量多，类型各异，如应县木塔、崇岳寺塔、开封铁塔、济南四门塔等均为全国重点文物。古都名城多，全国七大古都本区占了四个，即西安、开封、洛阳和安阳，且建都历史早、持续时间长、城市规模大。

5. 海滨风光优美，名山胜景众多

本区东部的渤海、黄海之滨是我国著名的滨海旅游胜地。烟台、青岛等是最能体现"蓝天、碧海、沙滩"特色的景区。本区名山众多，可进入性强，著名的有泰山、恒山、华山、嵩山四岳，还有佛教名山五台山、道教名山崂山等。另外还有一些景色各异的山岳风景区，如王屋山、云台山、苍岩山、北武当山、五老峰等，具有雄、奇、险的特点，极富原始野趣。

6. 文化艺术繁荣，旅游商品丰富

本区文艺形式丰富多样，戏曲、武术、杂技等娱乐项目丰富多彩。豫剧、山东梆子、秦腔、陕西皮影戏、陕西锣鼓等深受国内外游客喜爱。

本区工农业发达，旅游商品丰富。陕西有安塞剪纸、凤翔西凤酒、陕西板栗、蓝田玉雕、唐三彩等特产。在山西，名产以汾酒、竹叶青最为有名。河南的土特产有新郑大枣、少林寺素饼、河南烩面、杜康酒、四大怀药、信阳毛尖、宋河粮液等。山东则以黄河鲤鱼、青岛啤酒、烟台苹果、莱阳梨、张裕葡萄酒、潍坊风筝、德州扒鸡、东阿阿胶、菏泽牡丹等最为著名。

三、特色资源及开发利用

本区旅游资源比较丰富，类型齐全，数量众多，尤以名山和历史古迹最具特色。

1. 名山类资源

名山泛指有较高知名度的山，是山地中一种独特的地理实体。它有一定的地理位置、范围界限，有决定其成名的丰富的内涵，是经过历史筛选淘汰、约定俗成，为社会所公认的山。名山既有优美的自然风光，给游人以雄、奇、险、秀、幽、旷等多种美感，又有丰富的文化遗产；既是旅游观光、登山活动的场所，又是文化教育、科学研究和普及知识的"户外博物馆"（见图5-1）其具有美学、科学、历史、文化、经济等多种价值，可供游人欣赏、游览。

山地类型众多，按其高度可分为极高山、高山、中山、低山、丘陵等级别。中山和低山丘陵往往因环境宜人、风景秀丽而吸引游人，高山和部分极高山则是科学研究和登山旅游的理想场所。

名山是富有综合美的自然景观实体，它们的动人景致是大自然的恩赐，各自的特征都是绝无仅有、不可移置的。在山地自然与经济的可持续发展的前提下，要进行开发模式的创新，找准创新产品与旅游资源的关联，避免过度开发，要保持其天然风貌，提升名山旅游形象，赋予名山更多、更新的文化内涵。

图5-1

2. 历史古迹类资源

历史古迹是指人类社会发展历史过程中留存下来的活动遗迹、遗址、遗物及遗风等，是经一代人或多代人的公认，并经过保护、修缮或重建而保留下来的，具有一定的文化、艺术和观赏价值。每一处景观都反映了特定时期人类的生产或生活情况，其内容、形式、格调无不反映了其时代特征和历史痕迹。

中国七大古都中本区占了四个，成为人文旅游资源最丰富的地区。陕西蓝田人遗址、西安半坡遗址、山西丁村人遗址、山西大同云冈石窟（见图 5-2）、河南洛阳龙门石窟、山东曲阜孔庙、安阳殷墟、登封"天地之中"、"世界第八大奇迹"秦始皇兵马俑、佛教名刹法门寺、中国现存规模最大且保存最完整的古代城垣西安城墙、中国最大的石质书库西安碑林、大同华严寺、五台山建筑群、应县木塔、洪洞广胜寺飞虹塔和永济普救寺等都是杰出代表。

图 5-2

我国具有开发价值的历史古迹众多。但需要注意的是，对历史古迹旅游景点的文化开发，应在保护的基础上进行，保持并突出其历史文化内涵，重视其文化氛围的创造，以加大对旅游者的吸引力。

任务 5.2

陕西旅游资源赏析与线路设计

一、旅游资源与环境概况

陕西省简称陕或秦，处于东经 105°29′~111°15′、北纬 31°42′~39°35′。位于我国内陆腹地，东邻山西、河南，西连宁夏、甘肃，南抵四川、重庆、湖北，北接内蒙古，是连接我国东、中部地区和西北、西南的重要枢纽。面积 20.58×10^4 km^2，人口 3 953 万，省会西安。地势南北高、中部低，由西向东倾斜。北山和秦岭把陕西分为陕北高原、关中平原、秦巴山地三大自然区域。气候以秦岭为界，南北差异显著。陕北冬冷夏热，四季分明；陕南温暖湿润，雨量充沛。

全省辖西安、宝鸡、咸阳等 10 个地级市，民俗文化绚丽多彩，黄土风情浓郁醉人。陕北以农耕文化与草原文化相融合；陕南为稻耕文化区，秦与巴楚文化相交融；关中为麦黍文化区，古代帝都传统文化气息浓郁。

陕西历史源远流长，是中国古人类和中华民族文化重要的发祥地之一，是中国历史上多个朝代的政治、经济、文化中心，是现代中国革命的圣地。陕西是我国西部工业较为发达的省区，机械、电子、纺织、煤炭、化工、食品等产业有较大规模。西安是高等院校和科研院所最为集中的城市之一，其教育资源丰富，是中国三大教育、科研中心之一。

二、旅游业特色与水平

陕西省是旅游大省，旅游业是其支柱产业，旅游资源具有数量大、品位高、特色显著、多样性强的总体特征。旅游业已成为陕西省国民经济中的重要组成部分。入境旅游、国内旅游、出境旅游全面进步，旅游经济增长速度高于全省经济增长速度，国际旅游市场进一步拓展，国内旅游区域合作进一步加强，形成了全面开放的良好态势（见表5-1）。

表 5-1　陕西省旅游业发展概况一览表

项目	入境游客数	国内游客数	星级酒店数	旅行社数	5A级景区数
陕西	170万人次	844万人次	287家	862家	10家
全国	3 057万人次	36 139万人次	10 003家	38 943家	280家
占比	5.6%	2.3%	2.9%	2.2%	3.6%
排名	7	16	18	19	11

陕西小吃品种繁多、风味各异，辛辣鲜香、油多肉醇，赢得了国内外旅游者的普遍赞赏和高度评价。各种档次的宾馆、酒店可以满足不同层次旅游者的需要；多条国内、国际航空线，发达的铁路、公路网络连接四方，为旅游提供了便利。陕北剪纸、凤翔木版年画、唐三彩、彩绘泥塑等成为陕西重要的旅游纪念品。秦腔、陕西皮影戏、陕西锣鼓等深受国内外游客的好评和喜爱。西安唐乐宫、古都大剧院、陕歌大剧院等文化娱乐场所一应俱全。

陕西省近年实施高A级景区创建倍增计划，推进文化旅游项目和文化旅游名镇建设。通过举办丝绸之路文化旅游博览会和"秦岭与黄河的对话"等主题活动，积极加快培育大秦岭人文生态旅游度假圈，构建以西安为起点的丝绸之路风情体验旅游走廊，并以丝绸之路7个"非遗"景点为突破口，打响"丝路起点"旅游品牌。同时，依托大秦岭72峪、温泉、名山等自然景观，策划开发2~3条大秦岭穿越路线，破解周边交通瓶颈，吸引游客。

三、经典旅游线路及行程特色

1. 秦唐历史穿越三日游

行程：D1：西安，广仁寺—陕西历史博物馆—大唐芙蓉园；

　　　D2：西安，兵马俑—华清池—骊山；

　　　D3：西安，碑林—书院门古文化街—西安明城墙—小雁塔—大雁塔—回民街。

特色：饱览西安本地的宗教文化和秦唐文化缩影。

2. 寻找历史印记的七日人文之旅

行程：D1：西安，古城墙—书院门—碑林博物院—钟楼—鼓楼—化觉寺—粉巷；

　　　D2：西安，陕西历史博物馆—大唐西市博物馆—汉阳陵博物馆—秦腔博物馆—老西安博物馆；

　　　D3：西安，大慈恩寺—大雁塔—小雁塔—曲江遗址公园—大唐芙蓉园；

　　　D4：西安，秦始皇陵—兵马俑—华清池—骊山；

D5：宝鸡，法门寺—太白山；
　　　D6：渭南，华山；
　　　D7：延安，黄帝陵—轩辕庙—宝塔山—杨家岭。
　特色：本线路旨在感受历史风韵、品味秦唐印记。七天尽赏三秦大地精华景观。

3. 西安周边五日游

　行程：D1：西安，曲江—柞水—黄花岭—朱雀森林公园—涝峪口—古楼观；
　　　D2：西安，秦岭野生动物园—太平森林公园—古楼观；
　　　D3：西安，抱龙峪—南五台—翠华山—清禅寺—嘉午台—东汤峪；
　　　D4：西安，大雁塔—兵马俑—骊山—华清池—半坡；
　　　D5：咸阳，汉茂陵博物馆—懿德太子墓—乾陵。
　特色：本线路以西安及周边自然、人文景观为特色。

4. 陕西北线三日游

　行程：D1：咸阳，乾陵—茂陵—宝鸡法门寺；
　　　D2：延安，黄帝陵—轩辕庙—壶口；
　　　D3：延安，宝塔山—杨家岭。
　特色：本线路以帝王陵和红色旅游为特色。

5. 陕西红色专项三日游

　行程：D1：西安，西安事变纪念馆—陕西历史博物馆；
　　　D2：延安，杨家岭七大会议旧址—枣园中央书记处旧址—延安革命纪念馆；
　　　D3：延安，南泥湾—梁家河。
　特色：参观陕西红色胜迹，了解陕西红色文化，传承红色基因。

四、旅游城市及景点

1. 西安

　　西安，古称长安，是中华文明的发祥地、丝绸之路的起点，北濒渭水，南依秦岭，自然条件优良。它是中国历史上建都时间最长、建都朝代最多、影响力最大的都城，被誉为"天然历史博物馆"；是国家实施西部大开发战略的桥头堡，具有承东启西、连接南北的重要战略地位；是全国干线公路网中最大的节点城市之一、中国八大航空枢纽之一、八大通信枢纽之一，科技实力仅次于北京、上海，居全国第三位。著名景点有钟鼓楼、大雁塔、大唐芙蓉园、秦始皇兵马俑、秦岭、华清池、碑林、大明宫等。

　　秦始皇兵马俑：位于西安临潼区城东，为全国重点文物保护单位。兵马俑陵冢高 76 m，陵园布置仿秦都咸阳，分内外两城。陵冢位于内城西南，坐西面东。放置棺椁和随葬器物的地方为皇陵建筑群的核心。兵马俑采用陶俑作为陪葬品，陶俑以秦兵真人大小为模样，手工烧制，按照秦军作战部署分兵种、级别逐一排列，如图 5-3 所示。秦始皇兵马俑被列入《世界遗产名录》，并

图 5-3

被誉为"世界第八大奇迹"。

华清池： 位于西安市临潼区骊山北麓，南依骊山，北临渭水，是以温泉汤池著称的中国古代离宫，如图 5-4 所示。"春寒赐浴华清池，温泉水滑洗凝脂。"唐明皇与杨贵妃的故事使华清池除了优美风光之外，更增添了不少传奇色彩。后面骊山的半腰间虎斑石处即为"兵谏亭"，震惊中外的"西安事变"就发生在此。

大雁塔、大唐芙蓉园： 国家 5A 级景区，是首批丝绸之路申遗中国段 22 处申遗点之一。大雁塔是古都西安的象征，于 8 世纪为保存玄奘法师由天竺经丝绸之路带回长安的经卷佛像而建。塔身七层，通高 64.5 m。大唐芙蓉园是我国首个全方位展示盛唐风貌的园林式主题公园。

图 5-4

2. 宝鸡

陕西省第二大城市，位于关中平原西部，有"炎帝故里、青铜器之乡、佛骨圣地、社火之乡、周秦文明发祥地"等誉称。自古就是交通要塞，是通往中国西北、西南铁路交通的咽喉。著名景点有七彩凤县、法门寺、太白山、关山草原、红河谷、望鲁台、九成宫等。

太白山： 横卧在宝鸡眉县、太白、西安周至三县境内。因山顶终年积雪，银光四射，故称太白。它是秦岭山脉的最高峰，海拔 3 767 m。气候垂直差异，风景优美，珍稀动植物众多。每逢盛夏之时，登山览胜者与朝山香客络绎不绝。"太白积雪六月天"即是关中八景之一。

法门寺： 位于扶风县城北的法门镇。始建于东汉末年，鼎盛于唐，被誉为"皇家寺庙"。因安置释迦牟尼佛指骨舍利而成为举国仰望的佛教圣地（见图 5-5）。法门寺佛塔被誉为"护国真身宝塔"。法门寺珍宝馆拥有出土于法门寺地宫的 2 000 多件大唐国宝重器，为世界寺庙之最。

图 5-5

3. 咸阳

咸阳地处陕西关中平原腹地，是中国大地原点所在地，古丝绸之路的第一站，秦汉文化的重要发祥地。咸阳遍地秦砖汉瓦，境内文物景点众多。五陵源上汉高祖长陵、汉景帝阳陵、汉武帝茂陵、唐太宗昭陵、唐高宗和武则天合葬的乾陵等 28 位汉唐帝王陵寝连绵百里，举世无双。

乾陵： 位于咸阳市乾县城北，是唐高宗李治与女皇帝武则天的合葬墓。以山为陵，呈圆锥形，规模宏大，气势雄伟，是唐陵中具有代表性的一座。陵园面积 $240 \times 10^4 \text{ m}^2$，当年建有宫殿楼阁 378 间，历经战乱被毁，仅存石刻碑碣。乾陵周围有 17 座陪葬墓，已发掘的有永泰公主墓、章怀太子墓、懿德太子墓。

茂陵： 全国重点文物保护单位。它是汉武帝刘彻的陵墓，也是西汉帝陵中规模最大的一座。陵体高大宏伟，形为方锥，有"东方金字塔"之称。其周围有卫青、霍去病、霍光、金日磾等陪葬墓 20

多座,星罗棋布,蔚为壮观。陵园呈方形,分内外两城,四周环以围墙。

4. 渭南

渭南地处陕西省东部,素有"三秦要道,八省通衢"之称,历来为兵家必争之地,有多处古长城、古战场遗迹。秦腔、老腔、同州梆子多种戏曲剧种蕴积深厚;石雕、木雕、面花、皮影等民间艺术独具匠心。著名景点有华山、合阳洽川、富平陶艺村、合阳处女泉等。

华山: 古称"西岳",位于渭南华阴市,南接秦岭,北瞰黄渭,由一块完整硕大的花岗岩体构成,有东、西、南、北、中五峰,它已是道教主流全真派圣地,现存72个半悬空洞、20余座道观,其中玉泉院、都龙庙、东道院、镇岳宫被列为全国重点道教宫观。东峰朝阳台(见图5-6)为最佳观日地点。华山上的著名景观多达210余处,有凌空架设的长空栈道、三面临空的鹞子翻身,以及在峭壁绝崖上凿出的千尺幢、百尺峡、老君犁沟等。

图5-6

5. 延安

延安位于陕西北部,为中国革命圣地,是全国爱国主义、革命传统和延安精神三大教育基地。安塞腰鼓、洛川蹩鼓、陕北说书、安塞剪纸、陕北秧歌等项目被列入国家非物质文化遗产。著名景点有宝塔山、轩辕庙、杨家岭、枣园、黄河壶口瀑布、南泥湾、木兰祠等。

黄帝陵: 素有"天下第一陵"的称号,山体浑厚,气势雄伟,环冢砌以青砖花墙,是历代王朝举行国家大祭的场所,如图5-7所示。陵、庙所在地桥山现有千年古柏80万株,是我国最大的古柏群。庙内有相传黄帝手植柏,高20余米,是我国最古老、最大的柏树。还有黄帝陵龙驭阁、诚心亭、汉武仙台、"黄帝脚印"石等景观。

图5-7

宝塔山: 是融自然景观与人文景观为一体、历史文物与革命旧址合二为一的著名风景区。宝塔始建于唐,现为明代建筑,平面八角形,共九层,高约44 m,为楼阁式砖塔。中共中央进驻延安后,这座古塔成为革命圣地的标志和象征。

6. 汉中

汉中位于陕西省西南部,是我国南北气候分界线、江河分水岭。著名景点有天台山、古汉台、华阳景区、褒斜栈道、武侯墓、张良庙等。

天台山: 陕南第一名山,位于汉台区武乡境内。景区内山势险峻、沟谷纵横、泉潭密布、气象变幻莫测,且有天然溶洞和第四纪冰川遗迹,集"奇、险、古、秀"于一体,有飞仙灵崖、梅花古碑、琴泉雅奏、避滩地穴、岱顶风光等著名景观(见图5-8)。

图5-8

7. 商洛

商洛位于陕西省东南部，因境内有商山、洛水而得名。名胜古迹有笔架山风景区、老君山、柞水溶洞、金丝峡、二郎庙、月亮洞等。

老君山： 地处华山之阳，因相传太上老君在此修炼成仙而得名。老君山风景秀丽，四季常青。1 515 m登山山道，曲径通幽。现有天然溶柱形成的"圣君卧榻、系牛柏、炼丹炉、塔林、高山飞瀑、天门、青牛、豆腐坊"等道教信物，还塑有太上老君像、玉皇大帝和王母娘娘的牌位，供香客朝拜。

8. 其他旅游城市与景区

此外，还有安康、铜川、榆林等城市。安康，位于陕西省南部，秦巴腹地，汉水之滨，为我国北亚热带动植物典型代表区，境内土壤含硒元素丰富，被誉为"中国硒谷"，风景名胜区有凤凰山森林公园、瀛湖城堤、南宫山、香溪洞、天柱山、蜀河、旬阳文庙、千佛洞、张河溶洞等。铜川，地处陕西省中部、关中盆地和陕北高原的交接地带，区内有耀州唐三彩窑遗址博物馆、宋耀州窑遗址博物馆、柳公权墓、耀县❶宋塔、药王山、唐玉华宫遗址、大香山等旅游景区。榆林，位于陕西省的最北部，是陕北黄土高原和毛乌素沙地交界处，著名景区有李自成行宫、红石峡、白云山、红碱淖、易马城、大夏统万城遗址等。

任务 5.3

山西旅游资源赏析与线路设计

一、旅游资源与环境概况

山西，简称晋，处于东经 110°15′~114°32′、北纬 34°36′~40°44′。位于黄土高原东部，北接内蒙古，南界河南，西隔黄河与陕西相望，东以太行与河北为邻。面积 15.67×10^4 km²，总人口 3 492 万人，省会太原。其地势东北高西南低，是典型的黄土广泛覆盖的山地高原。高原内部起伏不平，河谷纵横，共有大小河流 1 000 余条，分属黄河、海河两大水系。汾河是境内第一大河。其矿产资源丰富，有"煤乡"之称。

山西是中华文明发祥地之一，历史悠久，人文荟萃，人杰地灵，代不乏人，著名的人物有晋文公、武则天、关羽、霍去病、司马光、罗贯中、柳宗元等。唐宋时期，山西是中国北方经济、文化的

---

❶ 耀县：今为耀州区。

主要发达地区。明代山西商业迅猛发展，曾领全国之先，其中晋商的足迹更是遍及海内外。

二、旅游业特色与水平

"人说山西好风光，地肥水美五谷香"。山西文化遗存灿若繁星，文物古迹遍布各地，风土人情独具特色，以"地上文物宝库""中国古建筑艺术博物馆"著称于世，并蜚声海内外。山西的旅游产业起步较晚，在全国旅游市场的大格局中，山西旅游业属于新兴市场，总体上处于中等水平和快速上升阶段（见表5-2）。

表5-2 山西省旅游业发展概况一览表

项目	入境游客数	国内游客数	星级酒店数	旅行社数	5A级景区数
山西	18万人次	317万人次	190家	927家	8家
全国	3 057万人次	36 139万人次	10 003家	38 943家	280家
占比	0.6%	0.9%	1.6%	2.4%	2.9%
排名	23	23	23	17	16

山西面食种类繁多，名冠天下。高、中、低档宾馆交错林立，基本可以满足不同层次旅游者的需要。太原武宿机场、南北同蒲线、石太线及众多高速公路为旅游业提供了便利的交通。以佛教文化、晋商文化、根祖文化、黄河文化为特色的景区景点让旅游者流连忘返。富有地方特色的传统工艺品、土特产品、文化艺术品一应俱全。绚丽多彩的民俗文化、节庆活动和形式多样的娱乐项目可供旅游者尽情享受。

随着全省经济的快速发展和人民收入的稳步增加，山西省旅游业的发展已步入快速发展时期。山西正努力将太原、大同建设成世界级旅游目的地城市，把黄河中游华夏古文明集中连片区打造成世界级旅游线路，将宗教古建游、晋商文化游、寻根觅祖游、太行山水游、黄河文明游、红色经典游建设成为精品旅游线路。

三、经典旅游线路及行程特色

1. 山西全景六日游

行程：D1：临汾，尧庙—洪洞大槐树风景区—黄河壶口瀑布；
　　　D2：晋中，绵山—王家大院；
　　　D3：晋中，平遥古城—乔家大院；
　　　D4：忻州，五台山台怀镇—菩萨顶—显通寺—镇海寺；
　　　D5：忻州，五台山五爷庙—黛螺顶；
　　　D6：大同，恒山悬空寺—云冈石窟—华严寺。
特色：品味佛教文化、晋商文化、寻根文化。

2. 古代建筑艺术五日游

行程：D1：太原，晋祠—双塔寺；

D2：晋中，平遥古城—游览古城墙—日升昌票号—明清一条街—常家大院；

D3：忻州，五台山—塔院寺—显通寺—殊像寺—镇海寺—万佛阁；

D4：朔州，应县木塔—崇福寺；

D5：大同，恒山悬空寺—云冈石窟—仿古街—九龙壁—城墙—华严寺。

特色：本线路以体验山西古代建筑艺术、感受深厚历史文化底蕴为特色。

3. 太行山水三日游

行程：D1：长治，太行山大峡谷；

D2：晋城，王莽岭—锡崖沟；

D3：晋城，陵川县凤凰谷。

特色：本线路以领略太行山独特的山水自然风光和深厚的历史文化内涵为特色。

4. 山西红色专项二日游

行程：D1：忻州，晋察冀军区司令部旧址纪念馆—白求恩柯棣华纪念馆；

D2：长治，八路军太行纪念馆—八路军总部王家峪旧址。

特色：瞻仰抗日战争、解放战争的中外先烈纪念场馆，感悟英烈精神，传承红色基因。

四、旅游城市及景点

1. 太原

山西省省会，全省的政治、经济、文化教育中心。位于太原盆地北端，地处中国东中西三大经济带的结合部，是一座具有4 700多年历史、2 500多年建城历史的古都。汾河自北向南流经全市，三面环山，是中国北方著名的军事、文化重镇，是世界闻名的晋商都会。主要景点有晋祠、天龙山、崇善寺、双塔寺、崛围山、督军府、大关帝庙、窦大夫祠、汾河公园、中国煤炭博物馆、龙山道教石窟等。

双塔寺：位于太原市东南郊，本名"永祚寺"，因其寺内两座高塔被世人习惯称为双塔寺。明万历年间由高僧奉敕建造。寺内现存主要建筑为砖构，八角十三级，高54.7 m。塔内有阶梯踏道，可登顶层。双塔现为太原的标志。寺内牡丹遍地，传为明代所植。

晋祠：位于太原市西南25 km悬瓮山下晋水发源处。始建于北魏，为纪念周武王次子叔虞而建。图5-9所示为晋祠。晋水主要源头由此流出，长年不息，水温17℃，清澈见底。祠内贞观宝翰亭中有唐太宗撰写的御碑《晋祠之铭并序》。祠内还有著名的周柏、隋槐，至今生机勃勃、郁郁苍苍，与长流不息的难老泉和精美的宋塑侍女像一齐被誉为"晋祠三绝"。

图5-9

2. 大同

大同位于晋北边缘，是山西省第二大城市，文物古迹甚多，有"中国雕塑之都""凤凰城""中国煤都"之称。主要景点有云冈石窟、华严寺、善化寺、恒山悬空寺、觉山寺、水神堂、大同火山群等。

云冈石窟：位于大同市以西的武周山南麓，依山而凿，东西绵延约1 km，气势恢宏，内容丰富。现存主要洞窟 45 座,大小窟龛 254 个,造像 51 000 余尊,最大佛像 17 m,最小仅 2 cm,它们代表了公元 5~6 世纪时中国杰出的佛教石窟艺术。其中的昙曜五窟,布局设计严谨统一,是中国佛教艺术第一个巅峰时期的经典杰作,与敦煌莫高窟、洛阳龙门石窟和麦积山石窟并称为中国四大石窟艺术宝库。

悬空寺:位于大同市浑源县,是国内仅存的佛、道、儒三教合一的独特寺庙。始建于 1 400 多年前的北魏王朝后期。悬空寺共有殿阁 40 间,利用力学原理半插飞梁为基,巧借岩石暗托梁柱上下一体,廊栏左右相连,"危岩缀虚空,石阁轻如纸",镶嵌在万仞峭壁之间,令古今中外的游人叹为观止,如图 5-10 所示。

图 5-10

3. 晋城

晋城位于山西的东南部,是向南出入中原大地的交通要道。晋城山川秀丽,自然风光旖旎,雄峻的太行绝顶风光、茂密的原始森林、奇特的岩溶洞穴、清澈的河湖飞瀑令人神往。主要景点有皇城相府、白云洞、蟒河旅游风景区、王莽岭、棋子山、锡崖沟挂壁公路、碗子城、佛子山、西溪真泽宫、孟良寨古遗址和高平长平古战场等。

皇城相府:位于阳城县东北,是清文渊阁大学士兼吏部尚书陈廷敬的故里。其建筑依山就势,鳞次栉比,是一组别具特色的明清城堡式官宅建筑群。由内、外城两部分组成,内城系明代遗构,外城为清代所建。有大型院落 16 座、房屋 640 余间,集古代民居、官宦宅邸、庙院宗祠、书院学堂、防御工事于一体,再加上典雅别致的砖雕、木雕、石雕艺术装饰和大量皇家御赐牌匾、物件之遗存,使其具有很高的文化品位。

蟒河自然保护区:位于晋城阳城县,面积 58 km²,主峰海拔 1 572 m,具有"秀、险、幽、奇"四大特点,享有"北方小桂林"的美誉,如图 5-11 所示。一年四季胜景迷人,尤以秋天看层林尽染最为赏心悦目。蟒河水奔流似巨蟒,水清见底,终年不断,形成别具一格的山水景观。

图 5-11

4. 朔州

朔州位于山西省西北部,桑干河上游,是我国新型的以煤电为主导的能源重化工基地。主要景点有杀虎口、应县木塔、崇福寺、内外长城、掌柜窑、峙峪旧石器遗址、汉墓群、神头泉、广武城、净土寺等。

应县木塔:全名佛宫寺释迦塔,位于朔州市应县县城内,是佛宫寺的主体建筑。始建于辽代,金明昌六年增修完毕。塔高 67 m,底层直径 30 m,呈平面八角形。第一层立面重檐,以上各层均为单檐,如图 5-12 所示,共五层六檐。塔内各层均塑佛像,各佛像雕塑精细、各具情态。是我国现存最古老、最高大的纯木结构、楼阁式建筑。

图 5-12

5. 长治

长治地处晋冀豫三省交界处,具有悠久的历史文化和光荣的革命传统。著名景点有太行山大峡谷、太行水乡、灵空山、上党门、老顶山等。

太行山大峡谷： 位于壶关县东南部。境内千峰竞秀，万壑争奇，独特的地形、地貌，珍稀动植物资源造就了太行山大峡谷最为奇异的自然风光。自然景观和人文景观资源十分丰富，共有峡景、水景、山景、石景、树景、林景和名胜古迹景观44处，景点400余个。

6. 晋中

晋中位于山西省中部。它是晋商故里，曾经创造过举世瞩目的经济奇迹，"执全国金融之牛耳"，是中国银行业的早期诞生地。主要景点有绵山、古城平遥、古城祁县、双林寺、石膏山、张壁古堡、乔家大院、王家大院、常家庄园、渠家大院、何家大院、太谷三多堂等。

平遥古城： 是一座具有2 700多年历史的文化名城，是中国境内保存最为完整的一座古代县城，是中国汉民族城市在明清时期的杰出范例，也是目前我国唯一以一整座古城申报世界文化遗产获得成功的古县城。平遥曾是清代晚期中国的金融中心，中国第一家现代银行的雏形"日升昌"票号就是在此诞生。古城有中国目前保存最完整的古代县城格局。城墙、衙门、寺庙、道观、钱庄、镖局、当铺等为其主要景观，如图5-13所示。

图 5-13

乔家大院： 又名在中堂，位于山西省祁县，国家5A级景区。整个院落呈双"喜"字形，分为6个大院，内套20个小院，313间房屋，总占地10 642 m²，建筑面积4 175 m²。整个院落是城堡式建筑，三面临街，四周是高达10 m多的全封闭青砖墙，大门为城门洞式。它是一座具有北方汉族传统民居建筑风格的古宅。

绵山： 距介休市区20 km，最高海拔2 566.6 m，是太岳山（霍山）向北延伸的一条支脉。它将山光水色、文物胜迹、佛寺神庙、革命遗址集于一体，是山西省重点风景名胜区，国家5A级景区，中国历史文化名山、中国清明节（寒食节）发源地。现已形成龙头寺、龙脊岭、李姑岩、蜂房泉、大罗宫、天桥、一斗泉、朱家凹、云峰寺、正果寺、栖贤谷、介公岭、水涛沟、古藤谷等14个景点。

7. 忻州

忻州位于山西省北中部，素有"晋北锁钥"之称。主要景点有五台山、芦芽山、雁门关、禹王洞、顿村温泉、奇村温泉、洪福寺、老牛湾、西河头地道战遗址和凤凰山风景区等。

五台山： 位于忻州市繁峙县以及五台县境内，位列中国佛教四大名山之首。最高点北台叶门峰海拔3 058 m，被称为"华北屋脊"。山上气候多寒，盛夏凉爽，故又称清凉山。五台山是文殊菩萨的道场，寺庙的正殿都以供奉文殊菩萨为主。五台山分为台内、台外。山间多庙宇古刹，台怀白塔（见图5-14）是五台山的标志，另外还有圆照寺、显通寺、塔院寺、菩萨顶、南山寺等众多景点。

图 5-14

8. 临汾

临汾位于山西省西南部，因地处汾水之滨而得名，是华夏民族的重要发祥地之一和黄河文明的摇篮，有"华夏第一都"之称。蒲州梆子、威风锣鼓等民间艺术闻名全国。主要景点有华门、尧庙、壶口瀑布、洪洞大槐树和云丘山等。

壶口瀑布： 是黄河中游流经秦晋大峡谷时形成的一个天然瀑布，宽达 50 m，深约 50 m，最大瀑面 3×10^4 m²，是世界上最大的黄色瀑布。滚滚黄河水至此，300 m 宽的洪流骤然被两岸所束缚，上宽下窄，在 50 m 的落差中翻腾倾涌，声势如同在巨大无比的壶中倾出（见图 5-15）。两大著名奇景"旱地行船"和"水里冒烟"更是罕见。

图 5-15

9. 运城

因"盐运之城"而得名，是三国蜀汉名将关羽的故乡。著名景点有解州关帝庙、永乐宫、鹳雀楼、舜帝陵、中国死海、李家大院等。

解州关帝庙： 位于运城市解州镇常平村。乡人依祖坟立庙，称之为"关王故里"。规模宏大，布局完整，为我国武庙之冠。庙貌古朴宏丽，被誉为"武庙之祖"，是我国现存规模最大的宫殿式道教建筑群，如图 5-16 所示。

图 5-16

10. 其他旅游城市及景区

此外，还有阳泉、吕梁等城市。阳泉，位于山西省东部，自然风光秀丽宜人，古迹名胜闻名遐迩，著名景区有藏山、娘子关、百团大战纪念碑、药林寺、关帝庙、水帘洞瀑布、寺平庄温泉、冠山等。吕梁，位于山西省中部西侧，因吕梁山脉由北向南纵贯全境而得名，境内沟壑纵横，山峦起伏，梯田环绕，著名景区有北武当山、卦山、庞泉沟、酒都杏花村、则天庙、孟门南山寺等。

任务 5.4

河南旅游资源赏析与线路设计

一、旅游资源与环境概况

河南，简称豫，位于我国中部偏东、黄河中下游，处在东经 110°21′~116°39′、北纬 31°23′~36°22′。东接安徽、山东，北接河北、山西，西连陕西，南临湖北。面积 16.7×10^4 km²，总人口 9 937 万，省会郑州。全省辖 18 个地级市，地处沿海开放地区与中西部地区的结合部，是我国经济由东向西梯次推进发展的中间地带。

河南地势西高东低，东西差异明显，山地、丘陵、平原、盆地等地貌类型齐全。横跨黄河、淮河、海河、长江四大水系，气候温和，日照充足，降水丰沛，适宜农、林、牧、渔各业发展。

河南是华夏文明和中华民族的核心发祥地、华夏历史文化的中心。曾长达 5 000 年居中国政治、经济、文化、交通中心,更是有洛阳、开封、安阳、郑州等举世闻名的中华古都,同时还拥有商丘、南阳、濮阳、许昌、新郑等古都,为中国古都数量最多、最密集的地区。

二、旅游业特色与水平

河南地处中原腹地,历史悠久、文化灿烂、山河壮丽,人文、自然旅游资源丰富多彩。经过多年来的不懈努力,河南已经跨入全国旅游大省的行列,旅游规模和水平居全国前列(见表 5-3)。

表 5-3 河南省旅游业发展概况一览表

项目	入境游客数	国内游客数	星级酒店数	旅行社数	5A级景区数
河南	30 万人次	366 万人次	361 家	1 156 家	14 家
全国	3 057 万人次	36 139 万人次	10 003 家	38 943 家	280 家
占比	1.0%	1.0%	3.6%	3.0%	5.0%
排名	18	22	9	13	3

河南有千年古都积淀深厚的饮食文化,有上百家星级宾馆可以为旅游者提供舒适的住宿环境。交通便利、连南贯北、承东启西的区位优势为旅游提供了便利;以古都、名寺、功夫等为特色的景区景点让旅游者流连忘返;各种艺术品、土特产令人眼花缭乱;戏曲、武术、杂技等娱乐项目丰富多彩。

郑州、开封、洛阳、三门峡沿黄旅游线位于我国东西部旅游发展的结合部,交通便利,旅游资源丰富,产业体系协调配套,作为旅游重点发展区域的优势十分明显。其将被建成国际知名、国内著名的、辐射带动全省旅游业发展的黄金旅游线,将以"三点一线"丰富的古文化资源为依托,突出古都、名寺和功夫特色,并重点开发文化观光、寻根朝敬、休闲度假和生态旅游项目。同时,河南将以太行山、伏牛山、桐柏—大别山为重点和主体,大力发展休闲度假、生态观光以及特种旅游项目,加速全省旅游产品结构的调整。

三、经典旅游线路及行程特色

1. 全景河南六日游

行程: D1:开封,开封府—龙亭—清明上河园;

D2:郑州,河南博物馆—二七纪念塔;

D3:郑州,嵩阳书院—永泰寺—少林寺;

D4:洛阳,龙门石窟—白园—王城公园—古墓博物馆;

D5:焦作,云台山—潭瀑峡—泉瀑峡—红石峡;

D6:焦作,青龙峡—峰林峡—子房湖。

特色:本线路旨在体验魅力中原经典景点,深度感受中州文化。

2. 经典河南六日游

行程: D1:开封,清明上河园—琉璃塔铁塔—开封府—皇家寺院相国寺—大型水上实景演出《大宋·东京梦华》;

D2：郑州，黄河风景区—河南博物院—少林寺—实景演出《禅宗少林·音乐大典》；

D3：洛阳，龙门石窟—关林；

D4：新乡，万仙山；

D5：安阳，殷墟博物苑—中国文字博物馆—羑里城；

D6：安阳，人工天河红旗渠。

特色：本线路以游览中原壮美河山、品味河南历史文化为特色。

3. 魅力河南四日游

行程：D1：郑州，嵩山—少林寺—嵩阳书院；

D2：洛阳，龙门石窟—白马寺—白云山；

D3：焦作，云台山—红石峡—云台天瀑；

D4：开封，开封府—宋都御街—大相国寺。

特色：本线路包含了河南三大5A景点，既有山水景观，又有人文历史景观。

4. 河南红色专项二日游

行程：D1：安阳，红旗渠纪念馆—青年洞—郭亮挂壁公路；

D2：兰考，焦裕禄纪念馆—包公祠。

特色：以史迹感悟普通百姓的奋斗"自力更生，艰苦创业"精神及领导干部的清正廉洁作风。

四、旅游城市及景点

1. 郑州

河南省省会，位于华北平原南部、黄河下游南岸，素有"中国铁路心脏"和"中国交通十字路口"之美誉。是华夏文明和中华民族的主要发源地，文物数量和规模居中国城市前列。著名景区有黄帝故里、嵩山、少林寺、天地之中、嵩阳书院、黄河风景区等。

少林寺： 位于郑州登封市西北少室山麓五乳峰下。是嵩山风景区的核心景区之一（见图5-17），是世界著名佛教寺院、少林武术发源地，国家5A级景区。该寺于唐朝时期即享有盛名，以禅宗和武术并称于世，有"天下第一名刹"的美称，经久不衰，沉积了丰厚的历史内涵和文化底蕴。景区内有山门、立雪亭、千佛殿、塔林等著名景点。

嵩山： 坐落在登封市西北，主体由太室山、少室山东西两座大山组成。儒、释、道三教汇集，拥有众多的历史遗迹，被誉为我国历史发展的博物馆。其有中国六最：禅宗祖庭——少林寺；现存规模最大的塔林——少林寺塔林；现存最古老的塔——北魏嵩岳寺塔；现存最古老的阙——汉三阙；树龄最高的柏树——汉封"将军柏"；现存最古老的观星台——告城元代观星台。此外，中岳庙、嵩阳书院、法王寺、轩辕关等皆为中国人文风物的瑰宝。

图5-17

2. 开封

开封古称东京、汴京，有"十朝古都""七朝都会"之称。地处河南省中东部，是清明上河图的原创地。自古战略地位十分重要，是中原逐鹿的重要战场。悠久的历史、深厚的文化积淀、遍布的名胜古迹形成了丰富多彩的旅游资源。著名景点有龙亭、大相国寺、清明上河园、开封府、包公祠、宋都御街、翰园碑林等。

相国寺： 位于开封市中心，是中国著名的佛教寺院，始建于北齐天保年间。目前，保存有天王殿、大雄宝殿、八角琉璃殿、藏经楼、钟鼓楼、千手千眼佛等殿宇古迹。整座寺院布局严谨，巍峨壮观。

清明上河园： 位于开封城西北隅，是以宋代张择端的名画《清明上河图》为蓝本，集中再现原图风物景观的大型宋代民俗风情游乐园，再现了世界闻名的古都汴京千年繁华的胜景（见图5-18）。设8个功能区、4个文化区，形成了中原地区最大的复原宋代古建筑群。景区内有拂云阁、宣德、宣和殿、趣园官驿牌坊、汴河、张择端纪念馆等主要景点。

图 5-18

3. 洛阳

洛阳位于河南省西部，世界文化名城，中国四大古都之一。先后有13个正统王朝在此建都，拥有1 500多年建都史，有"千年帝都"之称。4月以及秋季是游玩洛阳的最佳时间。著名景区有龙门石窟、白马寺、关林庙、白云山、龙潭峡、鸡冠洞、重渡沟等。

龙门石窟： 位于洛阳市南郊伊水两岸的龙门山和香山崖壁上，开凿于北魏至北宋年间。至今仍存有窟龛2 345个、造像10万余尊、碑刻题记3 600余品，数量之多居全国各大石窟之首（见图5-19）。龙门全山造像11万余尊，最大的佛像卢舍那大佛，通高17.14 m，头高4 m，耳长1.9 m；最小的佛像在莲花洞中，每个只有2 cm，称为微雕。

鸡冠洞风景区： 位于洛阳栾川县城西。区内山青、水秀、石奇、洞幽。鸡冠洞属天然石灰岩溶洞，现已开发洞长1 800 m，分八大景区。洞内景观形态各异，姿态万千，尤其是石盾、莲花盆独特的结构成因属世界罕见，具有极高的科研价值。

图 5-19

4. 三门峡

三门峡地处中原豫、晋、陕三省交界处，豫西重镇，是1957年伴随着万里黄河第一坝——三门峡大坝的兴建而崛起的一座新兴城市。著名景点有仰韶村文化遗址、庙底沟文化遗址、豫西大峡谷、虢国上阳城与虢国墓地、函谷关等。

豫西大峡谷： 位于三门峡市卢氏县，是以瀑布群、潭池群为特色，集游览观光、休闲度假、登山健身等功能于一体的生态型自然风景区。主要有大淙潭瀑布、濯足池、白龙瀑、挡箭石、潭中井、三叠潭、饮马槽、双龙潭、情人池、水帘瀑、刘秀湖等30多个景点。

5. 商丘

商丘位于河南东部，地处黄淮平原腹地，是华夏文明和中华民族重要发源地。拥有8 700余年文明史、5 000余年建城史和1 500余年建都史，为六朝古都。著名景点有商丘古城、应天书院、火神台、芒砀山和黄河故道国家森林公园等。

商丘古城：位于商丘市睢阳区。现存地上古城始建于明朝，距今已有 500 余年的历史。古城由砖城、城湖、城郭三部分构成。城墙、城郭、城湖三位一体、外圆内方，成一巨大的古钱币造型，建筑十分独特，是目前世界上现存的唯一一座集八卦城、水中城、城上城于一身的大型古城遗址。

6. 焦作

焦作位于河南省西北部，扼晋豫两省之要冲，是华夏民族早期活动的中心区域之一，是中国太极拳发源地。著名景点有云台山、神农山、青天河、练何墓、圆融无碍禅寺、陈家沟、嘉应观等。

图 5-20

云台山：位于焦作市修武县境内，以独具特色的"北方岩溶地貌"被列入首批世界地质公园名录，国家 5A 级景区（见图 5-20）。景区面积 240 km²，含泉瀑峡、潭瀑峡、红石峡、子房湖、万善寺、百家岩、仙苑、圣顶、叠彩洞、青龙峡、峰林峡等景点。

神农山：位于焦作沁阳市城区西北的太行山麓，国家 5A 级景区。共有 8 大景区、136 个景点。主峰紫金顶海拔 1 028 m，矗立中天，气势雄浑，曾是炎帝神农辨百谷、尝百草、登坛祭天的圣地，也是道教创始人老子筑炉炼丹、成道升仙之所，如图 5-21 所示。

图 5-21

7. 平顶山

平顶山位于河南省中部。自然环境优越，矿产资源丰富，工业基础雄厚，素有中原煤仓之称。著名景点有尧山、画眉谷、龙潭峡、香山寺、叶县县衙、尧山大峡谷漂流等。

尧山：国家 5A 级景区。位于平顶山市鲁山县西，地处伏牛山东段，主峰玉皇顶。尧山山峰奇特、瀑布众多、森林茂密、温泉优良、人文景观辉煌。专家评价其具有华山之险、峨眉之峻、张家界之美、黄山之秀。

中原大佛景区：坐落在鲁山县城西。景区群山环抱，山清水秀，环境优美，拥有世界第一佛、第一钟，大陆第一汤，伏牛山区第一寺等丰富的旅游文化资源。景区有牌坊、佛泉寺、愿心台、福慧大道、礼佛台、中原大佛、天瑞吉祥钟、佛教文化宫殿、文化碑廊等景点景观。

8. 安阳

安阳，简称殷、邺，位于河南省的最北部。有 3 300 多年的建城史、500 年建都史，是中国八大古都之一；是国家历史文化名城、甲骨文的故乡、《周易》的发源地、红旗渠精神诞生地。著名景区有殷墟、中国文字博物馆、岳飞庙、红旗渠、曹操高陵、马氏庄园、林虑山等。

图 5-22

殷墟：位于安阳西北郊，古称"北蒙"，是中国历史上第一个有文献可考、并为甲骨文和考古发掘所证实的古代都城遗址（见图 5-22），距今已有 3 300 年的历史。总体布局以小屯宫殿宗庙区为中心，沿洹河两岸呈环形放射状分布，是一座开放形制的古代都城。现存有宫殿宗庙区、王陵区、后冈遗址和聚落遗址（族邑），及家族墓地群、甲骨窖穴、铸铜遗址、制玉作坊、制骨作坊等众多遗迹。

红旗渠：位于安阳市林州市。是20世纪60年代林县人民在极其艰难的条件下，从太行山腰修建的引漳入林工程，被称之为"人工天河"。从分水岭向下，分凿三条干渠。红旗渠源、渠首拦河坝、青年洞、空心坝、南谷洞渡槽、总干渠分水闸和桃园渡桥为其重点建筑。

9. 信阳

信阳，位于河南省最南部，是江淮河汉间的战略要地。信阳市山水秀丽，气候宜人，素有"江南北国，北国江南"之美誉。主要景点有鸡公山、南湾湖、灵山寺、金刚台、汤泉池等。

鸡公山：位于信阳市南，海拔800多米，历史上与庐山、北戴河、莫干山合称中国四大避暑胜地。佛光、云海、雾凇、雨凇、霞光、异国花草、无日不风、青分楚豫被称为鸡公山的八大自然景观，素以"山明水秀、泉清林翠、气候凉爽、风景幽奇、别有天地"而驰名，被誉为"中国避暑胜地，豫南云中公园"（见图5-23）。

图 5-23

10. 鹤壁

鹤壁，位于河南省北部。历史悠久，文化灿烂。春秋战国时期的卫国、赵国均定都于此。著名景点有大伾山、云梦山、鹤壁集古瓷窑遗址、玄天洞石塔等。

云梦山：位于鹤壁淇县城西太行山东麓。峰峦叠嶂，山起云浮，气象万千，飞瀑流泉，鬼斧神工，素有"云梦仙境"之称。自然景观优美，文化遗迹丰厚。现有鬼谷洞、太阳洞、孙膑洞、庞涓洞、孙膑墓、舍身台、天书崖、玉帝殿、三清殿、南北桃园等主要景点50多处，有全国字数最多、规模最大的摩崖题记"鬼谷子"兵书。

11. 南阳

南阳，位于河南西南部，素有"中州粮仓"之称，是全国粮、棉、油集中产地。著名景点有卧龙岗、五朵山、龙潭沟景区、太白顶、伏牛山、老界岭、西峡恐龙遗迹园等。

西峡恐龙遗迹园：位于秦岭山脉东段西峡县丹水镇，是大型的恐龙主题公园。西峡出土的恐龙蛋化石数量之多、种类之多、分布之广、保存之好堪称"世界之最"。特别是西峡巨型长形蛋和戈壁棱柱形蛋世界罕见，是西峡蛋化石的标志。

12. 驻马店

驻马店，位于河南中南部，是重阳节和中国"四大传奇"梁祝爱情故事的发源地之一，也是"盘古开天地"美丽神话传说的发祥地。著名景点有南海禅寺、嵖岈山、杨靖宇纪念馆、薄山湖等。

嵖岈山：位于河南省遂平县境内，国家级地质公园、国家5A级景区。景区人文史迹星罗棋布，自然景观美不胜举，有九大景观、九大名峰、九大名洞、九大名棚、九大奇石等。各类景点100多处，著名景点30多处，具有"奇、险、奥、幽"四大特点，素有"中原盆景""华夏图腾林"之美誉。

13. 其他旅游城市及景区

此外，还有周口、新乡、濮阳、许昌、漯河、济源等城市。周口，位于河南省东南部，历史悠久，是中华民族根祖文化、农耕文化和龙文化的重要发祥地，著名景点有太昊陵、老子故里、关帝庙、吉鸿昌纪念馆、袁世凯故居、女娲宫等。新乡，地处河南省北部，是豫北的经济和交通中心，著名景点有八里沟、关山、万仙山景区等。濮阳，位于河南省东北部，冀鲁豫三省交会处，是中原经济区重要出海通道，著名景点有戚城遗址、学堂岗圣庙和仓颉陵等。许昌，位于河南省中部，著名景点有曹丞相府、鄢陵花都温泉、神垕古镇等。漯河，位于河南省中南部，著名景点有南街村、许慎文化园、孟庙、河上街古镇、漯河老虎滩和沙澧公园等。济源，位于河南省西北部，著名景点有小浪底风景区、王屋山景区和五龙口等。

任务 5.5

山东旅游资源赏析与线路设计

一、旅游资源与环境概况

山东位于中国东部沿海，地处黄河下游，东临黄海，北滨渤海。从北至南分别与河北、河南、安徽、江苏四省接壤，隔海与朝鲜、日本相望。陆地面积 $15.79 \times 10^4 \text{ km}^2$，海域面积 $17 \times 10^4 \text{ km}^2$，人口 10 153 万。省会济南，全省辖 17 个地级市。

山东地势中部高突，泰山是全境最高点；河流较多，主要有黄河、京杭大运河等。山东属暖温带季风气候，全省温暖湿润，光照充足，降水季节分配不均，对农业生产有利。山东素有"粮棉油之库，水果水产之乡"之称。

山东山河壮美，资源丰富；历史悠久，名人辈出；农业发达，工业完备；经济居全国前列，投资环境优越。山东是我国的经济大省，已形成了"一群一圈一带"的空间结构城市群体，分别为山东半岛城市群、济南都市圈和鲁南经济带。

二、旅游业特色与水平

山东的历史文化源远流长，辉煌灿烂，是中国旅游资源大省。全省旅游景点近千处，专项旅游多姿多彩，民俗旅游特色浓郁。近年来，山东旅游业取得长足发展，旅游接待能力明显增强，旅游业规模与水平位列全国前茅（见表5-4）。

表 5-4 山东省旅游业发展概况一览表

项目	入境游客数	国内游客数	星级酒店数	旅行社数	5A级景区数
山东	192万人次	1 996万人次	502家	2 613家	12家
全国	3 057万人次	36 139万人次	10 003家	38 943家	280家
占比	6.3%	5.5%	5.0%	6.7%	4.3%
排名	5	6	3	5	7

  山东以鲜咸脆嫩、风味独特、制作精细的鲁菜享誉海内外。其星级饭店、商务宾馆、度假村、公寓式酒店、家庭旅馆一应俱全；四通八达的立体交通网络也为旅游业提供了便利的交通。山水圣人、黄金海岸、齐文化旅游、水浒旅游、运河旅游、黄河旅游……数不尽的旅游资源让游客流连忘返。富有地方特色的传统工艺品、土特产品、文化艺术品，从高档品牌商品到民间艺术小商品，一应俱全。游乐场、温泉、海边高尔夫、滑雪等娱乐项目更为旅游业增添了色彩。

  山东省树立起"文化圣地、度假天堂"的旅游形象，形成了以"好客山东"文化旅游品牌为龙头、以城市目的地旅游形象品牌为支撑的品牌体系。包括"山水圣人""黄金海岸""逍遥游"为主体的旅游产品体系，在海内外有广泛影响。青岛、烟台、威海的海滨海岛旅游开发吸引了众多投资。日照的海上运动项目及渔家乐、赶海园等海上民俗项目红红火火。东营、潍坊、滨州等市正以实施黄河三角洲高效生态经济区国家战略为契机，高水平规划建设起一批国家级生态旅游示范项目。临沂市着力发挥红色旅游资源富集优势，以孟良崮等一批红色经典旅游项目为重点，打造红色旅游基地。

三、经典旅游线路及行程特色

1. 文化之都山东全景五日游

  行程：D1：青岛，崂山—八水河景区；

    D2：青岛，栈桥—小青岛—五四广场—青岛奥帆中心；

    D3：济南，泉城广场—趵突泉—大明湖；

    D4：曲阜，孔庙—孔府—孔林；

    D5：泰安，泰山。

  特色：本线路以游览山东壮美山河、品味山东历史文化为特色。

2. 山东半岛滨海四日游：

  行程：D1：青岛，小鱼山公园—迎宾馆—栈桥—小青岛—八大关—登州路啤酒街；

    D2：青岛，崂山—五四广场—青岛奥帆中心；

    D3：威海，悦海公园—刘公岛；

    D4：烟台，养马岛风景区—滨海路—蓬莱阁。

  特色：本线路以山东半岛滨海景观为特色。

3. 曲阜+泰山+济南三日游

  行程：D1：曲阜，孔庙—孔府—孔林；

    D2：泰安，泰山；

D3：济南，趵突泉—泉城广场—大明湖。

特色：本线路串游齐鲁精华"一山一水一圣人"，以登泰山之巅、赏泉城秀丽、游孔子故里为特色。

4. 山东红色专项三日游

行程：D1：枣庄，台儿庄古城—台儿庄大战纪念馆—八路军抱犊崮抗日纪念园；

D2：枣庄，微山湖小李庄—铁道游击队纪念园—铁道游击队影视城；

D3：临沂，孟良崮战役纪念馆—大青山胜利突围纪念馆。

特色：参观抗日战争和解放战争胜迹，了解战争历史，感悟伟大胜利的来之不易。

四、旅游城市及景点

1. 济南

济南，位于山东省中西部，南依泰山，北跨黄河。自古有"泉城"之美誉，为世界少有的集"山、泉、湖、河、城"于一体的城市，各种资源丰富。著名景点有趵突泉、大明湖、千佛山、百脉泉、灵岩寺、红叶谷、跑马岭等。

趵突泉： 位于济南市趵突泉公园内，是济南三大名胜之一。公园内泉水众多，有著名的金线泉、漱玉泉、马跑泉、卧牛泉等27处名泉。园内有泺源堂、娥英祠、望鹤亭、观澜亭、尚志堂、李清照纪念堂与易安旧居、沧园、白雪楼等名胜古迹。公园以趵突泉（见图5-24）为中心，以观泉、赏戏、品茗为特色。

图 5-24

2. 青岛

青岛，地处山东半岛南部，东南濒临黄海，与韩国、日本隔海相望。依山傍海，风光秀丽，气候宜人，是中国东部沿海重要的经济中心城市、国家历史文化名城。著名景点有崂山、五四广场、八大关、栈桥、奥帆中心等。

崂山： 我国海岸线第一高峰，有海上"第一名山"之称。耸立在黄海之滨，高大雄伟，是山东半岛的主要山脉。崂山（见图5-25）山海相连，山光海色，是我国著名的道教名山。景区主要包括巨峰、流清、太清、棋盘石、仰口、北九水、华楼七个游览区，以太清宫的规模为最大，历史也最悠久。

图 5-25

3. 烟台

烟台，地处山东半岛东部，依山傍海，气候宜人。主要景点有蓬莱阁景区、南山、长山列岛国家地质公园、昆嵛山魏碑刻石等。

蓬莱阁： 位于胶东半岛最北端。蓬莱阁（见图5-26）矗立于丹崖山巅。整个规模宏大的古建筑群由蓬莱阁、天后宫、

图 5-26

龙王宫、吕祖殿、三清殿、弥陀寺六大单体及其附属建筑组成，与黄鹤楼、岳阳楼、滕王阁并称为"中国四大名楼"。阁内文人墨宝、楹联石刻，不胜枚举。

南山： 位于烟台龙口市，分宗教历史文化园、主题公园和东海旅游度假区三个部分。景区内的南山大佛，是一座举世罕见的锡青铜释迦牟尼大坐佛，高 38.66 m、重 380 t，堪称世界第一铜铸坐佛。大佛莲花座下建有功德堂、万佛殿、佛教历史博物馆。馆内陈列展出了释迦牟尼佛舍利等数十件文物和佛教文化艺术珍品。

4. 威海

威海，地处山东半岛最东端，北东南三面濒临黄海，是旅游避暑胜地。主要景点有刘公岛、仙姑顶、成山头、国际海水浴场、赤山、银滩、华夏城、中国甲午战争博物馆、金海滩国际海水浴场等。

刘公岛： 国家重点风景名胜区、全国著名爱国主义教育基地、全国 5A 级景区。距威海市区 2.1 海里，素有"海上仙山"和"世外桃源"的美誉。人文景观丰富独特，有战国遗址、北洋海军提督署、水师学堂、丁汝昌寓所、铁码头等大量文物古迹及甲午战争陈列纪念馆。

5. 潍坊

潍坊，位于山东半岛中部，是风筝的发祥地，为举世闻名的世界风筝之都。著名景点有仰天山、风筝博物馆、云门山、青州古城、沂山风景区等。

沂山风景区： 位于潍坊市临朐县沂山镇，古称"海岳"，有"东泰山"之称，是一座历史悠久的文化名山。曾有多位皇帝登封于此，从而留下名垂青史的"东镇碑林"，其留存御碑数量为世界之最。沂山风景区共分为东镇庙、百丈崖等五大景区，具有南险、北奇、东秀、西幽之特点。

6. 济宁

济宁，位于山东省西南部，素有"孔孟桑梓之邦，文化发祥之地"的美誉。济宁市多山、多水、多圣人。主要景点有太白楼、古运河、三孔、微山湖、峄山、梁山等。

图 5-27

曲阜三孔： 孔府、孔庙、孔林，统称"三孔"，是中国历代纪念孔子、推崇儒学的表征。孔府（见图 5-27）是孔子世袭"衍圣公"的世代嫡裔子孙居住的地方，是我国仅次于明、清皇帝宫室的最大府第。有厅、堂、楼、轩等各式建筑。孔庙建筑规模宏大，为我国最大的祭孔要地。以南北为中轴，分左、中、右三路，有殿、堂、坛、阁 460 多间，门坊 54 座，"御碑亭" 13 座。孔林位于曲阜城北，是孔子及其家族的专用墓地，也是目前世界上延时最久、面积最大的氏族墓地。

水泊梁山： 位于梁山县南，面临黄河，由 4 峰和 7 支脉组成，主峰虎头峰海拔 197 m，山势险峻，四面绝壁。古典名著《水浒传》的故事就发生在这里。梁山是中国武术四大发源地之一。

7. 临沂

临沂，位于山东东南，东近黄海，是红色生态旅游胜地，著名的革命老区。主要景点有沂蒙山国家森林公园、蒙山、天马岛、天上王城、萤火虫水洞、地下大峡谷和王羲之故居等。

蒙山： 位于蒙阴县南部，主峰海拔 1 156 m，为山东省第二高峰，素称"亚岱"。景区奇峰耸立，气势雄浑，自古有"九十九峪，七十二峰，三十六洞天"之胜景，尤以巍峨俊秀的山岳景观和原始森林风貌为世人称颂。它是道教文化的圣地,是鬼谷子王禅老祖修炼神道之地。公园包括水帘洞、雨王庙、云蒙峰、百花峪、老龙潭、望海楼六大景区。

8. 泰安

泰安,位于山东省中部的泰山南麓,被誉为"五岳之都"。城市依泰山而建,山城一体,城景交融。主要景点有泰山、莲花山风景、东平湖风景等。

泰山: 位于泰安北部,以其雄伟壮丽的自然风光和独特丰富的文化蕴含被誉为"中华之魂",素有"五岳之长""五岳独尊"之誉(见图 5-28)。历代许多君王来泰山举行封禅大典,所到之处,建庙塑像,刻石题字,为泰山留下了大量的文物古迹。泰山同时又是佛、道两教之地,因而庙宇、名胜遍布全山。泰山日出、云海玉盘、晚霞夕照、黄河金带为其四大景观。

图 5-28

9. 菏泽

菏泽,位于山东省西南部,是中国的牡丹之都,历史悠久,名士辈出,文化底蕴深厚。主要景点有牡丹园、孙膑旅游城、仿山、金山、浮龙湖、百狮坊等。

曹州牡丹园: 位于菏泽城东,是世界上面积最大、品种最多的牡丹基地、出口基地和观赏基地(见图 5-29)。栽培面积达三万多亩,有九大色系、上千多个品种。园内有长 300 m、宽 500 m 的迎宾大道,7 500 m² 的牡丹广场和仿明式的牌坊门楼。

图 5-29

10. 日照

日照,位于山东东南部,黄海之滨,有"东方太阳城"之称,海、山、古、林兼备。主要景点有海滨国家森林公园、万平口、五莲山、九仙山、太公岛、浮来山、太阳广场、竹洞天等。

五莲山: 位于日照五莲县东南,风景区以奇、秀、险、怪、幽、旷著称。被誉为"江北双绝"的万亩野生杜鹃花园、龙潭大峡谷和有"通天之举"的皇家寺院——护国万寿光明寺更是享誉大江南北。

11. 淄博

淄博,地处山东省中部,是齐文化的发祥地。主要景点有原山国家森林公园、聊斋园、周村古商城、鲁山森林公园、开元溶洞等。

原山国家森林公园: 位于淄博市博山孝妇河畔,由望鲁山、禹王山、岳阳山及胡山四大山系构成,下设五大景区。群山起伏,层峦叠嶂,景象万千,海拔最高处 800 m。凤凰山景区是其主要景区,它汇集林、泉、洞、谷于一体,历史上曾是重要的宗教活动场所。宋代玉皇宫、明代泰山行宫、清代吕祖庙、岩画、齐长城遗址、石海、云步桥等为其主要景观。

12. 枣庄

枣庄,位于山东省南部,为南北文化交融地。主要景点有台儿庄古城、抱犊崮国家森林公园、红荷湿地、台儿庄大战纪念馆等。

台儿庄古城： 坐落于枣庄市台儿庄区。它既是民族精神的象征、历史的丰碑，也是运河文化的承载体，至今仍有不少的遗存，被世界旅游组织誉为"活着的运河""京杭运河仅存的遗产村庄"。台儿庄古城规划面积 2 km²，包括 11 个功能分区、8 大景区和 29 个景点。重建后的台儿庄古城，院院不同、院院有水、院院有主题文化、院院有展馆。景区内主要景点有西门安澜景区、纤夫村景区、泰和楼等。

13. 其他旅游城市及景区

此外，还有聊城、德州、东营、滨州、莱芜等城市。聊城地处山东省西部，别称"江北水城，运河古都"，主要景点有光岳楼、山陕会馆、景阳冈、曹植墓、钞关、舍利塔、清真寺等。德州位于山东省西北部，京杭大运河从市区穿过，自古就有"九达天衢，神京门户"之称，主要景点有九龙湾公园、苏禄国东王墓、董子园、黄河故道、中国太阳谷等。东营北临渤海，是万里黄河入海的地方，主要景点有黄河口生态旅游区、东营市历史博物馆、清风湖公园、龙悦湖等。滨州地处黄河三角洲腹地，主要景点有孙子兵法城、鹤伴山、魏氏庄园等。莱芜地处山东省中部，历来是兵家必争之地，主要景点有莱芜战役纪念馆、房干生态旅游区、吕祖泉和莲花山等。

实训作业与学习评价

1. 根据本章所学知识，再加上互联网的有关资料，自己动手做一个山西的旅游宣传推介幻灯片。
2. 结合书中内容以及其他辅助资料，试拟一段介绍西安概况的导游词。
3. 请分别以文化观光、历史探索、宗教朝拜、休闲度假、旅游购物等主题设计 3~4 条本章四省旅游线路，以满足不同文化层次、不同社会地位、不同爱好、不同性别、不同宗教信仰、不同经济收入群体的需求。

项目 6

游遍华东五省市

项目导读

华东地区拥有一批世界级旅游资源极品，特别是中国古典园林资源和古镇古村旅游资源最具特色。通过本项目学习，学生应该掌握本区的旅游资源与环境特征，熟悉上海、江苏、浙江、安徽和江西等省市的主要旅游城市和景区特色，能根据不同的客源需求设计合理的旅游线路并进行推介与讲解。同时，通过对本区红色景点的赏析和红色旅游线路的设计，提高爱党、爱国、爱人民的优良品德。

课程资源

华东区旅游环境与特色资源解读微课视频

安徽旅游资源赏析与线路设计微课视频

项目6 PPT课件

任务 6.1

华东区的旅游环境及特色资源解读

一、位置与范围

本区域包含上海市、江苏省、浙江省、安徽省、江西省四省一市，位于我国东部地区、长江下游段。南靠华南，与福建、广东接壤；西靠华中，与湖南、湖北、河南三省接壤；北接山东半岛，与山东省接壤；其东面是浩瀚的东海和黄海，隔海与日本、韩国相望。

二、旅游环境与资源特征

1. 山水旅游资源丰富，知名度高

本地区山水旅游资源尤其丰富且知名度高。山岳型景观中有安徽的黄山、九华山、齐云山、琅琊山、天柱山，江西的庐山、龙虎山、三清山、井冈山，浙江的雁荡山、普陀山、天目山、莫干山。水体景观中，由于东临东海、黄海，因此拥有海洋资源。另外还有长江、京杭大运河、杭州西湖、扬州瘦西湖、西溪湿地、千岛湖、钱塘江大潮、鄱阳湖湿地、太湖、巢湖、洪泽湖等水体旅游资源。

2. 人文旅游资源丰富多样

本地区的人文旅游资源种类繁多，知名度高，影响力大。

宗教旅游资源较有影响力。在我国佛教四大名山中，该地区占其二；道教四大名山中，该地区也占其二。江西庐山东林寺是佛教净土宗的祖庭，除了佛教之外，庐山的道教、伊斯兰教、基督教、天主教、东正教等教派也有一定影响力，有"一山藏六教，走遍天下都找不到"之说。江西三清山是著名的道教名山，其得名正是源于道教三尊。道教 72 福地中更有 33 处位于此区域。

另外，红色旅游资源独特。江西省是一片神奇的红色土地，被称为"红色摇篮"，有中国革命的摇篮——井冈山、共和国的摇篮——瑞金、军旗升起的地方——南昌和中国工人运动的策源地——安源等。另外，上海及嘉兴南湖是中国共产党第一次全国代表大会召开的地方。

3. 现代文明与传统文化交相辉映

本地区既有上海、杭州、温州、南京、苏州、宁波等一批现代化大都市，也有像周庄、西塘、乌镇、同里、甪直、瑶里、南浔、木渎、沙溪、溱潼、黄桥、安昌、西递、宏村等中国历史文化名镇名村。古老城镇的典雅别致与现代化都市的摩登时尚交相辉映、和谐共存，别具一格。

4. 经济发达，旅游配套设施较完善

本地区是中国经济文化最为发达地区。本区地方经济发达，城镇人口众多，旅游客源市场广大，旅游消费力强，旅游基础设施和配套服务较为完善，旅游交通非常便利，铁路、水运、公路、航运四通八达，接待量大。此外，本地区旅游住宿接待设施完善，星级酒店的数量和档次在全国都处于前列。

三、特色资源及其开发利用

本区旅游资源丰富多彩，尤以古典园林及古镇古村类旅游资源最具特色。

1. 古典园林类旅游资源

中国古典园林是汇集山水营造、园林建筑、植物园艺、雕刻绘画、书法诗词等多种艺术综合形成的特有自然山水园艺形式。它是中国农业文化的体现，体现了天人合一、和谐含蓄、含而不露、意在言外的艺术风格；追求自然之美、崇尚自然、师法自然、融于自然、顺应自然、表现自然。中国古典园林是我国也是人类文明的重要遗产，对世界园林有着重要影响。

按占有者分，可分为皇家园林和私家园林；按地理位置分，可分为北方园林、江南园林和岭南园林。皇家园林主要分布在我国华北地区，而私家园林在南方分布更多，其中分布最广、保存最好、最具代表性的精品基本都分布于江浙一带。苏州的拙政园、沧浪亭，无锡的寄畅园，扬州的个园，上海的豫园都是私家园林的典型代表。古话"江南园林甲天下"，表明了江南私家园林的地位和人们对它的称颂。

不管是北方皇家园林，还是南方私家园林，都具有实用价值、美学观赏价值、生态环境价值、历史价值和文化传承价值，可以为旅游业所利用，形成各具历史背景的古典园林旅游资源（见图6-1）。

图 6-1

2. 古镇古村类旅游资源

中国历史文化名镇名村，是由原建设部和国家文物局从2003年起共同组织评选的，是指那些保存文物特别丰富且具有重大历史价值或纪念意义、能较完整地反映一些历史时期传统风貌和地方民族特色的镇和村。目前我国共公布七批、312处历史文化名镇和487处历史文化名村。这些村镇分布在全国25个省份，包括太湖流域的水乡古镇群、皖南古村落群、川黔渝交界古村镇群、晋中南古村镇群、粤中古村镇群。它们既有乡土民俗型、传统文化型、革命历史型，又有民族特色型、商贸交通型，基本反映了中国不同地域历史文化村镇的传统风貌。

不管是古镇还是古村，都具有历史价值、实用价值、美学观赏价值、民俗文化传承价值等，可以被旅游业利用，开发成独具特色的古镇古村旅游产品。例如，江苏昆山市周庄镇、吴江区同里镇、苏州市吴中区甪直镇、浙江嘉善县西塘镇、桐乡市乌镇（见图6-2）等。

图 6-2

任务 6.2

上海旅游资源赏析与线路设计

一、旅游资源与环境概况

上海，简称沪或申，是中国大陆第一大城市、四个直辖市之一，是中国大陆的经济、金融、贸易和航运中心、会展之都。地处中国漫长海岸线的正中间、长江的入海口以及亚太城市群的地理中心。东濒东海，北界长江，南临杭州湾，西与江苏省和浙江省接壤，北与江苏省南通市接壤。面积 6 340.5 km², 人口 2 487 万，是世界上人口最多的城市之一。

旅游交通方面，已形成了航空、铁路、高等级公路、海运、轻轨与地铁等组合的立体交通网络。航空方面，浦东和虹桥两个国际机场同全球 200 多个城市通航。铁路运输方面，上海有两个火车站，即上海火车站和上海火车南站，高铁或普铁与全国各大中城市联通。有邮轮通往韩国仁川、釜山，日本大阪、神户等地。地铁在城市内四通八达。

上海是一座国家历史文化名城，拥有深厚的近代城市文化底蕴和众多历史古迹。江南传统吴越文化与西方传入的工业文化相融合形成上海特有的海派文化，上海人多属江浙民系，使用吴语。上海又是全国最大的现代化大都市和国际金融中心，经济发达，都市旅游资源丰富多彩。

二、旅游业特色与水平

上海市经济发达，居民平均收入高，消费能力强，是我国主要的旅游客源地之一，也是主要的旅游目的地之一。优越的地理优势及发达的经济，使其成为我国入境及国内旅游的重要地区之一（见表 6-1）。

表 6-1　上海市旅游业发展概况一览表

项目	入境游客数	国内游客数	星级酒店数	旅行社数	5A 级景区数
上海	112 万人次	1 751 万人次	190 家	1 758 家	3 家
全国	3 057 万人次	36 139 万人次	10 003 家	38 943 家	280 家
占比	3.7%	4.8%	1.9%	4.5%	1.1%
排名	10	9	24	6	29

上海市的都市旅游、展会旅游和体育旅游特色鲜明。上海是我国最发达的一个国际化大都市，具有发展以"都市风光""都市文化""都市商业"为主要内容的得天独厚优势。上海是中国会展之都，展会数量居全国首位，会展年总收入占全国近 50%。2010 年的世界博览会在上海举办，不仅提升了上海的国际知名度，更是强化了上海旅游功能的地位，推动其旅游产业的空前发展。上海是世界体育之都，世界最高级别的单项常驻赛事几乎都落户在了上海，如 F1、国际田联钻石联赛、ATP1000

网球大师赛、斯诺克大师赛、汇丰高尔夫世界锦标赛等常年在上海开站。

三、经典旅游线路及行程特色

1. 上海风情一日游

行程：上海，南京路—老城隍庙—豫园—外滩

特色：品味上海小吃，感受夜上海繁华。

2. 上海文化两日游

行程：D1：上海，南京路—杜莎夫人蜡像馆—老城隍庙—豫园—金茂大厦—外滩；
D2：上海，田子坊—周公馆—新天地—中共一大会址。

特色：本线路主题为：感受上海的精华建筑；品尝老上海经典小吃；体验上海滩的繁华。

3. 上海狂欢两日游

行程：D1：上海，徐家汇天主教堂—淮海路—新天地；
D2：上海，迪士尼乐园。

特色：血拼购物和迪士尼乐园狂欢。

4. 上海全景三日游

行程：D1：上海，南京路—外滩—东方明珠—滨江大道—老城隍庙—福州路文化街；
D2：上海，上海人民广场—苏州河—上海博物馆—淮海路—新天地；
D3：上海，复旦大学—同济大学—多伦路文化街。

特色：本条线路的主题是古建筑、新上海、购物和文化风，体验上海的小资生活。

5. 上海红色专项一日游

行程：D1：上海，中国共产党一大会址纪念馆—二大会址纪念馆—四大会址纪念馆—龙华革命烈士陵园。

特色：参观中国共产党一大·二大·四大纪念馆景区，感悟中国共产党的伟大建党精神。

四、主要旅游景点

1. 东方明珠

东方明珠广播电视塔，坐落在中国上海浦东新区陆家嘴，毗邻黄浦江，与外滩隔江相望，高467.9 m，是上海的地标之一。在电视塔上可以纵览外滩全貌，远处即是上海浦东，脚下流淌着黄浦江。白天夜晚风情各异，尤其入夜时分，黄浦江两岸的灯光次第亮起，流光溢彩令人沉醉，如图6-3所示。

图6-3

2. 上海野生动物园

中国首座国家级野生动物园，位于上海浦东新区，占地面积 1.53 km²，距上海市中心约 35 km。园内汇集了世界各地具有代表性的动物和珍稀动物 200 余种，数量上万，其中更有来自国外的长颈鹿、斑马、羚羊、白犀牛、大熊猫、金丝猴、金毛羚牛等。

3. 上海科技馆

上海科技馆是由上海市政府投资兴建的第一个重大社会文化项目，以"自然、人、科技"为主题，以提高公众科技素养为宗旨，是上海市重要的科普教育和休闲旅游基地。其位于花木行政文化中心区。2001 年 APEC 领导人非正式会议曾在此举行。

4. 外滩

外滩位于上海市中心区的黄浦江畔，东临黄浦江，西面为哥特式、罗马式、巴洛克式、中西合璧式等 52 幢风格各异的大楼，被称为"万国建筑博览群"。这些古典主义与现代主义并存的建筑已成为上海的象征，是旅游者到上海观光的必游之地。

5. 老城隍庙

全国重点文物保护单位。有话云"到上海不去城隍庙，等于没到过大上海"，可见老城隍庙在上海的地位和影响。今天的上海城隍庙（见图 6-4）包括霍光殿、甲子殿、财神殿、慈航殿、城隍殿、娘娘殿、父母殿、关圣殿、文昌殿九个殿堂。

图 6-4

6. 杜莎夫人蜡像馆

上海杜莎夫人蜡像馆位于上海南京路新世界，是继伦敦、阿姆斯特丹、拉斯维加斯、纽约、香港之后的全球第 6 座杜莎夫人蜡像馆。共展出包括姚明、刘翔、贝克汉姆、乔丹、邓丽君、梅艳芳、成龙、汤姆·克鲁斯、玛丽莲·梦露、爱因斯坦、戴安娜王妃、比尔·盖茨、比尔·克林顿等 70 多座栩栩如生的名人蜡像。

7. 豫园

豫园，位于上海老城厢东北部。原是明朝一座私人花园，占地 30 余亩。园内有三穗堂、铁狮子、得月楼等亭台楼阁四十余处古代建筑，设计精巧、布局细腻，以清幽秀丽、玲珑剔透见长，体现了明代江南园林建筑艺术的风格，是江南古典园林中的一颗明珠（见图 6-5）。

8. 迪士尼乐园

上海迪士尼乐园是中国大陆第一个、亚洲第三个，世界第六个迪士尼主题公园。它位于上海浦东新区沙新镇，由米奇大街、奇想花园、探险岛、宝藏湾、明日世界和梦幻世界等六大主题园区组成。有许多全球首发的游乐项目、精彩的演出和奇妙的体验。

图 6-5

9. 中国共产党一大·二大·四大纪念馆

中国共产党的第一次、第二次和第四次全国代表大会均在上海召开,其会议旧址分别位于上海的黄浦区、静安区和虹口区,都是上海特色的"石库门"建筑,经修建和扩建,陆续对外开放,现已是国有5A级景区。纪念馆采用文物实物、图片图表、油画雕塑、实景还原、多媒体声像等多种展示手段,生动展现中国共产党诞生历程。三馆之间开设了红色专线车,游客可乘坐红色双层观光巴士参观游览。

10. 其他景点

此外,东平国家森林公园、南京路步行街、新天地、田子坊、上海博物馆、上海动物园、金茂大厦、锦江乐园、枫泾古镇、崇明岛、朱家角古镇、世博园中国馆、锦江乐园等景点也具有一定特色。

任务 6.3

浙江旅游资源赏析与线路设计

一、旅游资源与环境概况

浙江地处中国东南沿海、长江三角洲南翼。东临东海,南接福建,西与安徽、江西相连,北与上海、江苏、安徽接壤。面积 10.18×10^4 km²,人口 6 457 万,有少数民族 47 个,其中人数最多的是畲族和回族。省会杭州,是全省的政治、经济和文化中心。行政区划分为杭州、宁波、温州、嘉兴、湖州、绍兴、金华、衢州、舟山、台州 10 个省辖市和丽水地区。

浙江省江、河、湖、海、山、林、洞、窟、人文、自然、宗教、名居故里等各种类型资源齐全,有重要地貌景观 800 多处、水域景观 200 多处、生物景观 100 多处、人文景观 100 多处。目前,全省拥有 5A 级旅游区 18 处;有列入世界遗产的杭州西湖与大运河;有西湖、千岛湖、东钱湖、九龙湖、富春江—新安江、大奇山、雁荡山、莫干山、雪窦山、普陀山等众多国家级重点风景名胜区;有杭州、宁波、绍兴、衢州、金华、临海等多座国家级历史文化名城。自然风光与人文景观交相辉映,使浙江成为名副其实的旅游胜地。

二、旅游业特色与水平

浙江省经济发达,人口众多,城乡居民比较富裕,旅游产业发达。众多的旅游指标如国内旅游人数、入境旅游人数、国内旅游收入、入境过夜游客、旅游外汇收入等均居全国前茅,是我国著名的旅游大省(见表6-2)。

表 6-2　浙江省旅游业发展概况一览表

项目	入境游客数	国内游客数	星级酒店数	旅行社数	5A级景区数
浙江	137万人次	3 974万人次	528家	2 769家	18家
全国	3 057万人次	36 139万人次	10 003家	38 943家	280家
占比	4.5%	11.0%	5.3%	7.1%	6.4%
排名	9	2	2	4	2

浙江的旅游业资源丰富、特色鲜明，可概括为古风民韵、丝茶之府、文化之邦、人间天堂和东南佛国等特征。古风民韵：浙江各地星罗棋布的水乡村落中，至今仍保存有许多明清时代、甚至更早期的古建筑、古民居、古村镇。正在申报世界文化遗产的中国六大水乡古镇中，浙江就占有其中的三席——西塘、南浔、乌镇。丝茶之府：浙江全省盛产绿茶，有西湖龙井、开化龙顶等享誉海内外的知名品牌，全省的绿茶出口量占全国绿茶出口量的二分之一。浙北杭嘉湖地区，至今一直是丝绸的主要产地，有关种桑养蚕的风俗活动丰富多彩，许多习俗仍保留至今。文化之邦：浙江悠久的历史创造了辉煌的吴越文化。浙江大地上文物古迹比比皆是，杭州的六和塔、岳飞墓、飞来峰造像和宁波天一阁、溪口蒋氏故居等百多处文物古迹被列为重点文物保护单位。人间天堂：杭州，自然神秀，山水旖旎，素有"人间天堂"之美誉，是中国重点风景旅游城市和七大古都之一。旅行家马可·波罗赞叹这座历史文化名城为"世界上最美丽的华贵之城"。东南佛国：我国的佛教圣地四大名山其一为浙江的普陀山，为观音道场。

三、经典旅游线路及行程特色

1. 杭州经典一日游

行程：杭州，灵隐寺—三潭印月—苏堤—断桥—雷峰塔—南山路；
特色：赏灵隐禅香，游西子湖畔，体验杭州经典。

2. 杭州浪漫休闲两日游

行程：D1：杭州，西湖—宋城—清河坊；
　　　　D2：杭州，龙井村—西溪湿地。
特色：体会浪漫杭州，享受休闲生活。

3. 江南水乡浪漫两日游

行程：D1：杭州，西湖—西溪湿地；
　　　　D2：嘉兴，西塘古镇。
特色：体会江南水乡的浪漫情怀。

4. 浙江宁静三日游

行程：D1：杭州，西湖—西溪湿地；
　　　　D2：绍兴，鲁迅文化广场—鲁迅故里—三味书屋；
　　　　D3：嘉兴，乌镇。
特色：远离喧嚣与压力，感受水乡的宁静，感受一代文学大师的魅力。

5. 浙江红色专项三日游

行程：D1：嘉兴，南湖—南湖红船—南湖革命纪念馆—嘉兴革命烈士陵园；

D2：绍兴，鲁迅故里—周恩来纪念馆—秋瑾故居—绍兴博物馆；

D3：温州，工农红军第十三军军部旧址—中共浙江省一大纪念园—东海先锋女子民兵连纪念馆。

特色：参观南湖红船，感悟中国共产党的建党精神；瞻仰伟人和革命先烈纪念馆园，感受其革命情怀。

四、旅游城市与景点

1. 杭州

杭州，位于东南沿海，是浙江的省会和经济、政治、文化中心，是国家历史文化名城和中国优秀旅游城市。杭州历史源远流长，是中国七大古都之一。"上有天堂、下有苏杭"表达了古往今来人们对于这座美丽城市的由衷赞美。主要景区有西湖、西溪、千岛湖、京杭大运河、钱塘江、良渚遗址、湘湖、天目山、瑶琳仙境、南宋遗址及御街。

西湖：位于杭州市西部，是首批国家重点风景名胜区（见图6-6）。西湖三面环山，湖中被孤山、白堤、苏堤、杨公堤分隔，分为外西湖、西里湖、北里湖、小南湖及岳湖等五片水面。苏堤、白堤越过湖面；小瀛洲、湖心亭、阮公墩三个人工小岛鼎立于外西湖湖心；夕照山的雷峰塔与宝石山的保俶塔隔湖相映。2011年6月，西湖被列入世界遗产名录。

图6-6

西溪：西溪国家湿地公园位于杭州市区西部，是罕见的城中次生湿地。曾与西湖、西泠并称杭州"三西"，是目前国内唯一的集城市湿地、农耕湿地、文化湿地于一体的国家湿地公园。2010年，电影《非诚勿扰》在此拍摄外景，使其知名度大增，游客数量骤升。

千岛湖：位于杭州市淳安县境内，因湖内拥有星罗棋布的1 078个岛屿而得名。是世界上岛屿最多的湖。它是1959年我国建造新安江水力发电站而拦坝蓄水形成的人工湖。千岛湖景区总面积982 km²，其中湖区面积573 km²。

2. 宁波

宁波，是浙江第二大城市。宁波港是中国货物吞吐量第一大港口，航运和对外交流历史悠久，是海上丝绸之路的重要门户。主要景点有滕头生态旅游区、两蒋原住址及民国雅韵、河姆渡遗址、保国寺、天一阁藏书楼、东钱湖、月湖、杭州湾湿地等。

滕头生态旅游区：位于奉化与溪口之间。它以"生态农业""立体农业""碧水、蓝天"绿化工程形成别具一格的生态旅游区。1993年获联合国"地球生态500佳"。此外它还是首批全国文明村、全国环境教育基地、全国生态示范区和国家5A级旅游区。

3. 温州

温州，位于浙江东南部。主要景点有雁荡山、楠溪江、百丈漈—飞云湖、南麂岛、江心屿公园、乌岩岭和刘伯温故里等。

雁荡山：位于温州乐清市境内，部分位于永嘉县及温岭市。是一个大型滨海山岳风景名胜区（见图6-7），以奇峰怪石、古洞石室、飞瀑流泉称胜。其中，灵峰、灵岩、大龙湫三个景区被称为"雁荡三绝"。

4. 嘉兴

嘉兴，位于浙江东南沿海、长江三角洲平原，当钱塘江与东海之会，揽江、海、湖之形胜。主要景点有西塘、乌镇、南湖、南北湖、汾湖等。

图 6-7

嘉兴南湖：国家5A级景区，是浙江三大名湖之一，因位于嘉兴城南而得名。另外还与南京玄武湖和杭州西湖并称"江南三大名湖"，素以"轻烟拂渚，微风欲来"的迷人景色著称于世。另外，嘉兴南湖中的一艘小船（见图6-8）曾为中共一大会场，由此成为革命圣地。

乌镇：国家5A级景区，江南六大古镇之一。乌镇是典型的江南水乡古镇，素有"鱼米之乡，丝绸之府"之称。其有六千余年的历史。桐乡乌镇自古繁华，千百年来，古镇民居临河而建、傍桥而市，镇内民风淳朴，是江南水乡"小桥、流水、人家"的典范。

图 6-8

5. 湖州

湖州，处于浙江北部、太湖南岸，紧邻江苏、安徽两省。主要景点有龙王山、莫干山、南浔古镇、大汉七十二峰、藏龙百瀑、中南百草园、安吉竹博园、中国大竹海、湖州太湖、顾渚山茶园、天荒坪电站、下渚湖湿地等。

南浔古镇：南浔镇地处杭嘉湖平原腹地，是我国历史文化名镇之一，也是我国十大魅力名镇之一。南浔镇名胜古迹众多，在明清时代就是一个典型的江南水乡名镇和旅游胜地。

6. 绍兴

绍兴，浙江的文化中心之一，首批国家历史文化名城之一，是有名的水乡、酒乡、桥乡。绍兴风景秀丽、人才辈出，著名的景观有禹陵、鲁迅故里、蔡元培故居、周恩来祖居、秋瑾故居、马寅初故居、贺知章故居、东湖、沈园、吼山、新昌大佛寺等。

鲁迅故里：鲁迅故里（见图6-9）包括鲁迅故居、三味书屋、咸亨酒店、百草园、沈园等。鲁迅故居原为鲁迅家早年的住处，后经修缮，成立鲁迅纪念馆，1988年列为全国重点文物保护单位。三味书屋曾是清末绍兴城里的著名私塾，是鲁迅12岁至17岁求学的地方，从房屋建筑到室内陈设以至周围环境，基本保持当年原貌。

图 6-9

7. 金华

金华，浙江省中西部中心城市。主要景点有横店影视城、双龙洞、永康方岩、兰溪六洞山地下长河、浦江仙华山、武义郭洞—龙潭、磐安花溪、大盘山区、仙源湖、东阳花都—屏岩、汤溪九峰山、天宁寺、八咏楼等。

横店影视城： 位于金华市东阳市横店镇，是中国最大的影视拍摄基地，被称为"中国好莱坞"。在横店基地拍摄的电影及电视剧逾 300 部。著名的影视剧《英雄》《无极》《满城尽带黄金甲》《射雕英雄传》《甄嬛传》等均拍摄于此。

8. 舟山

舟山市由 1 390 个岛屿组成，以舟山岛最大，因其"形如舟楫"得名舟山。其素有"东海鱼仓"和"中国渔都"之称，拥有渔业、港口、旅游三大优势。主要景点有普陀山、朱家尖、沈家门、桃花岛、嵊泗列岛、基湖沙滩、岱山等。

普陀山： 是舟山群岛中的一个岛屿，与山西五台山、四川峨眉山、安徽九华山并称为中国佛教四大名山。普陀山（见图 6-10）以其神奇、神圣、神秘为特点，素有"海天佛国""南海圣境"之称。主要景点包括普济寺、百步沙、多宝塔、法雨寺景区、佛顶山、紫竹林景区、不肯去观音院、南海观音大佛、潮音洞、南天门景区等。

图 6-10

9. 台州

台州，位于浙江省沿海中部，居山面海，平原丘陵相间，形成"七山一水二分田"的格局。主要景点有天台山、神仙居、温岭长屿硐天、临海江南长城、地质公园桃渚、国清寺、临海古城、桃渚军事古城等。

天台山： 位于台州天台县城北，国家重点风景名胜区、国家 5A 级旅游景区，素以"佛宗道源、山水神秀"享誉海内外。优美的自然风光，深厚的文化底蕴，构成了天台山独特的风格魅力。

神仙居： 位于浙江省台州市仙居县白塔镇，国家 5A 级景区。旅游项目有峡谷探幽区、山顶风光区、溯溪探险区、奇文探秘区等许多特色板块。它是世界上规模最大的火山流纹岩地貌典型，景观丰富而集中，有观音岩、如来像、迎客山神、将军岩、睡美人等 100 余个景点。

10. 其他旅游城市与景点

其他旅游城市还包括丽水和衢州。丽水主要景点有龙泉凤阳山、南明山、仙都风景名胜区、南尖岩景区、庆元百山祖自然保护区、湖山森林公园、神龙谷景区等。衢州主要景点有南宗孔氏家庙、龙游石窟、烂柯山、江郎山、廿八都、三衢石林、钱江源国家森林公园、衢州节理石柱、龙游湖镇舍利塔、仙岩洞、仙霞古道等。

根宫佛国文化旅游区： 位于衢州市开化县，由衢州醉根艺品有限公司投资开发，工艺美术大师徐谷青先生精心创作。根博园是由千年树神铸就的神秘艺术殿堂，被誉为"天下第一奇园"。目前，根宫佛国文化旅游区已经成为中国最具特色的文化旅游胜地。

任务 6.4

江苏旅游资源赏析与线路设计

一、旅游资源与环境概况

江苏位于我国东部沿海,简称苏,取江宁府和苏州府的首字而得。地居长江、淮河下游,北接山东省,南连上海市和浙江省,西邻安徽省,东临黄海。面积 10.2×10^4 km²,人口 8 475 万,省会南京市。

江苏省地跨长江、淮河南北,西北部高山连绵,中部丘陵起伏,沿海平畴沃野,海岸曲折,港湾错落,岛屿棋布。在习惯上,按地理位置和经济发展水平将其划分为苏南和苏北,苏南的平原面积、人口密度和经济水平远高于苏北。

江苏拥有丰富的旅游资源,自然景观与人文景观交相辉映。有小桥流水人家的古镇水乡,有众口传颂的千年名刹,有精巧雅致的古典园林,有烟波浩渺的湖光山色,有规模宏大的帝王陵寝,有雄伟壮观的都城遗址。江苏素有文物"四多"之美誉:地下文物多、地面文物古迹多、馆藏文物珍品多、历史文化名城名镇多。

二、旅游业特色与水平

江苏省经济发达,旅游业发展水平也较高。旅游资源质量高,5A 级景区数量居全国首位,旅游服务业发达,入境旅游、国内旅游、星级酒店和旅行社数量均居全国前列,是我国著名的旅游大省(详见表 6-3)。

表 6-3 江苏省旅游业发展概况一览表

项目	入境游客数	国内游客数	星级酒店数	旅行社数	5A级景区数
江苏	183 万人次	4 492 万人次	408 家	2 943 家	24 家
全国	3 057 万人次	36 139 万人次	10 003 家	38 943 家	280 家
占比	6.0%	12.4%	4.1%	7.6%	8.6%
排名	6	1	6	3	1

江苏的旅游资源特色主要有三个：一是江南水乡古韵遗存丰富，有 27 处国家级历史文化名镇，如昆山市周庄镇、吴江区同里镇、苏州市吴中区甪直镇、苏州市木渎镇、太仓市沙溪镇、姜堰区溱潼镇、泰兴市黄桥镇等；二是江南古典园林独具特色，有"江南园林甲天下"的美称；三是具有地方特色的传统工艺多，如闻名遐迩的南京云锦，苏州苏绣，苏州桃花坞年画，常熟红木雕刻，无锡惠山泥人，常州梳篦，扬州玉器、漆器、剪纸，淮安博里农民画，连云港贝雕，南通风筝等。

江苏形成了以观光旅游为基础、休闲度假为主导、专项旅游为辅助的旅游产品体系，成为境内外知名旅游目的地。同时，积极接收上海的辐射，加强沪苏浙区域旅游合作，与上海、杭州旅游集散中心相呼应，使长江三角洲地区旅游交通网络更加完善。

三、经典旅游线路及行程特色

1. 苏州园林风景一日游

行程：苏州，狮子林—拙政园—苏州博物馆—山塘街—观前街。

特色：在苏州别致园林里品味中国古典园林的韵味。

2. 南京访古两日游

行程：D1：南京，莫愁湖—南京总统府—中山陵—明孝陵—秦淮河—夫子庙；

D2：南京，南京大屠杀遇难同胞纪念馆—玄武湖—紫金山天文台。

特色：一天去追寻昔日繁华的金陵，一天去做一个新南京人，访寻这个将中华民族历史的骄傲和忧伤如此纠缠在一起的城市。

3. 江苏经典四日游

行程：D1：南京，中山陵—玄武湖—秦淮河—夫子庙；

D2：镇江，金山—焦山—北固山；

D3：扬州，大明寺—瘦西湖—个园—何园—文昌阁；

D4：苏州，拙政园—狮子林—苏州博物馆—山塘街。

特色：本线路囊括了江苏省众多的旅游景点，江南园林、小桥流水，颇有韵味。

4. 江南古镇两日游

行程：D1：苏州，同里古镇；

D2：苏州，周庄古镇。

特色：本线路以江南古镇为主线，品味历史文化名镇的小桥流水人家。

5. 江苏红色专项三日游

行程：D1：苏州，沙家浜革命历史纪念馆—红石村—新四军太湖游击队纪念馆；

D2：淮安，周恩来纪念馆—黄花塘新四军军部旧址—淮安博物馆；

D3：徐州，淮海战役纪念碑—淮海战役纪念馆—碾庄战斗纪念馆。

特色：畅遍江苏红色胜迹，深入了解江苏抗日战争、解放战争历史，学习伟人和先烈们的革命精神。

四、旅游城市与景点

1. 南京

南京是江苏省省会，中国著名的四大古都及中国历史文化名城之一。地处长江下游，濒江近海，是长三角辐射带动中西部地区发展的重要门户城市。主要景点有中山陵、夫子庙、秦淮河、灵谷寺、玄武湖、莫愁湖、鸡鸣寺、白马石刻公园、明孝陵、明文化村、清凉山、栖霞山、总统府、美龄宫、南京博物院、雨花台和瞻园等。

图 6-11

中山陵： 地处南京市东郊紫金山南麓，是中国民主革命先行者孙中山的陵墓，如图 6-11 所示。1961 年成为首批全国重点文物保护单位，国家 5A 级景区。中山陵前临苍茫平川，后踞巍峨碧嶂，气象壮丽。音乐台、光化亭等纪念性建筑被誉为"中国近代建筑史上第一陵"。

夫子庙： 夫子庙始建于宋朝，位于秦淮河北岸的贡院街旁，是供奉和祭祀孔子的地方。它是中国四大文庙之一，是蜚声中外的旅游胜地，也是中国最大的传统古街市。

2. 苏州

苏州是江苏重要的经济、工商业、文化、艺术、教育和交通中心，素以山水秀丽、园林典雅而闻名天下。有"江南园林甲天下，苏州园林甲江南"之美称，又因其小桥流水人家的水乡古城特色享有"东方威尼斯"的美誉。著名景点有金鸡湖、周庄古镇、同里古镇、沙家浜、虞山尚湖、吴中太湖旅游区、寒山寺、镇湖刺绣艺术馆等。

苏州园林： 是中国苏州山水园林建筑的统称，又称苏州古典园林，以私家园林为主，如图 6-12 所示。到清末苏州已有各色园林 170 多处，现保存完整的有 60 多处。1997 年被列入世界遗产名录，被誉为"咫尺之内再造乾坤"，是中华园林文化的翘楚和骄傲。主要园林有沧浪亭、狮子林、环秀山庄、艺圃、拙政园、留园、网师园、静思园等。

图 6-12

江南古镇： 苏州有一批非常著名的江南古镇，如同里古镇、甪直古镇、周庄古镇、木渎古镇、沙溪古镇、千灯古镇等。这些古镇不仅历史悠久，且古建筑保存完好，其中同里和周庄被评为国家 5A 级景区。

金鸡湖： 位于苏州工业园区，国家 5A 级景区，总面积 11.5 km²，包括文化会展区、时尚购物区、休闲美食区、城市观光区、中央水景区五大功能区。是中国最大的城市湖泊公园，堪称 21 世纪苏州"人间新天堂"的象征。

吴中太湖： 位于苏州古城西南部，濒临太湖，涵盖东山景区、穹窿山景区、旺山等景区，景区总面积 21.5 km²，系"太湖最美的地方"。景区由太湖山水、古镇古村、人文古迹、园林宗教、兵法文化、乡村民俗、科普教育等旅游资源综合而成。

沙家浜·虞山尚湖： 位于苏州常熟境内，国家5A级景区。虞山是国家森林公园，中国吴文化的重要发源地。尚湖为中国最佳生态休闲旅游湖泊。沙家浜以京剧《沙家浜》而闻名，有传统教育区、红石民俗文化村、横泾老街、湿地公园等景点。

3. 无锡

无锡，位于江苏省南部、长江三角洲平原腹地，太湖流域的交通中枢。北倚长江，南濒太湖，东接苏州，西连常州，京杭大运河从中穿过。无锡自古就是我国著名的鱼米之乡，风景绝美秀丽，历史千年悠长，素以山水秀美、人文景观众多而著称，被誉为"太湖明珠"。著名景点有鼋头渚、太湖、灵山、无锡中视影视基地、寄畅园、泰伯庙、惠山古镇、东林书院、昭嗣堂、天下第二泉、横山梅园风景区、南禅寺、蠡园、古运河等。

鼋头渚： 国家5A级旅游景区，是横卧太湖西北岸的一个半岛，因巨石突入湖中形状酷似神龟昂首而得名。鼋头渚风景区始建于1916年，现已成为中外驰名的旅游度假休养胜地。

灵山： 位于无锡太湖之滨，国家5A级旅游景区，由小灵山、祥符禅寺、灵山大佛及分布于其间的其他景点所组成。其集湖光山色、园林广场、佛教文化、历史知识于一体，是中国最为完整、也是唯一集中展示释迦牟尼成就的佛教文化主题园区。

4. 镇江

镇江，位于江苏省南部，北揽长江，西接南京，是长三角重要的港口和旅游城市。著名景点有金山、茅山、焦山、北固山、南山风景区、甘露寺、镇江博物馆、西津渡古街、梦溪园、彭公山、滨江湿地、慈寿塔、九里季子庙等。

金山： 国家5A级景区、国家重点风景名胜区。金山寺是中国著名寺庙，始建于东晋，原名泽心寺，清初改名江天禅寺，唐以来通称金山寺。白娘子水漫金山寺，梁红玉击鼓战金山等民间故事传说，更使金山寺家喻户晓。

茅山： 位于常州金坛区与镇江句容市交界处。相传汉元帝时期，咸阳茅氏三兄弟来茅山采药炼丹，济世救民，于是被称为"茅山道教之祖师"，后齐梁隐士陶弘景集儒、佛、道三家创立了道教茅山派。茅山一直被列为道教之"第一福地，第八洞天"，有"山美、道圣、洞奇"之特色。主要景点有茅山道院九霄万福宫、印宫、乾元宫、华阳洞、金牛洞等。

5. 扬州

扬州，地处江苏省中部、长江下游北岸、江淮平原南端。唐代扬州是东南地区的最大都会和对外经济文化交流的四大港口之一。著名景点有瘦西湖、大明寺、个园、仙鹤寺、扬州汉陵苑、神居山、盂城驿、镇国寺塔等。

瘦西湖： 国家5A级景区、国家重点名胜风景区。位于扬州市西北部，因湖面瘦长而得名。窈窕曲折的湖道，串以长堤春柳是瘦西湖的著名美景，沿着岸边行走，细长西湖犹如一幅天然的国画长卷（见图6-13）。

图6-13

6. 盐城

盐城主要景点有大丰麋鹿园、海盐博物馆、大纵湖旅游区、新四军纪念馆、泰山护国禅寺、安丰弥陀寺、弶港龙王古寺、新街九莲寺、安丰明清街、永丰林生态园、黄海森林公园等。

大丰麋鹿园： 国家 5A 级旅游景区。国家级自然保护区，是世界占地面积最大的麋鹿自然保护区，拥有世界最大的野生麋鹿种群，建立了世界最大的麋鹿基因库。为开展宣传野生动物保护的科普教育、提高公众的环境意识发挥了巨大作用。

7. 淮安

淮安，中国历史文化名城，位于中国江苏省中部，是淮河与京杭运河的交点、江淮淮扬文化的中心。主要景点有周恩来故居、韩信故里、周恩来纪念馆、古淮河文化生态景区、清晏园、钵池山公园、刘鹗故居、关天培祠、镇淮楼、河下古镇、明祖陵、铁山寺森林公园、八仙台风景区等。

周恩来故居： 周恩来故居位于淮安市西北隅的驸马巷内，由东西相连的两个宅院组成。1898 年 3 月 5 日，周恩来就诞生在这个院落东侧的一间房子里。周恩来纪念馆坐落在淮安区桃花垠的一个湖心半岛上，是一座展现周恩来一代伟人风采的巍巍丰碑。

8. 常州

常州位居长江之南、太湖之滨，处于长三角中心地带，是一座有着 3 200 多年历史的文化古城。主要景点有天目湖、环球恐龙城、中国春秋淹城、环球动漫嬉戏谷、御码头、南山竹海、新天地公园、茅山风景名胜区等。

天目湖： 位于溧阳市区南部 8 km。天目湖兼有太湖烟波浩渺之势、西湖淡妆浓抹之美、千岛湖环拱珠琏之局，仿佛使人身处"绿色仙境"，具有质朴率真、回归大自然的美妙感觉。周围有伍员山、蔡邕读书台、太白楼、报恩禅寺、龙兴寺旧址等。

环球恐龙城： 位于常州新区的现代旅游休闲区内，是科普性极强的旅游目的地和游乐性极强的科普教育基地，如图 6-14 所示。获得了国家 5A 级景区、全国科普教育基地、中国文化产业示范基地等殊荣，是常州对外交流的一张名片。

图 6-14

9. 南通

南通，位于苏中、长江三角洲北翼，因涨沙冲积成洲。其"据江海之会、扼南北之喉"，被誉为"北上海"。主要景点有濠河风景区、狼山风景区、博物苑和如皋水绘园等。

濠河： 国家 5A 级旅游景区，被誉为南通城的"翡翠项链"。原为古护城河，是国内保留最为完整且位居城市中心的古护城河，距今有千余年的历史，是国内仅存的四条古护城河之一。河两岸有光孝塔、天宁寺、北极阁、文峰塔等旅游景点。

10. 泰州

泰州主要景点有溱湖国家湿地公园、凤城河风景区、光孝律寺、城隍庙、施耐庵陵园、郑板桥纪念馆、千岛菜花风景区等。

溱湖国家湿地公园： 位于泰州市姜堰区西北部，国家 5A 级旅游景区。风景区规划面积 26 km²，核心景区 4.7 km²。古长江与淮河曾在此交汇入海，形成了特有的湿地生态环境，具有独特的民俗风情和深厚的文化底蕴。

11. 其他旅游城市与景点

此外，还有宿迁、连云港和徐州等城市。宿迁主要景点有龙王庙行宫、项王故里、嶂山森林公园、杨树博物馆、洪泽湖自然保护区等；连云港主要景点有花果山、连岛海滨浴场、渔湾、锦屏山、东海温泉等；徐州主要景点有彭祖故里景区、云龙湖、梁王城遗址、狮子山楚王陵、汉高祖原庙、汉楚王陵墓群和北洞山汉墓等。

任务 6.5 安徽旅游资源赏析与线路设计

一、旅游资源与环境概况

安徽省位于中国华东地区，是中国经济最具发展活力的长江三角洲的腹地。东邻江苏、浙江，北接山东，是承接沿海发达地区经济辐射和产业转移的前沿地带；西有湖北、河南，南有江西。安徽于清康熙六年（1667 年）建省，省名取安庆府与徽州府名第一字为安徽。安徽因历史上有古皖国和境内的皖山、皖河而简称"皖"。面积 $13.96 \times 10^4 \text{ km}^2$，人口 6 103 万，省会合肥，现设合肥、安庆、黄山等 17 个市。

安徽是中国旅游资源最丰富的省份之一，名山胜水遍布境内，自然景观与人文景观交相辉映。现有世界遗产西递、宏村和黄山；拥有池州的九华山、安庆的天柱山、滁州的琅琊山、黄山市的黄山风景区和齐云山等 10 多处国家级重点风景名胜区；有鹞落坪国家级自然保护区、古牛绛国家级自然保护区、扬子鳄国家级自然保护区等国家级自然保护区；有黄山、琅琊山、天柱山、九华山、皇藏峪、徽州等国家森林公园；有亳州、寿县、歙县、安庆、绩溪等国家级历史文化名城，以及凤阳中都城和明皇陵遗址、"和县猿人"遗址、歙县许国石坊、亳州花戏楼等国家重点文物保护单位。

二、旅游业特色与水平

安徽省旅游从基础差、起点低、总量小等不利因素起步，经历多年的发展，逐步形成了以入境旅游为龙头，以国内旅游为主体、出境旅游为补充的发展格局，旅游吃、住、行、游、购、娱六要素全面协调发展。旅游业正逐步成长为安徽的支柱产业，并在调整产业结构、转变经济发展方式、带动贫困地区发展、改善和提升安徽国内外形象、改善人民生活、推进新农村建设等方面发挥出越来越重要的作用。目前安徽在国内旅游人数、入境旅游人数、国内旅游收入、入境旅游收入等指标均居全国中上游位置（见表6-4）。

表6-4 安徽省旅游业发展概况一览表

项目	入境游客数	国内游客数	星级酒店数	旅行社数	5A级景区数
安徽	24万人次	1 361万人次	268家	1 487家	11家
全国	3 057万人次	36 139万人次	10 003家	38 943家	280家
占比	0.8%	3.8%	2.7%	3.8%	3.9%
排名	19	10	19	9	10

安徽旅游资源丰富，发展旅游业具有得天独厚的条件。安徽省历史文化十分厚重，但除了黄山等少数城市外，其他城市及景区知名度还不够高。现在安徽省正充分发挥"两山一湖"的龙头带动作用，以观光型旅游为基础，加快促进全省红色旅游、徽文化旅游、宗教文化旅游、生态休闲旅游的发展。

三、经典旅游线路及行程特色

1. 黄山经典两日游

行程：D1：黄山，汤口南大门—百丈泉—云谷寺—白鹅岭—蘑菇岭—始信峰—黑虎松—连心锁—曙光亭—清凉台—猴子观海—狮子峰—观石亭；

D2：黄山，光明顶—海心亭—一线天—百步云梯—莲花峰—迎客松—索道玉屏站—慈光阁站—汤口黄山南大门—翡翠谷—九龙瀑。

特色：游历黄山。

2. 文房四宝探秘两日游

行程：D1：宣城，泾县—锡西安；

D2：黄山，屯溪—老街—休宁。

特色：本线路的主题是体验徽州文化，探寻宣笔、宣纸、徽墨、歙砚文房四宝制作流程，体验徽州人文魅力。

3. 安徽深度五日游

行程：D1：合肥，包公祠—李鸿章故居—三河；

D2：池州，九华山—百岁宫—肉身宝殿—祇园寺；

D3：黄山，太平湖—排云亭—西海大峡谷—飞来石—光明顶；

D4：黄山，北海景区—狮子峰—清凉台—始信峰—西递和宏村；

D5：黄山，屯溪老街—花山谜窟—休宁。

特色：以世界自然与文化双遗产黄山、中国四大佛教名山九华山、生态最佳地太平湖为核心，集山水风光、文物古迹、民俗风情、休闲度假于一体。

4. 安徽红色专项三日游

行程：D1：池州，池州革命烈士陵园—新四军七师沿江团团部旧址纪念馆—新四军太湖游击队纪念馆；

D2：宣城，皖南事变烈士陵园—新四军军部旧址纪念馆—中国宣纸文化园；

D3：六安，大别山革命历史纪念馆—刘邓大军千里跃进大别山前方指挥部旧址。

特色：游览池州、宣城和六安三地红色胜迹，了解新四军和刘邓大军大别山革命历史，学习先烈们的革命精神。

四、旅游城市与景点

1. 合肥

合肥，安徽省省会，是一个典型的放射型城市，为全省政治、经济、科教、文化中心和交通枢纽。主要景点有包公祠、环城公园、大蜀山、巢湖、明教寺、开福寺、徽园、李鸿章故居、李鸿章享堂、天鹅湖、紫蓬山等。

三河古镇：位于肥西县南端，总面积 2.9 km^2，江南水乡古镇、国家 5A 级景区。有古城墙、古炮台、太平军指挥部旧址、李府粮仓、鹤庐、刘同兴隆庄、杨振宁旧居、孙立人故居、大夫第、三县桥、望月桥等历史遗迹，是庐剧的发源地。

2. 黄山

黄山，位于安徽省的最南端，是著名的国际旅游城市。古徽州地区创造了中华三大地域文化之一的徽文化，孕育了明清商界闻名达 500 余年的徽商。市内主要景点有黄山、宏村、西递村、屯溪老街、太平湖风景区、古徽州文化旅游区、坑口景区等。

图 6-15

黄山：国家 5A 级景区、世界双重遗产，是中国最美的、令人震撼的十大名山之一，是安徽旅游的标志，如图 6-15 所示。因传说轩辕黄帝曾在此炼丹，故改名为"黄山"。旅行家徐霞客登临黄山时，曾对黄山的秀丽发出这样的赞叹："五岳归来不看山，黄山归来不看岳"。

古徽州文化旅游区：由徽州古城、棠樾牌坊群、唐模、呈坎、潜口五大精品景区组成。徽州古城是徽州府治所在地，是保存最为完好的古城之一。棠樾牌坊群为中国最大的牌坊群落，由明清七座紧紧相连的石坊组成。唐模，有中国水口园林第一村的美誉。呈坎，被誉为中国风水第一村，按《易经》八卦风水理论选址布局。潜口民宅荟萃了明清时期徽州最经典、最具代表性的徽州民居。古徽州文化旅游区通过对古城生活、宗祠文化、牌坊文化、徽商文化、村落文化、民居文化的聚集，将"徽文化"完美鲜活地呈现于世。

图 6-16

西递-宏村：西递、宏村古民居位于中国东部安徽省黟县境内的黄山风景区，以其保存良好的传统风貌被列入世界文化遗产。西递和宏村是安徽南部民居中最具有代表性的两座古村落，它们以世外桃源般的田园风光、保存完好的村落形态、工艺精湛的徽派民居和丰富多彩的历史文化内涵而闻名天下，如图 6-16 所示。

3. 宣城

宣城，位于安徽省东南部，与江苏、浙江两省接壤，为中国文房四宝之乡。主要景点有龙川、中国宣纸文化园、皖南事变烈士陵园、谢朓楼、广教寺双塔、石佛山、徽杭古道等。

龙川：位于现绩溪县瀛洲乡村，国家 5A 级景区。主要景点有胡氏宗祠、龙堤凤街、如心亭等。龙川胡氏宗祠建于明代，前后三进，祠内装饰精美，尤以保存完好的各类木雕为最，有"徽派木雕艺术宝库"之称。

4. 池州

池州，位于安徽省西南部，是长江南岸重要的滨江港口城市、中国优秀旅游城市、国家园林城市，也是安徽"两山一湖"（黄山、九华山、太平湖）旅游区的重要组成部分。主要景点有九华山、升金湖、杏花村、牯牛降、升金湖等。

九华山：位于池州市青阳县境内，首批国家重点风景名胜区、著名的游览避暑胜地、国家 5A 级旅游区、全国文明风景旅游区示范点。九华山（见图 6-17）为中国佛教四大名山之一，是大愿地藏王菩萨道场，被誉为国际性佛教道场。

图 6-17

5. 滁州

滁州，地处安徽省东部、苏皖交汇地区，自古有"金陵锁钥、江淮保障"之称、享"形兼吴楚、气越淮扬"之誉。主要景点有醉翁亭、琅琊山、明中都皇城旧址、西涧湖、高邮湖、皇甫山、虞姬墓等。

醉翁亭：为四大名亭之首，始建于北宋庆历六年（1046 年），因唐宋八大家之一欧阳修命名并撰《醉翁亭记》一文而闻名遐迩。脍炙人口的佳句"醉翁之意不在酒，在乎山水之间也"更是家喻户晓。醉翁亭被誉为"天下第一亭"。

6. 安庆

安庆，皖西南区中心城市、国家历史文化名城、中国优秀旅游城市、黄梅戏之乡。两千多年前为古皖国，安徽省简称"皖"即源于此。主要景点有天柱山、迎江寺、菱湖、独秀园、花亭湖、司空山等。

天柱山：古有"南岳"之名，国家首批重点风景名胜区、国家 5A 级旅游区、全国文明森林公园、中华十大名山、世界地质公园。道家将其列为第 14 洞天、第 57 福地。白居易诗句"天柱一峰擎日月，洞门千仞锁云雷"是对它雄奇景象的描述（见图 6-18）。

图 6-18

7. 六安

六安，位于安徽省西部、长江与淮河之间、大别山北麓。地理意义上的"皖西"特指六安。主要景点有万佛湖、大别山、铜锣寨、佛子岭水库、小南岳、天堂寨、燕子河大峡谷等。

天堂寨：位于六安市金寨县西南角，毗邻湖北罗田和英山，国家 5A 级景区，被誉为"华东最后一片原始森林"。主峰天堂寨海拔 1 729 m，系大别山第二高峰，古称"吴楚东南第一关"，森林覆被率达 96.5%，是一座天然大氧吧。境内高等植物 1 881 种、脊椎动物近 300 种，其中几十种动植物被录入世界物种名目珍稀物种。

8. 马鞍山

马鞍山，位于安徽省东部、长江下游南岸，是中国十大钢铁基地之一。主要景点有采石矶风景名胜区、褒禅山、"和县猿人"遗址、李白墓园、灵墟山、朱然文物陈列馆、雨山湖公园、太白楼等。

褒禅山： 旧称华山，位于马鞍山含山县城东北 7.5 km 处。因唐贞观年间慧褒禅师结庐山下，卒葬于此而得名。王安石曾游此，并作《游褒禅山记》。

9. 阜阳

阜阳，位于安徽省西北部、华北平原南端、淮北平原的西部，是安徽省人口最多的市，也是国家重要的商品粮、优质棉、肉类生产基地和全国山羊板皮重点产区。主要景点有八里河、文峰塔、颍州西湖、阜阳生态园、迪沟生态乐园、张庄公园等。

八里河： 位于颍上县八里河镇，南临淮河，东濒颍河，国家 5A 级景区。景区分为"世界风光""锦绣中华""碧波游览区""鸟语林"等景区。八里河风景区是人文景观与自然风光巧妙结合的精品景区，景点中西合璧，交相辉映，创意精妙，布局严整，美不胜收，被誉为"皖北平原最后一片自然净土"。

10. 其他旅游城市及景点

此外，还有芜湖、淮南、淮北、蚌埠、铜陵、宿州和亳州等城市。芜湖的主要景点有方特梦幻王国、鸠兹广场、中江塔、人字洞、镜湖公园、天门山、米公祠、赭山公园等；淮南的主要景点有八公山、上窑山、舜耕山、焦岗湖、龙湖公园、茅仙洞、春申君陵等；淮北的主要景点有相山公园、柳孜隋唐大运河码头遗址、南湖风景区、双堆烈士陵园、龙脊山自然风景区、淮海战役总前委旧址纪念馆、临涣古城墙等；蚌埠主要景点有花鼓灯嘉年华乐园、白乳泉、俞伯牙墓、禹王庙、荆山、龙子湖和锥子山等；铜陵的主要景点有铜陵淡水豚自然保护区、铜官山、天井湖、永泉农庄等；宿州主要景点有垓下古战场、皇藏峪、中国梨都砀山、五柳风景自然保护区、陈胜吴广起义旧址、蕲县古城遗址、灵璧钟馗画、奇石之乡、林探花府、闵子骞祠等；亳州主要景点有花戏楼、曹操运兵道、曹氏宗族墓群、万佛塔、尉迟寺遗址和千年北魏古井等。

任务 6.6

江西旅游资源赏析与线路设计

一、旅游资源与环境概况

江西省简称赣，地处中国东南偏中部长江中下游南岸。东邻浙江、福建，南连广东，西靠湖南，北毗湖北、安徽。面积 16.69×10^4 km², 人口 4 519 万, 省会南昌市。

江西为长江三角洲、珠江三角洲和闽南三角洲地区的腹地。古称为"吴头楚尾, 粤户闽庭", 乃"形胜之区"。省内最大的河流为赣江。自古以来江西人文荟萃、物产富饶, 有"文章节义之邦, 白鹤鱼米之国"的美誉。

江西历史悠久, 山川秀丽, 名胜古迹众多。现拥有庐山、井冈山、龙虎山、三清山等 13 个国家级风景名胜区, 其中庐山为世界文化景观, 三清山、龙虎山被列入世界自然遗产名录。有南昌、景德镇、赣州等多座国家级历史文化名城, 还有中国第一大淡水湖——鄱阳湖。另外, 江西也是著名的"红土地"。八一南昌起义使得南昌成为"军旗升起的地方", 中国共产党领导人民群众先后在江西建立了大片革命根据地。

二、旅游业特色与水平

江西省的经济发展水平一般, 但因具有丰富而独具特色的旅游资源, 其旅游业特别是国内旅游业的发展在全国具有重要地位, 规模与水平逐年提高（见表 6-5）。

表 6-5　江西省旅游业发展概况一览表

项目	入境游客数	国内游客数	星级酒店数	旅行社数	5A级景区数
江西	12 万人次	601 万人次	310 家	909 家	12 家
全国	3 057 万人次	36 139 万人次	10 003 家	38 943 家	280 家
占比	0.4%	1.7%	3.1%	2.3%	4.3%
排名	27	18	13	18	7

江西旅游紧密围绕面向海内外旅游休闲"后花园"的战略定位和"红色摇篮、绿色家园"的整体形象, 以发展红色旅游为突破口, 引领旅游产业全面跨越发展。形成了以山、湖、城、村为主体, 形象鲜明、各具特色的旅游目的地体系, 并形成了南昌—九江·庐山—景德镇—婺源名山瓷都名村文化旅游线、南昌—吉安·井冈山—赣州—瑞金红色文化旅游线、南昌—龙虎山—龟峰—三清山名山道教文化旅游线等三条旅游精品线路和一批专项旅游线路。

三、经典旅游线路及行程特色

1. 南昌一日游

行程：南昌, 八一起义纪念馆—新四军军部旧址—江西革命烈士纪念堂—八一广场。

特色：此线为红色旅游线路, 体验红色征程。

2. 美丽庐山两日游

行程：D1：九江, 庐山螺髻山仙人洞—芦林湖;

　　　D2：九江, 庐山含鄱口—五老峰—三叠泉。

特色：诗化的自然, 感受庐山的魅力。

3. 赣东北深度六日游

行程：D1：九江，浔阳楼—龙宫洞。
D2：九江，庐山五老峰—三叠泉—含鄱口；
D3：景德镇，陶瓷历史博览区—古窑民俗博览区—民窑博物馆—浮梁古城；
D4：上饶，婺源；
D5：上饶，三清山；
D6：鹰潭，龙虎山。

特色：游遍赣北精华。本路线既有乡土气息的自然、诗化美妙的意境，又有历史文化的、宗教文化的沉淀。

4. 江西红色专项三日游

行程：D1：南昌，滕王阁—八一广场—八一起义纪念馆；
D2：吉安，井冈山革命烈士陵园—五指峰—黄洋界；
D3：赣州，红色故都瑞金。

特色：忆苦思甜红军路，顺着红军的脚步，体味红军路的艰苦。

四、旅游城市与景点

1. 南昌

南昌，江西省省会，地处江西省中部偏北。南昌既是国家历史文化名城，又是革命英雄城市，具有深厚的城市文化底蕴和众多的历史古迹。主要景点有八一起义旧址群、滕王阁、东湖、百花洲、八大山人纪念馆、西山万寿宫、梅岭等。

滕王阁：位于南昌市西北部沿江路赣江东岸，与湖南岳阳楼、湖北黄鹤楼并称江南三大名楼。滕王阁始建于唐代，后几经兴废。今天的滕王阁（见图6-19）为20世纪80年代重修。滕王阁之所以享有巨大名声，很大程度上归功于一篇脍炙人口的散文——《滕王阁序》。其有"江西第一楼"之誉。

图 6-19

2. 九江

九江，位于江西省北部，有江西"北大门"之称，是江西省的一个重要沿江港口城市。主要景点有庐山、浔阳楼、石钟山、龙宫洞、鄱阳湖、烟水亭、白水湖、南湖、西海和云居山等。

庐山：位于江西省北部，是著名的旅游避暑胜地，如图6-20所示。"不识庐山真面目，只缘身在此山中。"宋代大诗人苏轼的名句已成为一种哲理。有12个景区、37处景点、230多个景物景观，它们像数百颗宝石、翡翠散落在峰峰岭岭。1996年被列入世界遗产。

图 6-20

3. 景德镇

景德镇，位于江西省东北部，是江西的东北门户。历史上曾与佛山、汉口、朱仙镇并称中国四大名镇,也是国家级历史文化名城。景德镇制瓷历史悠久,瓷器产品质地精良。主要景点有景德镇古窑民俗博览区、瑶里古镇、明清园、御窑、龙珠阁、乐平戏台、大游山、玉田湖和浮梁古城等。

景德镇古窑民俗博览区:位于景德镇西市区的枫树山蟠龙岗,于1980年开始建设。散落在市区的部分古窑场、古作坊、古建筑经集中保护,形成了集文化博览、陶瓷体验、娱乐休闲为一体的文化旅游景区。整个博览区由古窑和景德镇陶瓷民俗博物馆两大景区组成,是景德镇最重要的陶瓷文化旅游区之一。

4. 上饶

上饶,位于江西省东北部,是江西的东大门。主要景点有婺源、三清山、鄱阳湖湿地公园、龟峰、灵山、古岩寺、上饶集中营、信江书院、金山亭、黄金山等。

婺源:位于江西最北端,与安徽接壤,是古徽州六县之一,也是徽州文化的发祥地之一,被外界誉为"中国最美的乡村"。其乡村之美在于浑然天成的和谐,"青山向晚盈轩翠,碧水含春傍槛流。"婺源的景点围绕其村落展开,最有名的是油菜花和徽派建筑(见图6-21)。

图 6-21

三清山:坐落于上饶东北部,素有"江南第一仙峰""黄山姐妹山""清绝尘嚣天下无双福地,高凌云汉江南第一仙峰"之殊誉。主峰玉京峰海拔1 819.9 m,因玉京、玉虚、玉华三峰峻拔,犹如道教所奉三位天尊列坐其巅而得名。"奇峰怪石、古树名花、流泉飞瀑、云海雾涛"并称三清山自然四绝。

5. 鹰潭

鹰潭,位于江西省东北部、信江中下游,因市区龙头山下有一深潭,"激流旋其中,雄鹰舞其上"而得名。主要景点有龙虎山、角山窑址等。

龙虎山:位于鹰潭市东南,我国道教四大名山之一,为道教正一派的祖庭。正一道创始人张道陵曾在此炼丹,传说"丹成而龙虎现,山因得名"。之后,张道陵精诚修道,创立了道教。景区包括上清古镇、春秋战国崖墓、嗣汉天师府、正一观、仙水岩、天门山、上清宫、仙女岩、仙人城等景点。

6. 萍乡

萍乡,位于江西省西部,与湖南株洲接壤。主要景点有武功山、杨岐山、明月湖等。

武功山:位于萍乡市芦溪县东南边境,集国家重点风景名胜区、国家地质公园、国家自然遗产称号于一身。其自古与庐山、衡山并称为江南三大名山,也被称为"徒步者的天堂",是集人文景观和自然景观为一体的山岳型风景名胜区。

7. 吉安

吉安,位于江西省中部,是举世闻名的革命摇篮井冈山所在地。主要景点有井冈山、白鹭洲书院、文天祥纪念馆、青原山、庐陵文化生态园等。

井冈山:地处江西省西南部、湘赣交界处的罗霄山脉中段,地势险峻。主峰五指峰,海拔1 586 m,是著名的旅游胜地。古有"郴衡湘赣之交,千里罗霄之腹"之称(见图6-22)。有茨坪、黄洋界、龙潭、主峰、桐木岭、湘洲、笔架山、仙口八大景区。郭沫若曾赞咏道"井冈山下后,万岭不思游"。

8. 赣州

赣州，位于江西南端，南接广东省，东接福建省，西接湖南省，是江西第二大城市，也是客家人主要聚居地之一。主要景点有共和国摇篮瑞金、郁孤台、通天岩、八境台、梅关古驿道、沙洲坝、赣州古城墙、契真寺、寿量寺等。

瑞金：享誉中外的"红色故都"，是中华苏维埃共和国临时中央政府诞生地，红军二万五千里长征出发地，革命传统教育名城。有第一次全国苏维埃代表大会会址、中央苏区中央局旧址、红军烈士纪念塔、红军烈士纪念亭、红军检阅台、博生堡、公略亭、临时中央政府大礼堂旧址、红井等全国重点文物保护单位。

图 6-22

9. 宜春

宜春，位于江西省西北部，自汉代开始建县，迄今有 2 200 多年的历史，"山明水秀，土沃泉甘，其气如春，四时咸宜"。主要景点有明月山、洞山、仰山、吴城遗址、三爪仑森林公园等。

明月山：明月山国家级森林公园位于宜春市中心城西南 15 km 处，是国家级风景名胜区、国家 5A 级旅游景区、国家森林公园、国家地质公园。其集"生态游览、休闲度假、科普教育和宗教旅游"为一体。

10. 其他旅游城市与景点

此外，还有新余、抚州等旅游城市。新余主要景点有仙女湖、抱石公园、孔目江湿地公园、毓秀山国家森林公园、蒙山等；抚州主要景点有大觉山、军峰山、麻姑山、王安石纪念馆、汤显祖纪念馆、拟岘台等。

实训作业与学习评价

1. 请设计一条为期 4 天的红色旅游线路。
2. 请以"带你游西湖"为题作一篇导游词。
3. 请 5 分钟内说出本区旅游资源与环境的主要特征。
4. 一批刚退休的老干部拟到华东地区旅游 10 天，请为他们设计一条合适的线路，并以 PPT 形式介绍线路基本情况。

项目 7

游遍华中四省市

项目导读

华中地区为我国大陆的核心部位,是巴蜀和荆楚文化的发源之地。本区具有一批世界级旅游资源,也形成了一些旅游品牌,且开发潜力巨大。通过本项目学习,学生应该掌握本区的旅游资源与环境特征,熟悉本区各省区的主要旅游城市和景区特色,能根据不同的客源需求设计合理的旅游线路并进行推介与讲解。同时,通过对本区众多伟人故里等红色景点的赏析和红色旅游线路的设计,传承红色基因。

课程资源

华中区的旅游环境及特色资源解读微课视频

重庆旅游资源赏析与线路设计微课视频

湖南旅游资源赏析与线路设计微课视频

项目7 PPT课件

任务 7.1

华中区的旅游环境及特色资源解读

一、位置与范围

本区包括四川、重庆、湖北和湖南四个省市,位于我国中部,故称华中四省市。华中旅游区整体沿长江延伸,南北相对狭窄,东西跨度较大。其地处大陆腹地核心,四周分别与青藏、西南、岭南、吴越、中原等旅游区相连,极大地方便了全国各地旅游者的出行。

二、旅游环境与资源特征

1. 区位条件优越,现代交通便利

本区已拥有集现代航空、航运、铁路、公路运输为一体的立体运输体系,昔日交通闭塞的华中内陆甚至有了自己的对外开放一级口岸,世界各国的旅游者无须通过第三地便可直接进入本区的各主要旅游城市,极大地方便了旅游者的出行。借助长江的"黄金水道"优势,通过与岷江、金沙江、湘江等支线的沟通,依托武汉、黄石、城陵矶、重庆等水运口岸所形成的天然水路运输网络,华中地区成为全国水运最为发达的区域之一。

2. 地貌类型多样,自然景观旖旎多姿

本区地表结构复杂,地貌类型多样。东部的两湖地区属长江中游平原与低山丘陵交错地带,湖沼纵横,水系发达;而在其西部,青藏高原、横断山地再到四川盆地的巨大落差造就了多变的地质景观,也集中了自贡、龙门山、海螺沟、大渡河峡谷、安县、九寨沟、黄龙、武隆等一大批风格迥异的国家级地质公园。本区既具有亚热带季风气候的典型性,又具有纬向过渡性和高山地区的垂直递变性。在植物区系上既有称为生物基因库的张家界、金佛山、神农架,也有生物量低的紫色页岩裸露地。在自然景观上,张家界的砂石塔状峰柱、崀山的丹霞、重庆的天坑地缝、九寨沟的五彩湖、黄龙的露天钙化以及长江三峡等,均为世界自然奇观。

3. 亚热带季风气候孕育了独特的气象景观

本区大多数地域属于典型的亚热带季风气候,四季分明。冬暖夏热,降水丰沛。全年平均气温从北到南变化范围 14℃~21℃,年降水量 800~1 800 mm 不等,呈现明显的区域气候特征。整个华中地区地势起伏明显,海拔较低的盆地和湖口平原地区每到夏季,在蒸腾的水汽作用下酷热难当,以重庆、武汉为代表的一批"火炉"城市闻名全国。而在部分高海拔山区,明显的垂直变化不仅造就了众多的避暑胜地,也形成了诸如峨眉云海、金顶佛光、衡山树挂、巴山夜雨等独特的气象景观。

4. 历史文化古老，文物古迹独领风骚

本区为中华古老文明的源头之一，"华胥文化"的起源地就在"鸟语花香"的长江流域。从考古挖掘成果来看，湖南澧县发现的距今9 000年的城头山古城遗址、与中原商王朝同期或略早的四川广汉三星堆古蜀国城遗址、湖北黄陂发现的盘龙城商代早期城市遗址等，都说明本区历史文化的古老性。湖北随州出土的战国曾侯乙墓编钟，长沙马王堆汉墓女尸，湘西龙山里耶秦简，江南三大名楼之二的黄鹤楼、岳阳楼，佛教圣地峨眉山，道教名山青城山、武当山，都江堰、灵渠，乐山大佛，剑门蜀道，舜帝陵、炎帝陵和明显陵等，都说明本区人文古迹独领风骚。

5. 巴蜀文化与荆楚文化特色鲜明

巴蜀文化是华夏文化的一个分支，即四川盆地的成都（蜀）和重庆（巴）所代表的文化。巴蜀两地相距较近，交流方便，两地出现的船棺葬、扁茎无格柳叶剑以及铜器纹饰中出现的虎纹就是巴与蜀文化的共同特征。荆楚文化是我国古代区域文化中独放异彩的一支，是周代至春秋时期在江汉流域兴起的一种地域文化。荆楚文化有十大内涵，包括炎帝神农文化、楚国历史文化、秦汉三国文化、清江巴土文化、明山古寺文化、民间艺术文化、地方曲艺文化、长江三峡文化、江城文化、现代革命文化等。此外，本区还孕育了独具特色的思想文化，老庄哲学为荆楚文化在哲学领域的代表，南宋周敦颐的理学则开"湖湘学派"之先河，为理学之先祖。而具有浓郁地方特色的楚辞更是比北方诗词更为活泼奔放的艺术之作。

6. 民俗风情多姿多彩

本区属典型的多民族聚居区，我国56个民族的身影在本区都能见到。有全国唯一的羌族聚居区和最大的彝族聚居区，有仅次于西藏的全国第二大藏族聚居区，还有土家、苗、侗、白、回、维吾尔、傈僳、纳西、布依等众多少数民族，少数民族的总人口规模已超过1 500万。这些少数民族沿袭千年的传统习俗，无论是歌舞节庆，还是别样的建筑，又或是传统的手工艺，都已经成为本区重要的旅游资源。

三、特色资源及其开发利用

本区旅游资源比较丰富，类型齐全，数量众多，尤以江湖类和生物类旅游资源最具特色。

1. 江湖类旅游资源

江湖类旅游资源属于自然旅游资源中的水体类资源，可分为江河与湖泊两大类。江湖类自然旅游资源包括江湖地貌旅游资源、江湖水体旅游资源、江湖气象旅游资源和江湖生物旅游资源。其中江湖地貌旅游资源中比较著名的有长江三峡、大宁河小三峡等。江湖水体旅游资源主要有观光游憩河段和江湖观光游憩湖区。观光游憩河段如金沙江、雅砻江、岷江（包括大渡河、青衣江）、沱江、嘉陵江（包括涪江、渠江）、湘江、三闾滩、龙底河、清江、猛洞河等；观光游憩湖区如泸沽湖、九寨沟、洞庭湖、武汉东湖等，这些在目前江湖旅游中占主导地位。江湖人文旅游资源包括江湖古遗迹、古建筑旅游资源，江湖城市旅游资源，江湖宗教信仰旅游资源，江湖民风民俗旅游资源，江湖文学艺术旅游资源，江湖科学知识旅游资源等。

不管是江湖自然旅游资源还是江湖人文旅游资源，都具有不同程度的美学观赏价值、科学考察价值、生态环境价值、文化传承价值，可以被旅游业利用，开发成各具特色的江湖旅游产品，如度假、

休闲、漂流、邮轮等（见图7-1）。

2. 生物类旅游资源

生物是地球表面有生命物体的总称，是自然界最具活力的群落，它由动物、植物和微生物组成。旅游资源的生物，主要是指由动、植物及其相关生存环境所构成的各种过程与现象。植物旅游资源可以分为观赏植物、奇特植物、珍稀植物、风韵植物、古树名木和草原。本区这类旅游资源有水杉、银杉、珙桐、桫椤等稀有植物。动物旅游资源可以分为观赏动物、珍稀动物、表演动物、劳作动物和家养动物。本区这类旅游资源有大熊猫（见图7-2）、金丝猴、白鳍豚、扬子鳄、中华鲟、黑颈鹤、大鲵等稀有动物。

为保护这些稀有的动植物及其纯自然的生活环境，各地建立了各级自然保护区、森林公园和动植物园，如卧龙、王朗、九寨沟、神农架、武陵源、缙云山等，已经成为人们认识自然、欣赏自然、享受自然、保护自然的好去处。

图7-1

图7-2

任务 7.2

四川旅游资源赏析与线路设计

一、旅游资源与环境概况

四川省简称川或蜀，位于长江上游，位于北纬 26°03′~34°19′、东经 92°21′~108°12′，省会成都，面积 48.5×10^4 km²，人口 8 367 万。西有青藏高原相扼，东有三峡险峰重叠，北有巴山秦岭屏障，南有云贵高原拱卫，形成了闻名于世的四川盆地，享"天府之国"的美誉。

四川省气候的区域差异显著。东部冬暖、春早、夏热、秋雨，多云雾，少日照，生长季长；西部则寒冷、冬长、基本无夏，日照充足，降水集中，干雨季分明。气候垂直变化大，气候类型多，有利于农林牧综合发展。四川省境内有大小河流 1 419 条，其中流域面积 500 km² 以上的河流有 345 条，1 000 km² 以上的有 22 条。

全省辖成都、自贡、宜宾等 18 个市和阿坝州等 3 个自治州，社会经济和旅游业发展区域特征明显，形成了巴文化区、蜀西文化区、攀西文化区、川西高原文化区等水平不同、特色各异的旅游大区。

二、旅游业特色与水平

四川省旅游资源类型齐全，数量丰富，自然环境优美，历史悠久，文化灿烂，旅游发展条件较好，发展水平较高，特别是国内旅游方面，居全国前列（见表7-1）。

表7-1 四川省旅游业发展概况一览表

项目	入境游客数	国内游客数	星级酒店数	旅行社数	5A级景区数
四川	52万人次	1 062万人次	370家	1 242家	13家
全国	3 057万人次	36 139万人次	10 003家	38 943家	280家
占比	1.7%	2.9%	3.7%	3.2%	4.6%
排名	14	13	8	11	5

四川的旅游服务水平与配套条件较好，已基本形成了食、住、行、游、购、娱配套服务。川菜以取材广泛、调味多变、菜式多样、口味清鲜醇浓并重而著称；四川大酒店等一大批高档酒店为旅游者提供了舒适的住宿环境；成都双流国际机场、宝成复线电气化铁路、襄渝铁路及蛛网式的高速公路为旅游业提供了便利的交通；以自然景观、民族风情为突出特色的A级景区景点让旅游者流连忘返；总府路的太平洋和工艺美术品商场、人民东路的仁和春天商场内琳琅满目的商品令旅游者爱不释手；豪华影剧院（场）、艺术宫、民俗文化村、川剧院的川剧等娱乐节目更为旅游业增添了色彩。

为确保建成国际重要旅游目的地和旅游强省的目标，四川省实施了发展1个旅游增长极、3个旅游经济带、5个特色旅游经济区、5条旅游环线的战略。1个旅游增长极是以成都市为核心，辐射周边的德阳市、资阳市、眉山市、雅安市等地；3个旅游经济带分别是成绵乐旅游经济带、成渝旅游经济带和成雅攀旅游经济带；5个特色旅游经济区分别是大九寨国际旅游区、环贡嘎生态旅游区、亚丁香格里拉旅游区、川南文化旅游区和秦巴生态旅游区；5条旅游环线分别是北环线（九环线）、西环线（大熊猫线）、东南环线（长江线）、西南环线（香格里拉线）和东环线（三国线）。

三、经典旅游线路及行程特色

1. 佛教朝圣之旅四日游

行程：D1：成都，乐山大佛景区—峨眉山山脚；
　　　D2：峨眉山市，峨眉山；
　　　D3：乐山，黑竹沟—涡罗瓦曲风景区；
　　　D4：乐山，杜鹃池。

特色：世界上最大的大佛、世界上最高的金佛、"中国百慕大"，这三个点都有值得你去的理由。

2. 康巴风情之旅五日游

行程：D1：成都，新南桥—磨西古镇；
　　　D2：成都，磨西古镇—海螺沟—雅家梗—康定；
　　　D3：康定，新都桥—塔公—八美石林—丹巴；
　　　D4：甘孜，丹巴—梭坡—党岭；
　　　D5：甘孜，丹巴。

特色：这样的行程是甘孜之行中最轻松，也最有特色的。

3. 印象川南之旅二日游

行程：D1：成都，甜城内江—灯之城—龙之乡—盐之都自贡—酒城泸州—兴文石海世界地质公园；
　　　D2：宜宾，七彩飞瀑—天下竹源—仙寓洞—天宝古寨—丹霞石刻—全竹宴—竹海全景。

特色：一路向南，踏上的将是一条亲切之旅。川南不仅旅游资源丰富，而且此处的风光颇具田园味道。

4. 白马风情之旅四日游

行程：D1：成都，白马王朗风景区—白熊沟—扒昔加古寨—白马天母湖；
　　　D2：阿坝州，九寨沟酒店；
　　　D3：阿坝州，九寨沟—烤羊篝火晚会；
　　　D4：阿坝州，川主寺—黄龙—成都。

特色：这条线路有被称为"人间天堂"和"童话世界"的九寨沟，有被誉为"人间瑶池"的黄龙。

5. 四川红色专项三日游

行程：D1：广安，邓小平故里—华蓥山游击队纪念馆—红岩英烈蜡像馆；
　　　D2：南充，朱德故居纪念馆—张思德纪念馆—阆中市红军烈士纪念园；
　　　D3：雅安，红军强渡大渡河纪念馆—安顺场。

特色：瞻仰伟人故居，感受伟人情怀，参观先烈纪念场馆，学习先烈革命精神。

四、旅游城市与景点

1. 成都

成都，四川省省会，简称"蓉"，别称"锦城""锦官城"，位于四川省中部，是中西部地区重要的中心城市。作为蜀汉文化的发祥地之一，成都拥有着辉煌的文明历史，是历史上文化名流的汇集之地。李白、杜甫、岑参、高适、陆游、苏轼，还有近代的巴金、沙汀等人，都在此留下了生活的印迹。主要景区有武侯祠、杜甫草堂、锦里、春熙街、宽窄巷子、二王庙、文君井、文殊院、宝光寺、永陵、金沙遗址等数十处。

武侯祠：位于成都市区，始建于唐，是纪念蜀汉丞相诸葛亮的主要胜迹。在明初重建时与祭祀刘备的昭烈庙合并而形成我国唯一君臣合祀庙宇，也是全国影响最大的三国遗迹博物馆。武侯祠现分为文物区、园林区和锦里三部分，其主体建筑分大门、二门、刘备殿、过厅、诸葛亮殿五重，严格排列在从南到北的一条中轴线上。

杜甫草堂：杜甫草堂坐落于成都市西郊浣花溪畔，是杜甫流寓成都时的居所。759年冬天，杜甫为避"安史之乱"，携家人由陇入蜀，在浣花溪畔建茅屋而居。在其后的四年里，杜甫在此创作了240余首诗歌。此地被视为中国文学史上的"圣地"，经历代修葺，形成了集纪念祠堂和诗人旧居风貌为一体、清幽秀丽的园林式博物馆（见图7-3）。

图 7-3

西岭雪山：位于成都市大邑县境内，总面积483 km²。景区内的大雪塘海拔5 364 m，是成都最高峰，矗立天际，终年积雪。唐代大诗人杜甫寓居成都草堂时就曾眺望此景，写下了"窗含西岭千秋雪"的名句。景区集林海雪原、高山气象、险峰怪石、奇花异树、珍禽稀兽、激流飞瀑等景观于一体，是国家重点风景名胜区。

2. 都江堰

都江堰，位于成都市西48 km处，是中国历史文化名城、首批中国优秀旅游城市。原名灌县，早在夏禹时代称"导江"，传说夏禹治水导江至此而得名。主要景区有都江堰水利工程、青城山、虹口自然保护区等。

青城山：位于四川省都江堰市西南、成都平原西北部，距都江堰市16 km。背靠千里岷江，俯瞰成都平原，景区面积200 km²。古称丈人山，为邛崃山脉的分支。全山林木青翠，四季常青，诸峰环峙，状若城郭，故名青城山。丹梯千级，曲径通幽，以幽洁取胜，自古就有"青城天下幽"的美誉。

都江堰：坐落在成都平原西部的岷江之上，位于四川省都江堰市城西。1982年都江堰作为四川省青城山—都江堰风景名胜区的重要组成部分，被列入第一批国家级风景名胜区名单。2000年联合国世界遗产委员会第24届大会将其列为世界文化遗产。2007年，与青城山同列为国家5A级旅游景区。都江堰不仅是举世闻名的中国古代水利工程，也是著名的风景名胜区。都江堰附近景色秀丽，文物古迹众多，主要有伏龙观、二王庙、安澜索桥、都江堰水利工程等（见图7-4）。

图 7-4

3. 乐山

乐山，古称嘉州，又称海棠香国。主要景区有乐山大佛、峨眉山、黑竹沟、嘉定坊等。

乐山大佛：又名凌云大佛，为弥勒佛坐像，国家5A级景区。乐山大佛（见图7-5）是唐代摩崖造像中

图 7-5

的艺术精品之一，是世界上最大的石刻弥勒佛坐像。佛像高 71 m，大佛头长 14.7 m，头宽 10 m，肩宽 24 m；耳长 7 m，耳内可并立二人；脚背宽 8.5 m，可坐百余人。素有"佛是一座山，山是一座佛"之称。

峨眉山：位于四川省乐山市境内，与山西五台山、浙江普陀山、安徽九华山并称中国佛教四大名山，是举世闻名的普贤菩萨道场。为国家重点风景名胜区、世界自然与文化双遗产和国家 5A 级旅游景区。主峰 3 079.3 m，山势雄伟，林木葱茏，有"峨眉天下秀"之称。山上多佛教寺庙，其日出、云海、佛光、圣灯为峨眉四大奇观，是一个集佛教文化与自然风光为一体的山岳型风景名胜区。

4. 阿坝藏族羌族自治州

阿坝州位于四川省西北部，紧邻成都平原，地形地貌复杂，沟谷交错，气候多样，构成了独特的地理环境。阿坝州保留了世界上其他地方早已绝迹的动植物资源，如熊猫、珙桐等活化石，也保留了在工业文明中难以找到的静谧、古朴的自然景观，如九寨沟、黄龙、四姑娘山等。

图 7-6

九寨沟：位于阿坝州九寨沟县境内，是白水河上游白河的支沟，以有九个藏族村寨而得名。为全国重点风景名胜区，并被列入世界遗产名录，国家 5A 级旅游景区。九寨沟（见图 7-6）海拔在 2 000 m 以上，遍布原始森林，沟内分布 108 个湖泊，有"童话世界"之誉，其中翠海、叠瀑、彩林、雪峰、藏情被誉为九寨沟"五绝"。

黄龙：位于阿坝州松潘县境内，属青藏高原东部边缘向四川盆地的过渡地带。黄龙以彩池、雪山、峡谷、森林"四绝"著称于世。巨型的地表钙化瀑布，蜿蜒于天然林海和石山冰峰之间，宛若金色"巨龙"腾游天地。自然景观中犷中有精，静中有动，雄中有秀，野中有文，构成奇、峻、雄、野的景观特点，享有"世界奇观、人间瑶池"之誉。

5. 甘孜藏族自治州

甘孜俗称康区，位于四川省西部、青藏高原的东南缘，是以藏族文化为主体的区域。主要景区有海螺沟、贡嘎雪山、亚丁稻城等。

海螺沟：位于甘孜州东南部、贡嘎山东坡，是青藏高原东缘的极高山地，以低海拔现代冰川著称于世，如图 7-7 所示。晶莹的现代冰川从高峻的山谷倾泻下来，将寂静的山谷装点成玉洁冰清的琼楼玉宇，巨大的冰洞、险峻的冰桥，使人如入神话中的水晶宫。特别是举世无双的大冰瀑布，高达 1 000 多米，

图 7-7

宽约 1 100 米，比著名的黄果树瀑布大出 10 余倍，瑰丽非凡。晴天月夜，景象万千，令人一见之后，终生不忘。

贡嘎雪山： 坐落在青藏高原东部边缘，在横断山系的大雪山中段，位于大渡河与雅砻江之间。"贡嘎山"，藏语意为"最高的雪山"。山体南北长约 60 km，东西宽约 30 km，其主峰海拔 7 556 m，在四川省康定、泸定、石棉、九龙四县之间，是四川省最高的山峰，被称为"蜀山之王"。

亚丁稻城： "亚丁"意为终年积雪不化的三座护法神山圣地，即北峰观世音菩萨仙乃日、南峰文殊菩萨央迈勇和东峰金刚菩萨夏洛多集。三座神峰俊秀神奇，围绕分布有 1 145 个高山湖泊点缀的高山台地，以"稻城古冰帽"著称于世，被称为四川的"香格里拉"，已纳入世界生物保护网，其风光如图 7-8 所示。

图 7-8

6. 宜宾

宜宾，位于金沙江和岷江汇合处，国家历史文化名城、中国优秀旅游城市，有"万里长江第一城"之称。宜宾所产"五粮液"为全国八大名酒之一。主要景区有蜀南竹海、石海洞乡、西部大峡谷温泉等。

蜀南竹海： 国家重点风景名胜区，位于长宁、江安两县连接地带。景区以竹林景观为主要特色，兼有文物古迹之胜。在景区 28 座峰峦和 300 多个山丘上，楠竹如海，四季葱葱，数十条飞瀑流泉不竭，山岭有洞穴 20 余处，旅游者来这里可睡竹床、用竹器、吃竹笋、饮竹酒，尽享竹文化之趣。

石海洞乡： 地处兴文县境内，国家级重点风景名胜区、世界地质公园。景区内洞穴纵横，天坑星罗，石林形态多姿，峡谷雄伟壮观，湖泊碧波荡漾。各类自然景观与独特的僰人文化、苗文化共同构成了完美的自然人文画卷。其大规模的地表石海、天下第一大漏斗天坑及巨大的溶洞群著称于世。

7. 绵阳

绵阳，位于成都平原北端，是中国优秀旅游城市，兼有自然人文风光之胜。森林中栖息有大熊猫等珍稀野生动物。绵阳为羌人的发源地，也是桑蚕始祖嫘祖和治水英雄大禹的故乡。主要景区有王朗自然保护区、越王楼、窦圌山、李白故里、猿王洞、北川羌城旅游区、报恩寺等。

王朗： 地处横断山脉北缘的川西高山峡谷地区、青藏高原与四川盆地的结合部，国家级自然保护区。境内山高谷深，自然生态环境复杂，生活着一系列珍稀濒危保护植物和国家重点保护的动物，如大熊猫、金丝猴等。它是目前中国唯一获得世界生态资格认证的生态旅游景区。

8. 雅安

雅安，中国优秀旅游城市，古属梁州"青衣羌国"，为历代郡、州、府治所。雅安具有茶文化、汉代文化等文化优势。主要景点有四川大熊猫栖息地、蒙顶山、碧峰峡、上里古镇、夹金山、二郎山、神木垒、蜂桶寨等。

四川大熊猫栖息地： 以雅安为中心，包括卧龙、四姑娘山、夹金山脉，涵盖成都、阿坝、雅安、甘孜4个市州、12个县。世界30%以上的野生大熊猫生活在这里，是全球25个生物多样性热点地区之一。

9. 德阳

德阳，位于四川盆地北部、成都与绵阳之间的沱江上游，中国优秀旅游城市。绵竹年画闻名于世，"广汉三星堆"震惊中外，什邡宝华山有"小峨眉"之称。主要景区景点有三星堆、德阳孔庙、德阳石刻、蓥华山、九顶山、落凤坡等。

广汉三星堆： 位于广汉市南兴镇，是我国迄今发现的历史最早、规模最大的古蜀都城遗址。城墙由主城墙、内侧墙、外侧墙三部分组成，古城中轴线上为祭坛与祭坛遗址，为古蜀国国都宫殿区。青铜器大多为祭器和礼器，可见，古蜀国是一个与中原商王朝并存发展的文明古国。

10. 自贡

自贡，国家历史文化名城、中国优秀旅游城市，以千年盐井、恐龙之乡、南国灯城而闻名于世。主要景区有恐龙博物馆、自贡灯会、盐业历史博物馆、仙市古镇、平桥瀑布等。

西秦会馆及自贡盐业历史博物馆： 会馆原为陕西盐商同乡会馆，造型奇特，错落有致。1959年在会馆内成立自贡市"盐业历史博物馆"，主要收藏、整理、陈列、研究以自贡地区为中心、四川盐井生产的历史资料和实物。

自贡灯会及中国彩灯博物馆： 自贡灯会源于唐宋年间，从此民间观灯习俗长盛不衰，每年2月初至3月初都要举行大规模的观灯会，现已发展成为独具特色的节庆活动。届时各种艺术风格的建筑群灯，不同类型和品种的工艺灯、走马灯、花鸟灯、人物灯，大型组灯争奇斗艳。新建的"中国自贡彩灯博物馆"为世界上唯一研究和陈列彩灯艺术的专业博物馆。

11. 其他旅游城市与景点

此外，还有西昌、攀枝花、南充、广元、广安和巴中等城市。攀枝花和西昌市及其临近地区属于攀西旅游区，地处川西南雅砻江、金沙江流域，有成昆铁路穿越，虽高山深峡相间，但交通尚属方便。攀枝花为祖国西部钢城，西昌及其周境更是风光旖旎，主要有西昌卫星发射中心、邛海、螺髻山等。南充为川北水陆交通中心和工商业城市，历史上是四川蚕茧生产及丝绸工业中心，有朱德故里、阆中古城、凌云山和升钟湖等景区。广元地处四川北部嘉陵江上游，是陕甘川结合部，有2 300多年的历史，名胜古迹众多，自然风光也极具特色，主要景点有剑门蜀道、白龙湖等。巴中位于四川东北大巴山南麓，建制历史近2 000年，自古为兵家必争之地，境内有诺水河、光雾山、阴灵山、南龛摩崖造像和红四方面军总指挥部旧址等名胜古迹。广安市位于四川省东北部，是国家优秀旅游城市，也是世纪伟人邓小平的故乡，主要景区有邓小平故里、华蓥山和巴人石头城等。

任务 7.3

重庆旅游资源赏析与线路设计

一、旅游资源与环境概况

重庆,简称"渝",原为四川省的一部分,1997 年成为中国第四个直辖市。位于中国内陆西南部、长江上游、四川盆地东部边缘,地跨东经 105°11′~110°11′、北纬 28°10′~32°13′,东邻湖北,南接贵州,西靠四川,北连陕西。面积 8.24×10^4 km²,人口 3 205 万,有汉、回、苗、土家等十几个民族。

重庆是举世闻名的山城,它最突出的特点是地形起伏有致、立体感强。地势从南北两面向长江河谷倾斜,起伏较大。地质多为喀斯特地貌构造,因而溶洞、温泉、峡谷、关隘多。同时,还有长江干流横穿全境,嘉陵江、渠江、涪江、乌江、大宁河五大支流和上百条中小河流构成的水系,方便了南来北往的物资集散,重庆因而有"万商之城"的美誉。年平均气温 18℃左右,属亚热带季风性湿润气候,冬暖夏热,雨量充沛。同时,由于特殊的地理环境,重庆年均雾日达 100 天以上,故又有"雾都"的别名。

二、旅游业特色与水平

重庆旅游业发展全面提速,国内、入境和出境三大旅游市场均获得了高速增长。旅游经济主要指标年均增幅超过 20%,增幅在全国名列前茅,旅游业作为全市经济支柱产业的地位逐渐巩固(见表 7-2)。

表 7-2 重庆市旅游业发展概况一览表

项目	入境游客数	国内游客数	星级酒店数	旅行社数	5A级景区数
重庆	47 万人次	1 898 万人次	159 家	673 家	9 家
全国	3 057 万人次	36 139 万人次	10 003 家	38 943 家	280 家
占比	1.5%	5.3%	1.6%	1.7%	3.2%
排名	16	8	26	25	13

重庆旅游业在吃、住、行、游、购、娱等旅游要素方面配套水平明显提高，旅游产业结构日趋合理。以味型鲜明、主次有序为特色的渝菜，又以麻、辣、鲜、嫩、烫为重点，变化运用，终成百菜百味的风格，广受大众喜爱。重庆万豪酒店等一大批高档酒店为旅游者提供了舒适的住宿环境；江北机场、成渝铁路、川黔铁路、黄金水道及蛛网式的高速公路为旅游业提供了便利的交通；以自然景观、浓郁的文化为突出特色的 A 级景区景点让旅游者流连忘返；解放碑、沙坪坝三峡广场、杨家坪等商场内琳琅满目的商品令各方旅游者竞相选购；KTV 会所、咖啡厅、茶馆、酒吧等娱乐场所更为旅游业增添了色彩。旅游布局大致可以分为重庆都市风光旅游区、三峡库区风光旅游区、东南岩溶山水与民族风情旅游区。

三、经典旅游线路及行程特色

1. "激情重庆，壮美三峡" 之旅

行程：D1：重庆，人民广场—解放碑广场—朝天门—大足石刻；
D2：重庆，鬼城丰都；
D3：重庆，奉节白帝城—瞿塘峡—云阳张飞庙；
D4：重庆，忠县石宝寨。
特色：本线路以长江三峡上的人文景观为特色，四天尽赏三峡精华景观。

2. 重庆红色专项一日游

行程：重庆，渣滓洞—白公馆—松林坡—梅园—红岩魂陈列大厅—红岩陈列馆—八路军办事处旧址—曾家岩—桂园。
特色：本线路见证了重庆的抗战历史。

3. "渝南山水" 生态之旅

行程：D1：重庆，聂帅陈列馆—中山古镇—四面山；
D2：重庆，四面山—贝迪温泉或天赐温泉。
特色：本线路以重庆南部自然山水为特色。

4. "浪漫游船" 欢乐之旅

行程：D1：重庆，鬼城丰都—白帝城—瞿塘峡；
D2：重庆，小三峡—巫峡—西陵峡—三峡大坝；
D3：重庆，张飞庙—石宝寨。
特色：饱览三峡风光，提高休闲品质，尽享浪漫之旅。

5. "乌江画廊" 神秘之旅

行程：D1：重庆，涪陵—武隆—天生三桥—仙女山国家森林公园；
D2：重庆，自然遗产芙蓉洞—芙蓉江。
特色：本线路以渝怀铁路为载体，以秀山为旅游集散中心。

四、主要旅游区与景点

1. 朝天门

朝天门（见图 7-9）位于长江、嘉陵江汇合处，因明代时面向天子南京城而得名，历为重庆的门户。居高临下，俯瞰两江河流的滚滚江潮，令人心旷神怡。

图 7-9

2. 大足石刻

大足石刻，位于重庆市大足区境内。国家首批 5A 级景区，已列入世界文化遗产名录。其有石刻 40 多处、造像 5 万多尊。大足石刻（见图 7-10）代表 9～13 世纪中叶中国晚期石窟艺术的最高成就，是中国艺术上的最后一座丰碑。大足石刻巧夺天工，雕刻精湛，内容丰富，艺术造诣极高。

图 7-10

3. 长江三峡

长江三峡，国家重点风景名胜区、全国风景名胜 40 佳之一。为瞿塘峡、巫峡、西陵峡的总称，是长江上最为奇秀壮丽的山水画廊，全长 192 km，即常说的大三峡。除此之外还有大宁河小三峡和马渡河小小三峡。两岸群山壁立，崔嵬摩天，幽邃俊俏。其中以瞿塘雄、巫峡秀、西陵险和观三峡云雨驰名。长江三峡（见图 7-11）人杰地灵，是中国古文化的发祥地之一，著名的大溪文化就发源于此。

图 7-11

4. 天坑地缝

天坑地缝，位于奉节县境，国家重点风景名胜区、世界自然遗产名录地。其以天坑、地缝等奇异的地质景观为主要特色。小寨天坑的垂直最大深度达 662 m，是世界上形态十分典型、规模体量最大的岩溶漏斗；天井峡地缝（见图 7-12）最大切割深度 600 m，是世界上极为罕见的地缝式岩溶峡谷。

图 7-12

5. 白帝城

白帝城，原名子阳城，据传西汉末年，公孙述割据四川，自称蜀王，见此地一口井中常有白色烟雾升腾，形似白龙，故自称白帝，遂于此建都，并将此地改为白帝城。白帝城位于瞿塘峡峡口北岸，高踞白帝山巅，东依夔门，西靠八阵，三面环水，雄踞水陆要津。城内白帝庙内有刘备、诸葛亮塑像。登城可感悟"夔门天下雄"之胜。

6. 丰都鬼城

丰都鬼城（见图 7-13），位于重庆市区 172 km 的长江北岸，是一座以神奇传说和鬼文化闻名中外的古城，被誉为"中国神曲之乡""人类灵魂之都"。丰都景区林木苍翠，建筑精美，风光醉人，庙宇殿堂神像森罗，楼台亭阁依山而立，名人骚客流墨文雅，碑刻诗联韵味隽永。主要景点有全国最大的民俗文化动态人文景观鬼国神宫、"阴曹地府"塑像群等，构思奇特，神态逼真。山上还有苏轼、陆游、范成大等历代名人的碑刻题咏。

图 7-13

7. 其他景区景点

此外，还有红岩村、歌乐山烈士陵园、重庆市人民大礼堂、缙云山、南北温泉公园、金佛山、四面山、聂荣臻元帅陈列馆、芙蓉江、石宝寨、刘伯承元帅故居、大昌古镇、龚滩古镇、大西洞桃花源、清溪乡望乐村地道遗址、秀山花灯等景区。

任务 7.4

湖北旅游资源赏析与线路设计

一、旅游资源与环境概况

湖北省，简称鄂，位于中国中部、长江中游洞庭湖以北，故称"湖北"。北接河南，东连安徽，东南和南邻江西、湖南两省，西靠重庆，西北与陕西为邻。春秋战国时期，强大的楚国在江汉平原一带兴起，威震江南，有"荆楚大地"之说。面积 18.59×10^4 km²，人口 5 775 万，位于北纬 $29°01' \sim 33°06'$、东经 $108°21' \sim 116°07'$。

复杂多样的地貌造就了湖北类型丰富的自然景观：东湖风光秀丽清雅，长江三峡驰名世界；"七十二峰朝大顶，二十四涧水长流"的道教名山武当山雄伟奇峻；而号称"华中屋脊"和"绿色宝库"的神农架不仅是重要的自然保护区，其"野人之谜"更令人关注。

湖北历史悠久，夏王朝时期中原先进文化的影响就已经到达江汉地区。西周时，境内诸国纷争，直至春秋战国统一于楚。秦汉开始，荆楚地区的人们利用江河湖泊纵横、气候温湿、雨量充沛的条件，重点进行农业生产，手工业、商业随之发展迅速，使其成为我国近代工业的发祥地之一。因此，湖北的人文旅游景观呈现出时代跨度大、历史价值高的特点，能满足旅游者多样的旅游需求。社会经济和旅游业发展区域特征明显，形成了鄂东南、鄂西南、鄂西北等三个水平不同、特色各异的旅游区空间格局。

二、旅游业特色与水平

近年来，湖北社会各界对旅游关注加强，对旅游的认识日益成熟，湖北旅游发展逐渐进入提升与完善的大发展阶段。湖北旅游经济效益显著提高，海外市场更加多元，国内市场层次清晰，出境旅游市场不断壮大，呈现出全面兴旺的良好势头（见表7-3）。

表7-3 湖北省旅游业发展概况一览表

项目	入境游客数	国内游客数	星级酒店数	旅行社数	5A级景区数
湖北	109万人次	2 663万人次	320家	1 267家	12家
全国	3 057万人次	36 139万人次	10 003家	38 943家	280家
占比	3.6%	7.4%	3.2%	3.3%	4.3%
排名	11	4	11	10	7

湖北的旅游服务水平与配套条件较好，已基本形成了食、住、行、游、购、娱配套服务。以热干面、武昌鱼、精武鸭脖为代表的湖北菜，在全国知名度甚高。武汉东方建国大酒店等一大批高档酒店为旅游者提供了舒适的住宿环境；武汉天河国际机场、京广铁路、京九铁路、焦柳铁路及蛛网式的高速公路为旅游业提供了便利的交通；以三峡旅游产品、三国文化旅游产品和武当山为代表的A级景区景点让旅游者流连忘返；长宜路的荟聚购物中心、万松园路的西园购物中心等商场内琳琅满目的商品令各方旅游者竞相选购；国际电影城、水上世界城、游泳馆、养生会所等娱乐场所更为旅游业增添了色彩。

湖北围绕着"传奇山水，壮美湖北"的主题定位，正致力于打造区隔鲜明、差异明显的旅游板块。武汉周边是以东湖、黄鹤楼为代表的"半城山水一楼风"；神农架、武当山重点突出其神秘、壮阔的特点；鄂东南地区主要聚集着众多名人、名山、名寺；鄂西沿清江流域则是土家族的发祥地和聚集地，浓郁的地方特色服饰与饮食构成了一幅幅多姿多彩的民俗画卷。从红色旅游资源看，湖北拥有中国革命三大圣地之一的大别山、全国将军第一县红安、辛亥革命武昌起义旧址等，还有当今世界第一大水电工程——三峡大坝和长江第一桥——武汉长江大桥。

三、经典旅游线路及行程特色

1. 武汉都市经典一日游

行程： 武汉，湖北省博物馆—东湖—黄鹤楼—晴川阁。

特色：本线路以武汉最经典的景点为特色。

2. 武汉三峡二日游

行程：D1：武汉，宜昌—世外桃源景区—葛洲坝水利工程全景—白马洞；
　　　D2：宜昌，三峡大坝—三峡人家。

特色：本线路以三峡景观为特色。

3. 神农架滑雪三日游

行程：D1：武汉，江汉平原风光—神农架；
　　　D2：神农架林区，红海湾牛场坪滑雪场—木鱼老街；
　　　D3：神农架林区，神农坛—华夏始祖—千年杉王—古老植物园—天生桥景区。

特色：本线路以神农架滑雪为主题特色。

4. 民族民俗风情三日游

行程：D1：武汉，汉口市容市貌—利川腾龙洞—原生态土家族歌舞；
　　　D2：恩施，恩施大峡谷—百里绝壁—千丈瀑布—傲啸独峰—远古村寨；
　　　D3：恩施，土司城—吊脚楼—土司文化—土家民俗。

特色：本线路以土家族民俗风情为主。

5. 武汉红色专项二日游

行程：D1：武汉，辛亥革命武昌起义纪念馆—首义广场—辛亥革命博物馆—中山舰博物馆；
　　　D2：武汉，八七会议会址纪念馆—中共五大会址纪念馆—姚家山红色旅游区。

特色：两日游遍武汉近现代革命胜迹，感悟历史英烈的伟大和英雄之城的来之不易。

四、旅游城市与景点

1. 武汉

武汉，湖北省省会，国家历史文化名城、中国优秀旅游城市、华中地区最大的城市，素有"九省通衢"之称。长江及其最大的支流汉水横贯城区，将武汉一分为三，形成了武昌、汉口、汉阳三镇隔江鼎立的格局。其著名景点有号称"天下第一楼"的黄鹤楼、中国最大的城中湖东湖、佛教圣地归元禅寺、"万里长江第一桥"武汉长江大桥以及百年老街江汉路、辛亥革命武昌起义纪念馆、木兰文化生态旅游区等。

黄鹤楼： 位于武汉市蛇山峰岭上，以"千古名胜，天下绝景"而饮誉天下，与岳阳楼、滕王阁并称江南三大名楼。黄鹤楼的挺拔独秀、辉煌瑰丽吸引了历代名士来此游乐，如著名诗人崔颢、李白、白居易、贾岛、陆游等都曾为楼咏诗作赋。

归元禅寺： 位于汉阳区，取《楞严经》"归元无二路，方便有多门"而得名。归元禅寺（见图7-14）创

图 7-14

建于清顺治十五年（1658年），内有藏经阁、大雄宝殿和罗汉堂等三座主体建筑，面积17 500 m²。寺内古树参天，花木繁茂，泉清水绿，曲径通幽，被称为"汉西一绝"。

东湖风景区： 位于武昌区东郊，由郭郑湖、水果湖、喻家湖、汤湖、牛巢湖5个湖泊组成，为国家重点风景名胜区，是中国最大的城中湖。湖面33 km²，水清如镜，湖岸曲折，环境宜人。主要景点有湖光阁、行吟阁、听涛轩、水云乡、沧浪亭、濒湖画廊、长天楼、九女墩等。

2. 宜昌

宜昌，位于长江三峡东口，号称"川鄂咽喉"，有"世界电都""三峡明珠"之誉，为中国优秀旅游城市。以长江三峡为代表的自然风光和以三峡水利枢纽工程为代表的人文景观，奠定了其在全国和国际旅游中的重要地位。主要景区有三峡大坝、葛洲坝、三峡人家、清江画廊、长江三峡、九畹溪漂流、屈原故里和昭君故乡等。

三峡大坝： 国家首批5A级旅游景区，世界最大的水电站。坝址在南津关上游三斗坪，大坝全长1 983 m，坝高185 m，横截长江，宏伟壮观，如图7-15所示。最高蓄水位175 m，形成宜昌至重庆绵延650 km长的"群山倒映山浮水"的美妙"三峡平湖"风光，被誉为"东方日内瓦"。

图7-15

屈原故里和昭君故乡： 秭归县城有楚国诗人屈原的墓、纪念馆和屈原庙等胜迹。每年端午节赛龙舟，游人如织，热闹非凡。沿风景优美的香溪河谷上行15 km的三闾即屈原故里，再上行数十千米便到了兴山县的昭君村，即为王昭君故乡，现遗存有昭君宅、井、台和昭君纪念馆。

3. 十堰

十堰，中国最大的汽车工业城市、中国优秀旅游城市。主要景点有武当山、太极湖、神农架、野人谷野人洞、五龙河、九龙瀑、上津古镇等。

武当山： 又名太和山，位于均县西南，为我国道教四大名山之一、世界文化遗产名录地、国家重点风景名胜区。明代被尊为太岳，兴建了庞大建筑群，形成了宏伟壮观的"真武道场"，如图7-16所示。构思之巧妙、工程之艰巨、雕琢之细腻、建筑艺术之精湛，均为世界所罕见。

图7-16

神农架： 位于鄂西房县、兴山、巴东3县交界处，国家级自然保护区，被列入国际人与生物圈保护网。主峰大神农架海拔3 052 m，素有"华中屋脊"之称。相传神农氏（炎帝）曾在此遍尝百草，由于山峰陡峭，便搭架上下采药，由此得名。神农架有许多珍稀动植物品种，如珙桐、水杉、鹅掌楸、白熊、金丝猴等，还有野人传说。

4. 荆州

荆州，国家历史文化名城、中国优秀旅游城市，又名"江陵城"；春秋楚国郢都所在地，为楚文化的发祥地，是我国南方保存最完好、规模最宏大的一座古代城市。地处连东西贯南北的交通要塞而成为兵家必争之地，为著名的三国古战场，历史上"刘备借荆州""关羽大意失荆州"等脍炙人口的故事都发生在这里。主要景区有荆州古城、纪南城、熊家冢、关公庙、章华寺、洪湖、沧水风景区等。

荆州古城： 禹定九州，始有荆州（见图7-17）。明代大规模重建，其城墙、城门、敌台、堞垛等均保存良好，气势雄伟，古色盎然。城内的玄妙观、开元观、太晖观等古迹为唐代所建；清代重修的景龙楼屹立于拱门城头；城外护城河如玉带环绕，很有诗情画意。

图7-17

纪南城： 位于江陵城北约5 km处，是楚国都城"郢"的旧址，楚文化发源地。秦大将白起拔郢后荒废，至西汉时城内已是农田，现土筑城墙仍保存完好。

5. 襄阳

襄阳曾名"襄樊"，位于湖北省西北部、汉江中游平原腹地，为中国历史文化名城，楚文化、汉文化和三国文化的发源地。其为历代经济军事要地，素有"华夏第一城池""铁打的襄阳""兵家必争之地"之称。主要旅游景点有古隆中、凤凰温泉、襄阳古城墙、米公祠、五山镇堰河乡村旅游区和薤山旅游度假区等。

图7-18

隆中： 国家重点风景名胜区，由古隆中（见图7-18）、水镜庄、承恩寺、七里山、鹤马川5个景区组成。其中，古隆中为诸葛亮躬耕苦读、广交名士之地，"三顾茅庐"和"隆中对"的故事就发生在这里。有三顾堂、石牌坊、武侯祠、三义殿、抱膝亭、躬耕田、承恩寺等名胜古迹。

6. 恩施

恩施，为土家族苗族自治州州府，位于湖北省西南端。古为巴人生活的地方，现有土家、苗、侗等26个少数民族。主要景区有清江、恩施大峡谷、腾龙洞、梭布垭石林、神龙溪、土司城、柳州城、星斗山、七姊妹山和坪坝营等。

清江： 长江支流，流经鄂西土家族苗族自治州和宜昌市南部地区，沿途有清江闯滩、利川腾龙洞、五峰柴埠溪、长阴百岛湖、丹水漂流等风景名胜，构成了清江流域优美的"山水画廊和风情长廊"（见图7-19）。

图7-19

7. 钟祥

钟祥，位于湖北省中部，国家历史文化名城、中国优秀旅游城市。风景名胜以明显陵和大红山最胜。

明显陵：世界文化遗产名录地。为明世宗嘉靖皇帝的父亲朱祐杬及其母亲的合葬墓。朱祐杬生前为兴献王，其子继皇位后追尊为恭睿皇帝。其奇特之处源于王墓改帝陵而形成的一陵双冢的孤例，为我国规模最大的明代帝王陵寝之一。

8. 咸宁

咸宁，位于湖北省东南部、长江南岸，自古为兵家必争之地。三国时期的赤壁之战、北伐时期的汀泗桥战役都发生在此，并留下遗址。通山、九宫山、陆水湖和三国赤壁古战场都是著名的风景名胜。

陆水湖：国家重点风景名胜区，因三国时期东吴陆逊驻军于此而得名。景区水域面积 57 km^2，800多个岛屿镶嵌其间。景区内有三峡水库实验坝、雪峰山、云素洞等名胜。

九宫山：位于通山县，国家重点风景名胜区。境内重峦叠嶂，有溪谷170多条、飞瀑流泉50余处，为著名的道教圣地。明末李自成败走通山，死于九宫山牛迹岭，留有陵墓。

9. 随州

随州，位于长江与淮河两大流域的交汇地带，因古有隋文帝杨坚封地而得名。国家历史文化名城。中华始祖炎帝神农诞生于此。主要景点有神农故里、曾侯乙墓、大洪山、太白顶等。

大洪山：地跨随州、钟祥和京山县，国家重点风景名胜区。景区内峰峦叠翠，溶洞上百个，并有海拔850 m的"鄂中瑶池""白龙池"，以及随州曾侯乙编钟、明显陵等名胜古迹。

10. 其他旅游城市与景点

此外，还有黄冈、黄石、荆门、鄂州、孝感、潜江、天门和仙桃等城市。黄冈被誉为"鄂东明珠""水岸名城"，主要景点有东坡赤壁、青云塔、遗爱湖、七里坪、龟峰山、天堂寨、五祖寺等。黄石主要景点有仙岛湖、小雷山、阳新七峰山、磁湖、黄石国家矿山公园、东方山等。荆门主要景点有白云楼、明显陵、黄仙洞、漳河风景区、空山洞、岳飞城遗址等。鄂州主要景点有梁子湖、红莲湖度假区、莲花山/西山风景区、吴王城、观音阁公园等。孝感主要景点有双峰山风景区、白兆山风景区、汤池温泉、观音湖。

任务 7.5

湖南旅游资源赏析与线路设计

一、旅游资源与环境概况

湖南因大部分地区在洞庭湖之南,故称"湖南";又因境内湘江贯通南北而简称"湘"。介于北纬 24°39′~30°08′、东经 108°47′~114°15′,面积 21×10⁴ km²,人口 6 644 万。地处云贵高原和南岭山地向江南丘陵、江汉平原过渡区域,东、南、西三面环山,中部丘陵与河谷盆地相间。以汉族为主,此外还有土家、苗、侗、瑶、回等少数民族。

全省辖长沙、岳阳、张家界等 14 个市、州,社会经济和旅游业发展区域特征明显,形成了湘中东、湘北、大湘西、大湘南等四个水平不同、特色各异的旅游大区。

湖南历史悠久,是中华民族农耕文化发源地之一,文化遗存十分丰富,宁乡等地出土的大量殷商青铜器、长沙马王堆出土的西汉古墓、走马楼出土的三国吴简、龙山里耶出土的秦简、凤凰县境内发现的古南方长城以及千年学府岳麓书院等,无不体现了湖南深厚的文化底蕴。

二、旅游业特色与水平

湖南是一个旅游资源大省,地理区位条件优越,市场潜力巨大。经过数十年的发展,湖南旅游产业规模不断扩大,产业实力不断增强,产业地位不断提高,旅游支柱产业的地位初步形成(见表 7-4)。

表 7-4　湖南省旅游业发展概况一览表

项目	入境游客数	国内游客数	星级酒店数	旅行社数	5A级景区数
湖南	155 万人次	1 990 万人次	302 家	1 143 家	9 家
全国	3 057 万人次	36 139 万人次	10 003 家	38 943 家	280 家
占比	5.1%	5.4%	3.0%	2.9%	3.2%
排名	8	7	15	15	13

湖南的旅游服务水平与配套条件较好,已基本形成了食、住、行、游、购、娱配套服务。以酸辣为特色的湘菜深受欢迎,特别是长沙小吃获得"中国四大小吃"之一的美誉。长沙喜来登酒店等一大批高档酒店为旅游者提供了舒适的住宿环境;长沙黄花国际机场、张家界荷花国际机场、沪昆铁路、

京广铁路、湘桂高铁及蛛网式的高速公路为旅游业提供了便利的交通；以自然景观、红色旅游为突出特色的 A 级景区景点让旅游者流连忘返；五一商圈的海信广场、河西金星路的王府井购物中心、长沙大道旁的运达中央广场、星沙华润万象汇等商场内琳琅满目的商品令旅游者竞相选购；歌厅、酒吧、超女等娱乐节目更为旅游业增添了色彩。

湖南旅游业现已基本形成"以湖湘文化为特色，以长沙为中心，以张家界为龙头，以 8 条精品旅游线路为支撑"的格局。长株潭联手的"红色之旅"、郴州与永州携手的"湘南旅游"以及张家界、湘西州和怀化共同经营的"大湘西"构建了多层次的区域旅游交流合作，以张家界武陵源、长沙岳麓山、湘西凤凰、衡阳南岳、常德桃花源、岳阳岳阳楼为代表的品牌景区市场影响力不断扩大。

三、经典旅游线路及行程特色

1. 湖南经典五日游

行程：D1：长沙，长沙动物园—湖南省博物馆—岳麓山—岳麓书院；
　　　D2：张家界，张家界国家森林公园；
　　　D3：张家界，张家界国家森林公园—武陵源—天门山；
　　　D4：湘西，芙蓉镇—凤凰古城；
　　　D5：湘西，凤凰古城—沱江古街—万名塔。

特色：本线路以美食、美景、摄影为特色，五天尽赏湖南精华景观。

2. 湘楚文化三日游

行程：D1：长沙，岳麓山—岳麓书院—湖南大学—湖南师范大学—化龙池酒吧一条街；
　　　D2：长沙，橘子洲—黄兴路步行街—坡子街—火宫殿—天心阁—烟花表演；
　　　D3：长沙，太平街—贾谊故居。

特色：本线路以湘楚文化景观为特色。

3. 伟人故里一日游

行程：韶山，毛泽东铜像广场—丰园工业园—毛泽东纪念馆—毛主席故居—圣地翠竹—花明楼—刘少奇铜像广场—刘少奇纪念馆和刘少奇故居。

特色：本线路以毛泽东、刘少奇等名人故居为特色。

4. 寻根祭祖三日游

行程：D1：株洲，炎帝陵—圣火台—皇山碑林—炎帝陵殿—御碑园—龙爪石—神农大桥—炎帝雕像；
　　　D2：株洲，桃源洞；
　　　D3：永州，九嶷山—舜庙—舜陵—舜碑。

特色：本线路以炎帝和舜帝这两位名人为线，将长沙、株洲和永州串联起来。

5. 宗教文化和自然风光三日游

行程：D1：长沙，岳麓山—橘子洲—坡子街—火宫殿—田汉大剧院《梦幻之夜》大型晚会；
　　　D2：衡阳，衡山；

D3：郴州，东江湖风景区——小东江。

特色：本线路将湖南宗教文化与自然风光相结合。

四、旅游城市与景点

1. 长沙

长沙，别称"星沙"，国家历史文化名城、中国优秀旅游城市。马王堆汉墓出土的完好女尸及帛书、帛画，走马楼出土的数万片吴简，可称世界奇迹。近代谭嗣同、黄兴、蔡锷、宋教仁、毛泽东、刘少奇等名人都在这里留下了他们的足迹。主要景区有岳麓山、岳麓书院、橘子洲、烈士公园、大围山、灰汤、刘少奇故居等。

岳麓山： 国家重点风景名胜区。地处湘江西岸，为南岳72峰之尾，故名岳麓。山秀如琢玉，并有岳麓书院、爱晚亭、麓山寺、北海碑、白鹤拳、望江亭、云麓宫、禹王碑等名胜古迹。古麓山寺建于西晋太始四年（公元268年），为湖南最古佛寺之一。山麓高校云集，为全省最重要的文化教育区。

岳麓书院： 坐落于岳麓山清风峡口，是宋代全国四大书院之一。清末改为湖南高等学堂，世称"千年学府"。其院门匾额"岳麓书院"为宋真宗御笔，门联"惟楚有才，于斯为盛"为千古名联，如图7-20所示。书院培养出了王夫之、陶澍、魏源、曾国藩、左宗棠等大批经世济民之才。

图7-20

橘子洲： 湘江之中的江心洲，长4.75 km，宽45～140 m，由水陆洲、牛头洲等组成，因盛产美橘而得名，现已辟为公园（见图7-21）。院内遍植橘树，并修建了具有民族特色的橘子洲亭、长廊和《沁园春·长沙》词碑，为高品位的"城市公园"品牌。

图7-21

2. 张家界

张家界，境内地质结构复杂，地貌类型奇特，森林生态环境优美，有土、苗、白等少数民族聚居，是一个集山、水、洞、林、历史文化与民族风情于一体的旅游胜地。主要景区有武陵源风景名胜区、天门山、茅岩河、九天洞、龙王洞、五雷山、土家风情园、贺龙故居和万福温泉等。

武陵源：国家首批5A级旅游景区、世界自然遗产名录地，包括张家界国家森林公园、索溪峪、天子山和杨家界四大景区。张家界森林公园号称奇峰三千，秀水八百，还有4 800公顷的原始森林；索溪峪自然风光以山奇、水秀、桥险、洞幽称胜；天子山地势高耸，云雾、月明、霞日、冬雪为其四大自然奇观，并有独特的白族风情；杨家界（见图7-22）有大小峰林数千座，精华景点数百处，杨家将故事广为流传。

茅岩河漂流：茅岩河风光秀丽、景色迷人，素有"百里画廊"之誉，是湖南省省级风景名胜区。茅岩河漂流（见图7-23）全长20 km，落差66 m，是国内较大的旅游漂流项目。驾橡皮舟沿茅岩河漂流而下，千仞石壁迎面扑来，群山叠翠，峡谷生辉，滩多水急。

图7-22

3. 湘潭

湘潭，中国优秀旅游城市，古称潭州，别称莲城。地处湘江下游，自古为湖南重要物资集散中心，素有"金湘潭"的美誉。其历史悠久，人杰地灵。主要景区有韶山、乌石、水府庙、东台山、齐白石纪念馆、盘龙大观园等。

韶山：毛泽东故里（见图7-24），国家重点风景名胜区，由毛泽东故居、韶峰、滴水洞、清溪、黑石寨五大景区组成。景区内有毛泽东故居上屋场、南岸私塾、毛氏宗祠以及毛泽东父母墓、毛泽东铜像等。位于故居南面的韶峰相传为尧帝南巡时奏韶乐之地。

图7-23

4. 岳阳

岳阳，古称巴陵，又名岳州，位于长江与洞庭湖交汇处，素有"湘北门户"之称。国家历史文化名城、中国优秀旅游城市。主要景点有洞庭湖、岳阳楼、灵雾山、君山岛、张谷英村、屈子祠、汨罗江等。

洞庭湖：跨湘、鄂两省，古称云梦泽，国家重点风景名胜区。由东、南、西洞庭湖构成，以气象万千、水天一色著称，号称"八百里洞庭"（见图7-25），已列入国际重要湿地名录。景区著名景点有君山、香炉峰、三江口、团湖等。湖中最著名的景点是君山。君山别称洞庭山、湘山，风景秀丽，是洞庭湖之中面积不到1 km² 的小岛，与岳阳楼遥遥相对，故有"遥望洞庭山水翠，白银盘里一青螺"的名句。

岳阳楼：矗立于城西古城台上，背靠岳阳城，俯瞰洞庭湖，为江南三大名楼之一，自古有"洞庭天下水，

图7-24

图7-25

岳阳天下楼"之誉。相传其前身为三国东吴大将鲁肃训练水师的阅兵台。唐开元四年中书令张谈扩为楼阁，并定名为岳阳楼（见图7-26）。宋庆历四年滕子京重修，请好友范仲淹撰写了千古名篇《岳阳楼记》。李白、杜甫、韩愈、白居易、刘禹锡、孟浩然、欧阳修、陆游等名人。都曾登楼抒怀。

汨罗江：发源于湘赣边境山区，流贯汨罗，入湘江。相传爱国诗人屈原怀沙自沉汨罗江。此处建有屈原祠、屈原墓、招屈亭、濯缨桥、独醒亭、望爷墩等供人凭吊。每当农历五月初五屈原殉难日，汨罗江都要举行盛大的龙舟赛，现已演变为"岳阳国际龙舟节"。

图 7-26

5. 衡阳

衡阳，别称雁城，位于湘江、耒水和蒸水汇合处，自古为军事重镇、物资集散中心。城区有石鼓书院、回雁峰、雨母山等名胜。主要景点有南岳衡山、石鼓书院、岣嵝峰国家森林公园、王船山故居、蔡伦故里等。

衡山：位于衡阳市北50 km处，为花岗岩高山雄景景观，素以"五岳独秀""中华寿山""抗战名山"而著称，国家重点风景名胜区、国家首批5A级旅游景区。衡山（见图7-27）还是我国南方古代最为重要的一处宗教、文化活动中心，佛教、道教、儒教共存共荣，有"三教鼎之源为衡山所独擅"之说。祝融峰之高、藏经殿之秀、方广寺之深、水帘洞之奇，为"南岳四绝"。南岳大庙及其庙会、忠烈祠、南岳寿文化等都是最具影响的旅游品牌。

图 7-27

石鼓书院：位于衡阳市城北蒸湘二水合流处的石鼓山上。书院建于唐，兴于宋。宋仁宗为之亲赐"石鼓书院"匾额，著名理学大师朱熹为之作《石鼓书院记》，使之学风大振。明代著名旅行家徐霞客曾两次登临石鼓书院主体建筑大观楼。

6. 湘西自治州

湘西自治州，位于湖南省西部，俗称湘西，为苗、土家等少数民族聚居区。岩溶地貌发育，景观特色典型，主要景点有猛洞河、凤凰古城、矮寨、十八洞村、德夯大峡谷、里耶古镇等。

凤凰古城：凤凰县地处湖南省西部边缘，是一个以苗族为主的多民族聚居的山区县。凤凰县县城位于沱江中游，已有1 000多年建城历史，至今仍完整地保留了明清时期形成的传统格局和历史风貌（见图7-28）。县城沱江镇群山环抱，并以其流淌其间的清亮沱江水、环峙于南的葱郁南华山、蜿蜒起伏的老城墙、弯弯曲曲的石板路和错落有致的吊脚楼被誉为中国"最美的小城"。苗家蜡染、刺绣、饮食、服饰和传统节庆活动等，令人陶醉。

猛洞河漂流：国家重点风景名胜区，位于湘西土家族、苗族自治州境内的猛洞河支流司河，全长47 km，地

图 7-28

跨永顺和古丈两县。最精彩处位于哈妮宫至牛路河段，长约 17 km。该景区两岸多为原始森林，葱葱郁郁，水流湍急，碧绿清亮。猛洞河漂流可穿峡谷、过险滩、钻溶洞、观山景、赏瀑布、捕激浪，有惊无险，号称湖南"天下第一漂"。

德夯： 国家重点风景名胜区，位于吉首市西郊 24 km 处，由德夯、峒河和小龙洞三大景区构成。景区内溪流沟壑、瀑布、奇峰、森林等景观遍布。矮寨、斗寨、德夯等民族村寨，或筑于悬崖之上，或建于峡谷之中。独特的石屋、吊脚楼、苗家织锦、"四月八"盛会以及拦门对歌、跳歌会、苗家鼓舞等特色民族旅游项目引人入胜。

7. 株洲

株洲，地处长沙之南，有京广、浙赣—湘黔铁路交会，是我国南方最大的铁路枢纽站。中国优秀旅游城市，主要景点有炎帝陵和桃源洞国家森林公园等。

炎帝陵： 位于炎陵县城西南麓原陂。相传神农炎帝亲尝百草，为民治病，后崩葬于此地。宋乾德五年（967 年）建成炎帝宗庙。炎帝陵为炎黄子孙缅怀祖先的圣地。

8. 常德

常德，位于洞庭湖西北部、沅水河畔，中国优秀旅游城市。主要景点有桃花源、花岩溪、柳叶湖、夹山、壶瓶山以及城头山遗址等。

桃花源： 国家重点风景名胜区，位于桃源县城西南 15 km 处，因东晋诗人陶渊明所写的《桃花源记》和《桃花源诗》而得名。主要景点有仙人洞、桃林、桃花洞、桃花潭、桃花观、秦人村等。每当桃花盛开之时，这里都要举办一年一度的桃花旅游节。

9. 永州

永州，又名零陵，位于萧水和湘江汇合处，湖南省历史文化名城。市内有柳子庙、文庙、绿天庵、萍岛、回龙塔等名胜，尤以柳宗元"八记"最令人神往。主要景点有祁阳浯溪、宁远九嶷山、江永千家峒河上甘棠村、道县月岩和玉蟾洞等。

九嶷山： 位于宁远县南部，国家森林公园。山体由花岗岩、变质岩构成，奇峰林立，宽谷和山间盆地中有类似桂林的石灰岩峰林、峰丛和溶洞。气候、生物都具有垂直带谱特征，森林茂密，动植物种属丰富，有斑竹及其他 20 多种异竹聚生于此。古史记载舜帝归葬于此，至今留有舜庙、舜陵（陵庙合一）、舜碑等古迹，还流传着与舜帝有关的传说。

10. 郴州

郴州，位于湖南省东南部，中国优秀旅游城市。主要景点有苏仙岭、中国女排训练基地、飞天山、仰天湖、万华岩、五盖山以及资兴东江湖、汝城热水圩温泉、桂东八面山、宜章莽山等。

东江湖： 东江水电站库区，面积 160 km^2，有"南半洞庭"之誉。库区港湾纵横、岛屿星罗。库滨天鹅山为国家森林公园，有"天然氧吧"之称。注入东江的浙水，号称为"中国生态第一漂"，一年一度的"山水生态旅游节"就在这里举行。

11. 邵阳

邵阳，古称邵陵、宝庆，位于资水中上游。主要景点有新宁崀山、城步南山、武冈云山、魏源故居和蔡锷故里等。

山：位于新宁县境内，国家重点风景名胜区，以其奇特的丹霞洞穴、奇峰异石、峡谷幽壑、丹霞天生桥、秀丽扶夷江以及旷古幽远的舜皇山国家森林公园，构成五彩缤纷、迷人欲醉的自然风光（见图7-29）。宋代抗金名将杨再兴、清末兵部侍郎江忠源、南洋通商大臣刘坤一、两广总督刘长佑、江南水陆提督刘华轩等名人都出生并安葬于此。境内还有瑶寨风情。

南山：位于省境南部城步苗族自治县西南、大南山的核心部位，是我国南方著名山地牧场。景区面积150 km²，平均海拔1 760 m，夏季凉爽如秋，自然风光秀丽无比，是一处集放牧、旅游、疗养、避暑、狩猎于一体的南方山地天然公园。

图7-29

12. 其他旅游城市与景点

此外，还有娄底、益阳和怀化等城市。娄底境内有雪峰山、大乘山等名山，有资水及其支流涟水流贯。山水风光秀丽，孕育出了曾国藩、邓显鹤、陈天华、蔡和森、罗盛教等古今名人。益阳凭借其优越的区位交通条件和丰富物产、古朴民风，已成为湖南农家乐旅游示范基地，并有桃花江、南洞庭湖、柘溪水电站等风景名胜地。怀化境内山峦起伏，河流纵横，名山秀水奇洞遍布，古代建筑奇妙独特，侗、苗等族民俗风情浓郁。沅陵凤凰山、五强溪、洪江古商城、通道万佛山、芷江抗战受降城等，都是极具地域特色的风景名胜地。

实训作业与学习评价

1. 请以"带你游九寨沟 / 大足石刻 / 武当山 / 张家界"为题作10分钟的景点讲解。
2. "十一"前后，北京某公司欲组织一批商务客人到四川 / 重庆 / 湖北 / 湖南旅游，请你为他们设计一条适用的旅游线路。
3. 请说说华中旅游区各省区发展旅游业的优势及主要特色旅游城市与旅游景区。

项目 8

游遍华南三省

项目导读

华南地区是我国的旅游大区之一,尤其在出、入境旅游以及海滨旅游和主题公园游等方面地位突出。通过本项目学习,学生应该掌握本区的旅游资源与环境特征,熟悉广东、福建、海南三省主要的旅游城市和景点,能根据不同的客源需求设计合理的旅游线路并进行推介和讲解。同时,通过对本区众多现代主题公园和红色胜迹资源的赏析,提高对中国特色社会主义的热爱和对欣欣向荣的现代经济的自信。

课程资源

福建旅游资源环境概况
微课视频

项目 8 PPT 课件

任务 8.1

华南区的旅游环境及特色资源解读

一、位置与范围

本区包括广东、福建和海南省,位于我国南部和东南部,故称华南三省。其北部和西部与华东、华中和西南区相连,东南部隔台湾海峡与台湾相邻,南部毗连香港和澳门,其南面是浩瀚的海洋,隔海与越南、菲律宾、马来西亚、新加坡、印度尼西亚、文莱相望。华南三省是我国最主要的侨乡,侨民遍布东南亚和世界各地,也因此与海外诸国保持密切联系。由于地理位置及政治历史因素,本区与香港、澳门和台湾之间的社会经济文化联系紧密,包括旅游业在内的区域经济一体化趋势非常明显。

二、旅游环境与资源特征

1. 濒临海洋,海滨旅游资源得天独厚

本区地处我国东海、南海之滨,海岸线曲折、绵长,海域辽阔,海岛众多。台湾海峡、琼州海峡,海南岛、厦门岛、南澳岛、雷州半岛以及南沙、中沙、西沙群岛等,不仅在国内地位重要,而且在世界上具有一定影响。漫长的海岸线多为岩岸,不仅多岬湾良港、海滨沙滩,而且海岸风光秀丽,三亚亚龙湾、汕头青澳湾、阳江大角湾等拥有国内一流优质海滩。从雷州半岛、海南岛,到福建沿海,还分布着一些不同类型的红树林海岸,其独有的生态系统和红树林风光,堪称人与自然和谐共处的天然乐园。

2. 地形复杂多样,地文景观丰富多彩

本区地貌类型复杂多样,山地、丘陵占总面积的 3/4 以上。西部、北部为武夷山、南岭、云开大山,海拔多为 1 000~1 500 m,境内还有戴云山、博平岭、莲花山、罗浮山、青云山、云雾山、阴那山以及海南岛的五指山等山地、丘陵,地表形态破碎,平原、谷地散布其间。较大的平原有珠江三角洲、韩江三角洲等,河网密布,土壤深厚肥沃,盛产粮食、甘蔗、(亚)热带水果、淡水鱼和花卉等。山地、丘陵以丹霞地貌、花岗岩地貌、岩溶地貌和火山地貌最为典型,形成许多独特的地文景观。丹霞山、武夷山、桃源洞、冠豸山、金湖、五指石等为丹霞地貌;罗浮山、万石岩、鼓山、清源山、太姥山、海坛岛、日光岩、天涯海角等为花岗岩地貌;七星岩、鳞隐石林、宝晶宫等为岩溶地貌;广东西樵山、湖光岩、福建玉华洞、海南马鞍山等为火山地貌。

3. 热带、亚热带季风气候孕育了繁茂的森林景观

本区大部分属于亚热带、热带气候。纬度低，地势南倾，东濒东海，南临南海，西南距印度洋不远，受东南亚季风环流控制，形成典型的热带、亚热带季风气候。全年高温多雨，长夏无冬，春秋相连，夏季长达6~10个月。南海诸岛则终年皆夏，旅游季节很长，淡季和旺季差别较小，以春秋二季最为宜人，冬季则成避寒疗养胜地。

在湿热气候条件下，本区植被种类繁多，长势良好，四季常青，森林覆盖率很高，森林景观独特。椰林婆娑，木棉如火，蕉叶承雨，藤攀葛附，独树成林，茎上开花结实，树上又生草木，花木傲立悬崖峭壁之中，形成繁茂的热带、亚热带森林景观。海南、闽西、粤北等地还保存着原始森林或原始次生林及一些独特的生态系统，并存留许多古老品种，如苔类植物、蕨类植物等，据此建立了一系列自然保护区或森林公园。

4. 现代文明与传统文化交相辉映的城市风光

本区凭着面向海洋和对外联系方便的优势，早在宋元时期，福建的泉州、广东的广州便是著名的贸易大港和海上丝绸之路的起点。随着近代资本主义的兴起，本区在承受"落后就挨打"的同时，也较早接受了西方资本主义工业文明的洗礼。20世纪80年代，以珠江三角洲、闽南三角洲等为代表的东南沿海地区更是站立于改革开放的浪尖，吸引外资快速发展，一跃成为我国经济最发达的区域，涌现了广州、深圳、厦门、福州、海口、佛山、珠海等一大批现代化都市。市区林立的高楼大厦，交错的高架桥梁，如织的高速公路，如潮的车流人流，便捷的地下铁道与城际轻轨，大型的购物商场与主题公园，大规模的工厂车间，众多的博物馆与科学馆，无不体现了现代城市文明，其发展水平已与西方国际都市几无差距。所不同的是这里还保留着许多优秀的传统文化，如广州的美食文化和粤剧、粤绣，佛山的工艺陶瓷，肇庆的端砚，潮州的潮剧，武夷山的乌龙茶，漳州的水仙和布袋木偶戏，福州的雕漆和闽剧，海南的椰雕、椰酒，福建的永定土楼，广东梅州的围垅屋和客家山歌，开平的碉楼等。

5. 南北兼容、中西合璧的岭南文化

本区大部分地处五岭以南，故称岭南，古为"百越"或百粤之地。先民主要以渔猎山伐为业，秦汉以后中央王朝开始加强对本区的统辖。在开疆拓土的同时，大量南下的北方移民与岭南土著杂处，尤其是唐宋以来几次大规模中原汉人南迁的移民活动，使当时先进的中原文化与闽粤土著文化交汇融合，形成了以闽语方言为主要特征的闽海文化、以粤语方言为特征的广府文化以及仍保持中原古音的客家文化。客家人的标志性传统民居土楼和围垅屋，反映了中原聚族而居的传统；岭南园林更是兼容了北方园林和江南园林的风格。

因特殊的区位与商贸关系，岭南自古就与西方国家交往密切，早在唐宋时期阿拉伯商人就把伊斯兰教及阿拉伯文化带了进来，广州怀圣寺、泉州麒麟寺便是历史见证。鸦片战争后，广州等地被强迫辟为对外通商口岸，打上了英、葡、日等殖民文化烙印。旧时数百万贫民去海外谋生，使广东的梅州、潮汕及珠三角地区，福建的厦门、晋江、泉州、南安、漳州以及海南的海口、文昌、琼海等地，成为著名侨乡。由于华侨的木本水源之心和爱国爱乡情怀，他们同祖国保持着密切联系，也把国外先进文化引了进来。开平的碉楼及厦门集美学村建筑群即为中西结合的典型建筑代表。

6. 旅游配套服务完善，旅游资源以人造景观最富特色

本区大部分地方经济发达，城镇人口众多，旅游客源市场广大，旅游设施和配套服务完善。拥有便利的海上交通、铁路运输、航空运输及高等级公路，还有地铁、高铁和城市轻轨；星级酒店的数量

和档次也在全国处于前列地位；餐饮、娱乐行业更是领跑全国。这些都为本区旅游业的发展创造了良好条件。

在旅游景观方面，本区地跨热带、亚热带，背山面海，山、海、岛自然风光齐备，人文历史古老。中原文化、古越文化、闽文化、客家文化、华侨文化、少数民族文化、大河文化、海洋文化、西洋文化等多种文化长期交融，使得本区旅游资源类型齐全，尤以人造景观最具影响和特色。本区各省尤其是广东，拥有强大的经济实力和巨大的客源优势，其人造主题公园以发展早、数量多、规模大、效益好而著称。

三、特色资源及其开发利用

本区旅游资源比较丰富，类型齐全，数量众多，尤以海洋类旅游资源和主题公园最具特色。

1. 海洋类旅游资源

海洋类旅游资源是指存在于海洋及海岸带广大空间的、对旅游者具有吸引力、能为旅游业利用并产生一定效益的各种自然、人文和社会现象。

海洋类旅游资源，按性质可分为海洋自然旅游资源和海洋人文旅游资源两大类；按空间形态可分为海岸、海底、海面和海岛等四类旅游资源。其中，海岸的沙滩、海底的生物和海岛的景观是最具吸引力的旅游资源。

不管是自然海洋旅游资源还是人文海洋旅游资源，都具有不同程度的美学观赏价值、科学考察价值、生态环境价值和文化传承价值，可以被旅游业利用，开发成各具特色的海洋旅游产品，如海滨或海岛度假、海滩休闲、海上运动、远洋邮轮等（见图8-1）。

图 8-1

2. 主题公园

主题公园是指根据某个特定的主题，采用现代科学技术和多层次活动设置等方式，集诸多娱乐活动、休闲要素和服务接待设施于一体的现代旅游资源。根据旅游体验类型，主题公园可分为情景模拟型、游乐型、观光型、主题型、风情体验型等五大类。

情景模拟型是指模拟某一事象建设而成，如各种影视城类的主题公园。游乐型是指提供了刺激的游乐设施和机动游戏，为寻求刺激感觉的主题公园。观光型是指浓缩了一些著名景观或特色景观，让旅游者在短暂的时间里欣赏最特色的景观的主题公园。主题型是指围绕某一主题而专门建造，如各式各样的水族馆和野生动物园。风情体验型是指展示某些民俗风情，并让游客体验参与的主题公园。

自1989年以微缩中国著名景观为主题的深圳锦绣中华开业以来，我国主题公园从无到有，涌现出一大批成功范例。例如，广东的深圳华侨城主题公园群、广州长隆旅游度假区（见图8-2）、佛山长鹿休博园、珠海长隆国际海洋王国、圆明新园，福建的马尾君山乐园、石狮海狮世界，海南的博鳌水城、南山文化园等，都是极具特色的主题公园。

图 8-2

主题公园成功的关键是区位优势和市场优势，如广东的主题公园都有巨大的客源市场，即富裕的珠三角居民以及毗邻的港澳台和东南亚游客。但其自然旅游资源及历史人文旅游资源相对贫乏。在这种情况下，采用移植国外的人文景观及国内的文化风俗，借助其优越的市政设施和接待能力，使主题公园经营得非常成功。

任务 8.2 广东旅游资源赏析与线路设计

一、旅游资源与环境概况

广东位于我国大陆的最南部，东邻福建，西连广西，北与江西、湖南交界，东南和南部隔海与台湾、海南相望，位于北纬 20°13′~25°31′、东经 109°39′~117°19′。相传秦汉以前，为越族人聚居之区，称百越（粤）之地，故简称粤。面积 17.8×10^4 km^2，人口 12 601 万，省会广州。居民以汉族为主体，另有瑶族、畲族等 55 个少数民族。广东为全国著名侨乡，广东籍华侨华人、港澳台同胞约 3 000 万人，遍及世界 100 多个国家和地区。省境南临南海，海岸线长，海域辽阔，岛屿众多。地势北高南低，境内山地、丘陵、平原交错分布。河网密布，大多自北向南流，珠江三角洲、韩江三角洲土地肥沃，是著名的鱼米之乡。北回归线横贯省境中部，大部分地区属亚热带季风气候，夏长冬暖，雨量充沛。全年草木葱茏，生机盎然，动植物种类繁多，四季花果飘香。

全省辖广州、深圳、珠海等 21 个地级市，社会经济和旅游业发展区域特征明显，形成了珠三角、粤东、粤西、粤北等四个水平不同、特色各异的旅游大区。

广东在中国近、现代史上曾经风云变幻、人才辈出。鸦片战争、太平天国运动、戊戌维新、辛亥革命、北伐战争、广州起义等许多重大历史事件都在这里发生，造就了孙中山、叶剑英、洪秀全、康有为、梁启超等众多历史人物，留下许多珍贵的文物古迹。改革开放以后，广东经济迅速崛起，在珠三角涌现了一大批新兴工业城市，商贸会展服务业发达，经济总量连续多年居全国首位。

在交通方面，已基本形成了航空、铁路、高等级公路、海运、轻轨与地铁等组合的立体交通网络。广州新白云机场、深圳宝安机场等国际机场规模宏大、设备技术先进；京九铁路、京广铁路以及从广州南站始发的各路高铁更为广东与其他各省市的通达提供了便捷之道；京珠高速、广深高速、深汕高速、西部沿海高速公路纵横交错，高等级公路拥有量居全国前列。

二、旅游业水平与特色

广东省经济发达，人口众多，城乡居民比较富裕，出游能力很强。毗邻港澳的地理优势，使其成为我国入境、出境旅游的门户，以致广东在全国旅游业中具有重要地位，旅游业发展水平较高，旅游人数、旅游收入和星级酒店数等多项统计指标居全国首位，是我国名副其实的旅游大省（见表8-1）。

表8-1 广东省旅游业发展概况一览表

项目	入境游客数	国内游客数	星级酒店数	旅行社数	5A级景区数
广东	541万人次	3 530万人次	586家	3 281家	14家
全国	3 057万人次	36 139万人次	10 003家	38 943家	280家
占比	17.7%	9.8%	5.9%	8.4%	5.0%
排名	1	3	1	1	3

广东旅游配套条件好，已基本形成了食、住、行、游、购、娱配套服务。以生猛海鲜、原汁原味为特色的粤菜，获得"食在广州"的美誉。广州花园酒店等一大批高档酒店为旅游者提供了舒适的住宿环境；新白云机场、京广铁路、京九铁路、武广高铁及蛛网式的高速公路为旅游业提供了便利的交通；以人造景观、温泉度假为突出特色的A级景区让游客流连忘返；北京路步行街、天河城广场等商场内琳琅满目的商品令各方旅游者竞相选购；豪华影剧院、夜总会内的粤剧、粤曲等娱乐节目更为旅游业增添了色彩。

未来广东将建设成为辐射华南、服务全国、影响亚太、面向世界的具有较高国际水准的旅游目的地，将把珠三角、粤北、粤东和粤西，培育成各具特色、互相呼应的四大旅游区。其中，珠三角将被打造成亚太旅游胜地，与国际旅游业全面接轨，强化粤港澳旅游协作，重点发展商务游、会展游、美食游、高尔夫游、主题公园游、古城新韵游等六大旅游精品；粤北将建成广东山水大观园，以韶关、清远为中心，以"青山、温泉、风情、佛韵"为主题，重点发展以丹霞山、民族风情、温泉为代表的生态旅游、"民风游"及民俗文化旅游；粤东将突出"两圈一带"，即潮汕文化圈、客家文化圈与山海旅游带，突出文化旅游优势，增强客家、潮汕文化的旅游吸引力；粤西将开发海上丝绸之路，重点是海滨和温泉旅游，并加强与海南、越南和广西的联合。

三、经典旅游线路及行程特色

1. 珠三角精华五日游

行程：D1：广州，越秀山公园—五羊像—陈家祠—海心沙公园—广州塔—中信广场；
　　　D2：广州，长隆旅游度假区；
　　　D3：肇庆，鼎湖山—庆云寺—七星岩—仙女湖—音乐喷泉；
　　　D4：珠海，长隆国际海洋王国—香炉湾景区—石景山公园；
　　　D5：深圳，莲花山公园—邓小平伟人像—锦绣中华—民俗文化村—地王大厦。

特色：本线路以现代城市风光、人造主题公园为特色，五天尽赏珠精华景观。

2. 粤北经典四日游

行程：D1：清远，清新温矿泉度假区—连州地下河—三排瑶寨；
　　　D2：河源，万绿湖—镜花缘—苏家围；

D3：韶关，丹霞山—阳元石—马坝人遗址；

D4：韶关，风采楼—南华寺。

特色：本线路以温泉、山水自然生态及民俗文化景观为特色。

3. 粤东海滨文化四日游

行程：D1：惠州，惠州西湖—巽寮湾；

D2：汕尾，红宫—红场—红海湾；

D3：汕头，礐石—南澳岛；

D4：潮州，广济桥—韩文公祠—瓷都博物馆。

特色：本线路以海滨沙滩及潮汕文化景观为特色。

4. 广州深度四日游

行程：D1：广州，越秀山公园—五羊像—陈家祠—白云山—海心沙公园—广州塔；

D2：广州，南海神庙—黄埔军校—广东省博物馆—大学城—岭南印象园—天河广场；

D3：广州，长隆旅游度假区—宝墨园；

D4：广州，增城白水寨—从化温泉。

特色：本线路将广州的传统文化景观和现代新貌相结合，深度体验岭南文化和改革开放窗口的现代城市景观。

5. 广东红色专项三日游

行程：D1：广州，中共三大会址纪念馆—农民运动讲习所旧址—广州起义纪念馆—黄花岗七十二烈士墓；

D2：东莞，广东东江纵队纪念馆—鸦片战争博物馆—东莞人民公园；

D3：梅州，叶剑英元帅纪念园—三河坝战役纪念园—闽粤赣边区革命历史纪念馆。

特色：瞻仰广州、东莞和梅州三地众多红色胜迹，学习先辈英烈们的革命精神。

四、旅游城市与景点

1. 广州

广州，广东省省会，别称"羊城""穗城""花城"，国家历史文化名城和优秀旅游城市。有2 200多年历史，唐代后期即为我国岭南主要对外贸易中心，近现代更是重要的对外通商口岸和革命策源地及改革开放前沿阵地。名胜古迹与现代城市风光并美，众多高档酒店、大型商场及饮食娱乐企业、便捷的地铁及公共交通为旅游业创造了良好条件，使广州成为广东最重要的旅游目的地和集散地，接待入境旅游客人数居全国各大城市之首，旅游外汇收入仅次于北京和上海。主要景区有白云山、长隆、越秀山、莲花山、宝墨园—南粤苑、珠江游、陈家祠、南越王墓博物馆、黄花岗烈士陵园、火车东站广场水景瀑布、黄埔军校旧址、怀圣寺、光孝寺、中山纪念堂、三元里抗英遗址、余荫山房、百万葵园、大学城、广东科学馆、岭南印象园、海心沙、广州塔、亚运城、白水寨、从化温泉、沙湾古镇等数十处。

白云山： 位于广州市城区东北部，面积 21 km²，国家级风景名胜区、5A 级景区。最高峰摩星岭，海拔 382 m，因峰顶常有白云飘绕，故名白云山。山上峰峦苍翠，古树参天，景色秀丽，名胜古迹众多；山顶可俯瞰全城，遥望珠江。分麓湖、三台岭、鸣春谷、摩星岭、明珠楼、飞鹅岭和荷依岭七大游览区，著名景观有云台花园、鸣春谷和雕塑公园。

广州长隆： 位于广州市番禺区，国家首批 5A 级景区。集休闲、娱乐、度假于一体，由香江野生动物世界、欢乐世界、水上乐园、国际大马戏城、高尔夫练习场、鳄鱼公园和长隆酒店等组成。其中，香江野生动物世界（见图 8-3）为目前国内最大的野生动物园之一，占地 134 公顷，分乘车游览和步行游览区两部分。拥有以白虎、白狮和澳大利亚国宝考拉等为代表的珍禽异兽 400 多种，总数 2 万多只。欢乐世界为国内设备最先进、科技含量最高、游乐设备最多的超级游乐园之一，占地 100 多公顷，按旅游者不同年龄结构和惊险程度分为七个主题区，以荣获吉尼斯纪录的"十环过山车"、世界最大的"大摆锤"和亚洲唯一的"U 形滑板"最为惊险刺激。

图 8-3

越秀山： 位于广州市中心地段，俗称观音山，现称越秀公园，是广州最大的综合性公园。园内有镇海楼、中山纪念碑、五羊石像、四方炮台等名胜古迹。其中，五羊石像以神话五羊仙为题材，用 130 块花岗石雕刻而成，是广州市的标志。镇海楼，俗称"五层楼"，有 600 多年历史，现辟为广州博物馆。镇海楼的东侧为广州美术馆，馆内收藏了陈树人、高剑父等名家作品 1 万多件。

2. 深圳

深圳，介于珠江口与大亚湾之间，南邻香港，是我国第一个经济特区。深圳由昔日的边陲小镇迅速发展为具有国际影响的现代化城市，创造了举世瞩目的"深圳速度"。旅游接待入境人数和旅游外汇收入仅次于广州。主要景点有华侨城主题公园群、东部华侨城、观澜湖、海洋公园、大梅沙、小梅沙、仙湖植物园、梧桐山、中英街、明斯克航母和地王大厦等。

华侨城： 国家首批 5A 级景区，是由锦绣中华、中国民俗文化村、世界之窗、欢乐谷等组成的主题公园群，被誉为中国主题公园第一品牌。其中，锦绣中华是中国第一座人造景观，它选取中国 84 个最有代表的山水名胜，建筑按 1∶15 比例建造，融华夏五千年历史文化于一园；中国民俗文化村被誉为"中国第一村"，集中国民俗文化、民间艺术、民居建筑于一体，选取 25 个民族 24 个村寨按 1∶1 比例建造，并穿插各民族的民族文艺表演；世界之窗占地 50 公顷，汇集世界代表性景点 130 多个，如法国巴黎的埃菲尔铁塔（见图 8-4）、意大利比萨斜塔、埃及金字塔等，展示了世界自然风光与历史文化；欢乐谷运用现代休闲理念和高科技成果兴建而成，突出了参与性和娱乐性，惊险刺激。

图 8-4

3. 珠海

珠海，位于珠江入海口，地接澳门，水连香港，自然环境优美，市容干净整洁，精致玲珑，是花园式海滨旅游度假城市，被联合国命名为最佳宜居环境城市。主要景点有珠海长隆海洋王国、圆明新园、珠海渔女、东澳岛、日月贝、港珠澳大桥、御温泉、金沙滩、珠海农科奇观、海泉湾、梅溪牌坊等。此外，澳门环岛游、每年一届的国际汽车赛、两年一届的国际航空博览会和国际马戏节也是珠海主要的旅游吸引物。

珠海长隆：位于珠海横琴新区，是广东长隆集团投资建设的又一个世界级超大型综合主题旅游度假区，由海洋王国、国际马戏城、横琴湾酒店、企鹅酒店和马戏酒店组成。其中，海洋王国为世界顶级、拥有多项吉尼斯世界纪录、以海洋动物为主题的休闲公园，旅游者可以观赏众多珍稀海洋动物，挑战动感游乐设施，欣赏三大剧场表演（见图8-5）。

图 8-5

圆明新园：位于市区九州大道，占地 1.39 km²，按 1∶1 的比例仿当年北京圆明园风貌建成，建造中吸收了中国传统造园和西洋建筑艺术的精华，再现了圆明园原有的中国古典建筑及西洋景区建筑风貌。

4. 佛山

佛山，国家级历史文化名城，因传唐代在塔坡山掘出三铜佛而得名。与江西景德镇、湖北夏口镇、河南朱仙镇合称为中国四大名镇，以工商业闻名岭南。主要景点有佛山祖庙、南海西樵山、三水荷花世界、三水森林公园、南风古灶、清晖园、长鹿休博园、顺德欢乐海岸、史努比缤纷世界、高明盈香生态园、梁园、南国陶都、李小龙乐园、南海影视城等。另外，佛山陶塑、剪纸、武术和舞狮等非常著名。

佛山祖庙：位于城区中心，始建于北宋年间，是当时供奉北方玄天大帝、处理地方事务的场所。由万福台、灵应牌坊、锦香池、钟鼓楼、三门、前殿、正殿、庆真楼等建筑物组成，占地面积 3 500 m²。建筑物融古代陶塑、木雕、铸造和建筑艺术精华于一体，被誉为"东方民间艺术之宫"。

西樵山：位于南海区的西南部，面积 14 km²，国家级风景名胜区、国家森林公园和国家 5A 级景区，广东省四大名山之一。由 4 500 万年前海底火山喷发而成。山形状若莲花，72 峰回溪叠嶂，48 洞幽深神奇，28 处瀑布飞珠溅玉，200 多泉眼甘甜清冽。西樵山山上有湖，湖里有山，水在山中，山在水里，自然风光清幽秀丽。还有南海观音文化苑、黄大仙圣境园、黄飞鸿狮艺、白云古寺等人文胜境。

5. 肇庆

肇庆，古称端州，国家级历史文化名城。东距广州 97 km，地处珠三角与内陆山区的接合部，背枕北岭，西临西江，扼两广交通之咽喉，当西南之要冲，自古为粤西政治、经济、文化、军事中心。肇庆山水优美，名胜古迹众多，是广东最重要的旅游城市之一。主要景点有七星岩、鼎湖山、端州宋城墙、梅庵、高要广新农业生态园、德庆龙母祖庙、盘龙峡、怀集燕岩、封开龙山景区等。

七星岩：又名星湖，位于肇庆市城区。景区内七座奇峰列峙，形如北斗七星，故得名。七星岩风景区（见图8-6）由阆风、玉屏、石室、天柱、蟾蜍、仙掌、阿坡等七座奇峰以及东湖、青莲湖、中心湖、波海湖、里湖等五个大湖组成，集桂林阳朔的山景与杭州西湖的水景于一身，素有"林中山，山中城，城中湖，湖中岩，岩中洞，洞中河，河中船"的赞语。

鼎湖山：位于肇庆市区东北 18 km，因山顶有湖，传说黄帝曾赐鼎于此，故名。鼎湖山是我国第一批自然保护区，主峰鸡笼山海拔 1 000.8 m，是珠江三角洲地区的最高峰。山清水秀，林木茂盛，形成了大面积的原始次森林景观，有沙椤、水松、扁藤等 2 000 多种植物，白鹇鸟等 170 多种鸟类、30 多种兽类。鼎湖山又是佛教圣地，有岭南四大名刹之一的庆云寺和千年古寺白云寺。景区内环境优良，溪水长流，瀑布跌水众多，空气清新，负离子浓度极高，现已开发了品氧谷、飞水潭、庆云寺、鼎湖、鼎文化广场等特色景点。

图 8-6

6. 江门

江门，位于珠江三角洲西南部，下辖台山等五市，故别称五邑。为广东著名的侨乡，旅游资源比较丰富。开平碉楼与立园、上川岛、下川岛、小鸟天堂、崖门古战场、大雁山、圭峰山、金山温泉、梁启超故居等均是江门著名的景点。

开平碉楼与立园：位于开平市，已列入世界文化遗产名录。开平碉楼（见图 8-7）是一种具防卫、居住功能，融中西建筑艺术于一体的多层塔楼式建筑，被誉为"华侨文化的典范之作"。经政府登记在册的碉堡楼有 1 800 多座，其中最具代表性的为自力村碉楼群、赤坎镇迎龙楼、蚬冈镇瑞石楼等。立园是已故旅美华侨谢维立先生历时十年修建的花园别墅，该园以《红楼梦》中描绘的大观园为依托，对中国园林古典建筑艺术兼收并蓄，并融会欧美当时流行的别墅建筑特色，达到中西合璧之化境，拥有"小观园"之美誉。

图 8-7

上川、下川岛：位于台山市，是广东著名的海滨旅游度假区。上、下川岛常年风和日丽，沙滩面积大、沙质好；海边椰树成林，自然风光、海景奇观引人入胜；嬉水扑浪，沙滩露营，乐趣无穷，是理想的旅游度假胜地。

7. 中山

中山，位于珠江三角洲南部，是我国伟大的革命先行者孙中山先生的故乡。中山人杰地灵，风光古朴而自然，有"中国优秀旅游城市"等荣誉称号。主要景点有孙中山故居、岭南水乡、中山温泉、中山文化步行街、詹园、中山影视城等。

孙中山故居：位于翠亨村，坐东朝西。建筑面积 340 m²，主体建筑为孙中山亲自主持建造并融合了中西建筑特点的赭红色二层小楼，前院北侧是当年孙中山出生的房舍旧址，南侧有孙中山栽种的一棵酸子树。

8. 东莞

东莞，位于广东省中南部，紧邻深圳，外向型经济发达，有"广东四小虎"之称。旅游资源以五星级休闲酒店及人工建造的游乐园为主。主要景点有鸦片战争博物馆与虎门古战场、虎门大桥、可园、粤晖园、袁崇焕纪念园、隐贤山庄、龙凤山庄、观音山和松山湖等。

鸦片战争博物馆与虎门古战场： 位于东莞南部，有鸦片战争博物馆、威远炮台旧址、"金锁钢关"的抗英古战场、虎门大桥等景点。鸦片战争博物馆是一座收藏、保护、陈列、研究林则徐禁烟与鸦片战争文物史料的专题性博物馆。展馆采用现代化电、声、光、影等科技装置，再现当年鸦片战争虎门海战情景。威远炮台为当时广东水师提督关天培所建，与镇远、靖远两炮台相连，构成"金锁钢关"，为抗击英国侵略军发挥了重要作用。

9. 韶关

韶关，位于省境北部、浈水和武水的汇合处，当粤、湘、赣三省交通要冲，历为军事重镇，自然、人文旅游资源都很丰富，为广东省著名旅游城市。主要景区有丹霞山、南华寺、南岭森林公园、金鸡岭、乳源大峡谷、石峡文化遗址公园、九泷十八滩、梅关古驿道、珠玑古巷、始兴棋盘屋等。

丹霞山： 西距韶关 50 km，为广东四大名山之首，面积 280 km²，世界自然遗产地、国家 5A 级景区。因山石由红色沙砾岩构成，"色如渥丹，灿若明霞"，故名丹霞山（见图 8-8）。是世界上发育最典型、类型最齐全、造型最丰富、风景最优美的丹霞地貌集中分布区，被誉为"中国的红石公园""世界地质公园"。现已开发长老峰、阳元山、翔龙湖、韶石山和锦江等游览区。

图 8-8

南华寺： 位于广东省曲江曹溪河畔，始建于南北朝梁武帝天监元年（502 年），是佛教禅宗六祖慧能弘扬"南宗禅法"的发祥地，有"祖庭"之称。寺前有曹溪门、放生池、宝林门、天王宝殿；中部有钟楼、鼓楼、大雄宝殿、斋堂、藏经阁、灵照塔、祖殿、方丈室等；寺后有卓锡泉（俗称九龙泉）；寺内珍藏着六祖慧能真身、千斤铜钟等珍贵历史文物。寺庙周围古树繁茂，环境幽静，寺后有高达 40 m 的百年古水松。

10. 清远

清远，位于珠三角与粤北山区的结合部，有"珠江三角洲后花园"之称。喀斯特地形、漂流和瑶族风情是其旅游特色。主要景点有连州地下河、清新温矿泉度假区、笔架山峡谷漂流、飞来峡、银盏温泉、湟川三峡、古龙峡、大东山温泉、千年瑶寨、茶趣园、宝晶宫、水口小桂林等。

连州地下河： 位于连州市区以北 25 km 的东陂填，国家 5A 级景区。它是藏在崇山峻岭中的大口溶洞，洞内有无数千姿百态、瑰丽多彩的钟乳石。洞分三层，上中层为陆地层，厅堂高大宽阔，岩壁坚固，雄伟壮观；下层是一条地下暗河，由北向南蜿蜒 1 500 m，经过三个美丽的峡谷，穿过四座山头底部。河面宽 1.6 m，水深 1~7 m，两岸奇景密布，巧夺天工。

11. 汕头

汕头，地处广东省东部沿海、韩江三角洲南端，为我国南方对外贸易的重要口岸，粤东和闽西南的经济中心和对外门户。主要景区有礐石、南澳岛、妈屿岛、莲花峰、青云岩、观海长廊、中山公园、绿梦湿地生态园和陈慈簧故居等。

南澳岛： 广东省唯一的海岛县，由 37 个大小岛屿所组成。岛上青澳湾是沙质细软的缓坡海滩，海水清澈，盐度适中，是天然优良海滨浴场。此外还有风电场、总兵府、南宋古井、太子楼遗址以及众多文物古迹 50 多处，是一个以"海、史、庙、山"相结合，以"蓝天、碧海、绿岛、金沙、白浪"为特色的生态旅游区。

12. 梅州

梅州，位于省境东北部，为国家级历史文化名城、优秀旅游城市，素有"文化之乡、华侨之乡、足球之乡"的美誉。梅州是世界上最大的客家人聚居地，有世界"客都"之称。主要景区有雁南飞茶田、叶剑英纪念园、阴那山灵光寺、客天下、桥溪古韵、雁鸣湖、五指石、围龙屋、黄遵宪故居人境庐、丰顺龙鲸河漂流、大埔客家民俗文化村等。

雁南飞茶田度假村： 位于梅县雁洋镇，占地面积4.5 km²，是一个融茶叶生产、生态公益林改造、园林绿化、旅游观光、度假于一体的生态农业示范基地和旅游度假村（见图8-9）。为国家5A级景区、全国农业旅游示范点、全国三高农业标准化示范区。主要景观有雁南飞神石、雁南飞大道、茶情阁、笑傲江湖瀑布、龙那山生态谷以及建筑工艺精湛的围龙大酒店等。

图 8-9

13. 潮州

潮州，地处粤东，位于韩江下游，国家级历史文化名城。古城始建于宋，现东门城楼及部分城墙保存完好，城内明清古民居及祠宇很多，反映了潮州建筑的传统风貌。以"潮"字号为代表的诸如潮州话、潮剧、潮州音乐、潮州菜、潮州工夫茶、潮绣、潮州陶瓷、潮州木雕等独特的潮州文化享誉国内外。主要景区有广济桥、韩文公祠、笔架山、瓷都博物馆、淡浮院、潮州古城和开元寺等。

韩文公祠： 即韩愈纪念馆，位于城东笔架山麓。唐元和十四年（公元819年），韩愈由于向皇帝提出停止迎接法门寺佛骨到长安供奉的建议而触怒皇帝，被贬为潮州刺史。韩愈在潮州的时间虽然不足8个月，却把中原先进文化带到了岭南，办教育，驱鳄鱼，为民众做了许多好事，被当地人奉为神，于是人们将笔架山改称韩山，将山下的鳄溪改称韩江。

14. 惠州

惠州，临东江、近罗浮，自古为军事重镇、岭南名郡，现在已发展成为新兴的工业城市。主要景区有罗浮山、南昆山、惠州西湖、大亚湾、巽寮湾、双月湾、惠州科技馆、惠州温泉、叶挺纪念馆、永记生态园等。

罗浮山： 位于博罗县境内，濒临东江，又称东樵山，与南海西樵山齐名，享有"南粤名山数二樵"盛誉。境内有大小山峰432座、飞瀑名泉980处、洞天奇景18处、石室幽岩72个，自然风光旖旎，道教称其为第七洞天、第三十四福地。相传葛洪曾在此山修道炼丹、行医采药，至今留有冲虚观、炼丹灶、洗药池等古迹。并留有徐霞客、陆贾、谢灵运、李白、杜甫、李贺、刘禹锡、苏轼、杨万里、汤显祖、屈大均等名人足迹及其佳作名篇。

15. 阳江

阳江，位于广东省西南沿海，是广东省著名的滨海旅游城市，旅游资源丰富。滨海沙滩、峰林溶洞、湖光山色构成阳江三大旅游景观。主要景区有海陵岛大角湾、南海一号海上丝绸之路博物馆、凌霄岩、漠阳江、崆峒岩、春湾龙宫岩、沙扒湾等。

海陵岛大角湾： 国家5A级景区，位于广东阳江市海陵岛西南端，三面群峰拱护，面向浩瀚南海，沙滩长2.5 km，宽100 m，因状似牛角，故名"大角湾"。这里阳光灿烂明媚，沙质均匀松软，海水清澈纯净，空气清新纯洁，沙滩宽阔平坦，海浪柔软适中，无鲨鱼出没，是优质的天然海水浴场。

16. 湛江

湛江，旧称广州湾，位于中国大陆最南端的雷州半岛北部，素为粤西经济中心，是一个富有亚热带风光的海港城市。其风景名胜和人文景观较多，如国家级森林公园东海岛、神奇的湖光岩特呈岛、硇洲岛、吉兆湾和两千多年历史的名城海康。

湖光岩： 位于湛江市区西南 18 km 处，面积 4.7 km²。原是古代一个火山口，陷积成湖。湖水常年碧绿，清澈如镜，故有"镜湖"之称，如图 8-10 所示。湖的四周群山环抱，景色优美，景区最高处为"望海楼"，登高远眺，湖光山色尽收眼底。楞严寺和白衣庵隔湖相望，形成许多动人的传说故事。其优美的自然风光被人们誉为"人间仙境""世外桃源"，联合国地球研究专家称之为"世界罕见、中国唯一神奇的玛珥湖"。

图 8-10

17. 其他旅游城市与景点

此外，还有茂名、河源、云浮、汕尾和揭阳等城市。茂名位于广东西南部，是石油化工城市和古越族聚居之地，主要景点有水东海滩、放鸡岛、天马山、高州冼太庙、根子荔枝文化旅游区等。河源位于广东东北部、东江中上游，是客家人的主要聚居地之一，山清水秀，为新兴旅游城市，主要景点有万绿湖、新丰江国家森林公园、镜花缘、亚洲第一高喷泉、龟峰塔、苏家围、野趣沟等。云浮位于广东西部，与广西接壤，区内有九星岩、国恩寺、龙湾等旅游景区。汕尾位于广东省东南部，濒临海洋，主要景区有红海湾、莲花山、红宫红场等。揭阳是广东省东部的小城市，经济发展水平和旅游业开发程度相对较低，规模较大的景区有揭阳学宫、双峰寺、黄岐山等。

任务 8.3

福建旅游资源赏析与线路设计

一、旅游资源与环境概况

福建地处我国东南沿海，东部经东海、南海通向太平洋，位于北纬 23°～28°、东经 115°～120°。东北与浙江毗邻，西、西北与江西交界，西南与广东相连，东部隔台湾海峡与台湾相望。唐朝取福州、建州（今建瓯）各一字，置福建经略使，明置福建省。闽江为省内最大河流，故简称闽。面积 12.4×10⁴ km²，人口 4 154 万，为全国著名的侨乡。

福建多山，自古有"东南山国"之称，山地、丘陵占全省面积的80%以上，主要分布于中、西部，山地多呈东北—西南走向，与海岸平行。海岸线漫长曲折且多港湾岛屿，全省有岛屿1 400多个、港湾120多个，海域辽阔，构成山、海、岛浑然一体之奇观。全省绝大部分地区为亚热带湿润季风气候，冬无严寒，夏少酷暑，全年雨水丰沛。林木苍翠，森林覆盖率高达62.9%，位居全国首位。动植物种属繁多，是我国著名的茶叶和甘蔗产地，安溪的铁观音、崇安的武夷岩茶为我国名茶。

福建历史悠久，人文荟萃，孕育着独特的"八闽"文化，也是中国最早对外交往的基地和窗口。经济比较发达，特别是厦门、泉州和漳州一带外向型经济发展极具特色，号称福建经济的"金三角"。交通以公路和水运为主。近年铁路运输有较大发展，以厦门、福州为中心，向北、向南的高铁均已通车。民航运输有一定规模，全省有福州长乐、厦门高崎、泉州晋江、武夷山、连城冠豸山5个机场，可与台湾开展直航业务。

二、旅游业特色与水平

福建旅游资源丰富，国家级风景名胜区、自然保护区、旅游度假区、森林公园、地质公园和文博园一应俱全。众多的优良港口及隔海遥望台湾的特殊地缘与血缘优势，使其出入境旅游，特别是对台旅游地位极为突出，旅游业整体发展水平居全国前列（见表8-2）。

表8-2 福建省旅游业发展概况一览表

项目	入境游客数	国内游客数	星级酒店数	旅行社数	5A级景区数
福建	305万人次	2 219万人次	290家	1 181家	9家
全国	3 057万人次	36 139万人次	10 003家	38 943家	280家
占比	10.0%	6.1%	2.9%	3.0%	3.2%
排名	3	6	17	12	13

"山海一体，闽台同根，民俗奇异，宗教多元"是福建的旅游特色。迷人的武夷仙境、浪漫的鼓浪琴岛、神圣的妈祖朝觐、奇特的水上丹霞、动人的惠女风采、神奇的客家土楼、光辉的古田会址、悠久的昙石山文化、神秘的白水洋奇观、壮美的滨海火山构成了福建独具特色的旅游品牌。

福建旅游发展突出对台旅游的优势，大力拓展省内、省际、国际三大旅游合作圈，集中建设了福州、厦门、武夷山三大旅游中心，深度开发了闽南金三角、闽中休闲度假、闽北绿三角、闽东山海风光、闽西客家文化五大旅游区，精心打造了九条精品旅游线（一是武夷山的世界双遗产旅游；二是厦门鼓浪屿海滨风光游；三是湄洲妈祖文化游；四是惠安女民俗风情游；五是闽西土楼客家文化游；六是闽东畲族风情游；七是漳州国家地质公园游；八是福州三坊七巷文化游；九是泰宁大金湖山水文化游）。

三、经典旅游线路及行程特色

1. 厦门鼓浪屿二日游

行程：D1：厦门，鼓浪屿—菽庄花园—皓月园—日光岩—环岛路—海滨浴场；

　　　　D2：厦门，厦门大学—曾厝垵—集美学村—南普陀寺。

特色：本线路以厦门的海滨风光、侨乡风情为特色。

2. 福州二日游

行程：D1：福州，鼓山—三坊七巷—林则徐纪念馆—西禅寺；

　　　　D2：平潭，半洋石帆—海坛天神—海滨风情—南寨石林。

特色：本线路以福州古迹文化、现代海岛风光为特色。

3. 厦门金门四日游

行程：D1：厦门，南普陀寺—厦门大学—曾厝垵—胡里炮台；

　　　　D2：厦门，鼓浪屿—菽庄花园—毓园—日光岩—环岛路—海滨浴场；

　　　　D3：金门，水头古厝群—翟山坑道—莒光楼—中山纪念林；

　　　　D4：厦门，集美学村—嘉庚纪念公园—大门园林博览苑。

特色：本线路以情系厦门金门为主题，尝试开展深度游。

4. 福建精华六日游

行程：D1：厦门，胡里山炮台—曾厝垵—集美学村；

　　　　D2：厦门，南普陀寺—鼓浪屿—菽庄花园；

　　　　D3：永定，高头乡承启楼—初溪集庆楼—中川古村落—虎豹别墅群；

　　　　D4：古田，古田会议会址；

　　　　D5：武夷山，仙浴潭—天游峰—隐屏峰—云窝—玉华洞；

　　　　D6：武夷山，九曲溪竹筏漂流—天柱峰—虎啸岩—一线天—武夷宫。

特色：本线路集海滨风光、现代都市、客家风情、红色文化于一体，六天尽赏福建精华景观。

5. 福建红色专项二日游

行程：D1：福州，福建省革命历史纪念馆—马尾船政旧址群—林则徐纪念馆；

　　　　D2：龙岩，古田会议会址—长汀红色旧址群—才溪乡调查旧址。

特色：游览福州、上杭红色景区，感悟福建红色历史，接受爱国主义教育。

四、旅游城市与景点

1. 厦门

厦门，位于省境南部，城区建于厦门岛西南及鼓浪屿上，为福建最重要的旅游城市、国家经济特区、对台直航口岸。厦门山海风光相融，主要景点有鼓浪屿、厦门大学、南普陀寺、集美学村、胡里山炮台、华侨博物馆、曾厝垵、日月谷温泉、园林植物园、海沧大桥等。

鼓浪屿：国家级风景名胜区、5A级景区。位于厦门市区南部，是一个面积为 1.78 km² 的小岛，与厦门仅隔 600 m 海域相望（见图 8-11）。岛上岗峦起伏，因其西南海边有一巨石，受潮水冲击，其声如鼓，故名鼓浪屿。岛屿无机动车辆，绿树红屋交相辉映，环境恬静幽美，素有"海上花园"美誉。岛上最高峰日光岩，又称晃岩，海拔 96 m，遍地皆石，石上有摩崖石刻近百处，民族英雄郑成功曾屯兵操练于此。岩麓建有"郑成功纪念馆"，收藏有许多珍贵文物。鼓浪屿的港仔后，建有厦门最出色的"菽庄花园"和海滨浴场。

图 8-11

南普陀寺： 位于厦门五老峰下，南面是厦门大学，依山面海。因寺院供奉观音菩萨，又位于浙江普陀山之南，故名南普陀寺。寺院始建于唐，已有 1 000 多年历史，为闽南佛教圣地，享有"南天胜景""千年古刹"之誉。主要建筑宏伟富丽，寺内藏有佛经、宋钟、明清碑刻等，寺内香火很旺，为闽南著名宗教朝圣之地。

2. 南平武夷山

福建省唯一以山命名的优秀旅游城市，境内有著名的武夷山风景名胜区、武夷山自然保护区、武夷山旅游度假区、武夷山大峡谷生态公园等。茶文化也是武夷山的一大特色，其御茶园遗址有"千载儒释道，万古山水茶"之誉。

图 8-12

武夷山风景名胜区： 又称小武夷山，面积 70 km²，平均海拔 350 m。为典型的丹霞地貌，素有"奇秀甲东南"美誉，为国家重点风景名胜区、国家首批 5A 级景区、世界自然与文化双遗产名录（见图 8-12）。九曲溪蜿蜒其间，有 36 个峰峦相映，水随山转，山光水色，构成奇幻百出的"碧水丹山"奇景，即所谓"溪曲三三水"（九曲溪）和"山环六六峰"（三十六奇峰），素有"三三秀水清如玉，六六奇峰翠插天"。主要景点有大王峰、天游峰、玉女峰、玉华洞、大藏峰、小藏峰、三仰峰及九十九奇岩、七十二洞穴。

3. 福州

福州，福建省省会，国家级历史文化名城。位于闽江下游，靠近海洋，马尾是其外港，自古为对外重要贸易港口。汉初为闽越王都城，唐开元间始称福州。自然环境优越，山水兼备，东有鼓山，西北有福山，西有西湖，南绕闽江。市区"三山鼎立"，气候暖湿，四季常青，宋代起大植榕树，至今榕树遍地，故有"榕城"之称。主要景点有鼓山、三坊七巷、林则徐纪念馆、西禅寺、华林寺、福州国家森林公园、闽江口金山塔、开元寺铁佛、福清石竹山、平潭岛等。

鼓山： 别称石鼓，国家级风景名胜区。位于市东 12 km 的闽江北岸，最高点海拔 969 m，山巅有巨石如鼓，相传每当风雨交加便有隆隆之声，因而得名。鼓山胜迹以涌泉寺为中心，分东西南北四路，共有 160 多处景观。山岩节理发育，又因风化作用强烈，形成千姿百态、林茂洞奇、处处摩崖的景观。山上的涌泉寺始建于五代，为我国古代"十大古刹"之一。寺内藏佛经近 3 万册，并有"舍利子"等圣迹。

三坊七巷： 国家 5A 级景区，位于福州中心城区（老城区），是福州市历史名城的重要标志之一，占地约 40 公顷。三坊分别是衣锦坊、文儒坊、光禄坊；七巷分别是杨桥巷、郎官巷、塔巷、黄巷、安民巷、宫巷、吉庇巷。由于吉庇巷、杨桥巷和光禄坊改建为马路，现在保存下来的实际只有二坊五巷。区内坊巷纵横，石板铺地，白墙青瓦，结构严谨，房屋精致，匠艺奇巧，集中体现了闽越古城的民居特色，是闽江文化的荟萃之所，被建筑界喻为"一座规模庞大的明清古建筑博物馆"。

4. 莆田

莆田，位于福建沿海中部，景色秀丽，历史悠久，是妈祖文化的发祥地。主要景点有湄洲岛、九鲤湖、麦斜岩、菜溪岩、广化寺、三清殿、木兰陂、宁海桥、古谯楼、夹祭草堂、仙游东门石坊、文庙、东岩山、东圳水库、梅峰寺、南少林、石室岩、紫霄岩等。

湄洲岛：位于湄洲湾湾口的北半部，是一个南北长 9.6 km、东西宽约 1.3 km 的海岛，因处海陆之间，形如眉宇，故称湄州。全岛林木蓊郁，港湾众多，岸线曲折，沙滩连绵，风景秀丽。环岛优质沙滩长达 20 km，建有海滨浴场，是理想的度假胜地。岛上妈祖庙更是闻名海内外，妈祖林默（见图 8-13）是富有传奇色彩的宋代湄州女子，以其博爱的胸怀、善良的美德和宝贵的生命，塑造了中华儿女追求真善美的纯真形象。每年上岛朝拜的海内外妈祖信徒超过百万人次。

图 8-13

5. 泉州

泉州，别称鲤城、刺桐城，位于晋江下游北岸。宋、元时为我国最大贸易港口，曾有"世界第一港"之称，也是著名侨乡和台胞祖籍之地。主要风景名胜有开元寺、清源山、草庵、洛阳桥等。惠安女民俗、安溪茶文化也负有盛名。

开元寺：位于泉州市西街，建于唐垂拱二年（686 年），曾名莲花寺、兴教寺、龙兴寺，唐开元二十六年（738 年）改称现名，是全国重点文物保护单位。开元寺建筑雄伟，雕刻精湛。其中，大雄宝殿内有 86 根大石柱，号称"百柱殿"。殿内供有"五方佛"金身塑像，殿顶斗拱雕刻飞天乐会 24 尊，人身鸟脚，袒胸露臂，似在演奏美妙的音乐，其头上的花冠顶着衔梁，起着斗拱的支撑作用，是艺术与建筑的完美结合。

6. 漳州

漳州，位于省境南部、九龙江下游，为闽南水陆交通中心，也是著名的侨乡，海外侨胞近 80 万，祖籍漳州的台湾居民约占全台人口的 36%。主要风景名胜有芝山、南山寺、八卦楼等。

云洞岩：位于龙海市步文乡鹤鸣山。山上有一石洞，每当天降大雨，云雾即从洞中飞出，雨过天晴，云雾又飘回洞中，故名"云洞"。这里山石玲珑突兀，千姿百态，洞壁极多。洞穴最大的可容千人，称为"千人洞"。山坡上有几块岩石倚立形成峡谷，中有一泓泉水，每当明月当空，月光穿过石缝映在泉水中，水中明月又映射到石壁上，呈"三月交辉"，形成月峡胜境。云洞岩另有仙人迹、石巢瑶台、风动石等美景 30 多处，摩崖石刻 150 余处。

7. 龙岩

龙岩，位于福建西南部。这一带地大山深，自然环境险峻，却孕育出了独具特色的客家民系及其土楼文化，同时还是著名的革命传统老区。主要景点有汀州古城、冠豸山、梅花山、永定土楼、古田会议会址等。

永定土楼： 位于龙岩市永定区，是本地客家人的传统民居，是以适应大家族聚居、兼备防御功能为特色，用夯土墙和木梁柱修筑而成的多层巨型民宅。土楼群形似巨大的圆"蘑菇"、方"蘑菇"，依次坐落山腰间，数十朵"蘑菇"形成独特的村落，绿树掩映，黄墙黑瓦，好不壮观。据说20世纪中期，某西方大国通过遥感卫星侦察到福建山区的这些庞然大物，还以为是秘密的军事设施！现存规模较大、历史较久的土楼有承启楼、振成楼、振福楼和集庆楼等（见图8-14）。2008年，以永定客家土楼为主体的福建土楼被列入世界遗产名录。2011年，福建土楼（永定·南靖）景区荣膺为国家5A级景区。

图 8-14

8. 其他旅游城市与景点

此外，福建省还有宁德、三明等旅游城市。其中，宁德有"海上仙都"福鼎太姥山、屏南白水洋·鸳鸯溪、"华东第一瀑"周宁九龙祭瀑布群、古田翠屏湖、柘荣东狮山、蕉城支提山、南祭山等名山秀水，以及"海上天湖"蕉城三都澳、霞浦下浒海滩、福鼎嵛山岛、福安白马门等滨海风光。三明则开发和推出了"客家祖地"寻根、谒祖专项旅游、绿色之旅和科学考察之旅等多种特色旅游，主要景区有玉华洞、桃源洞、泰宁风景区等。

白水洋·鸳鸯溪： 国家5A级景区。位于宁德市屏南县境内，呈月牙形，总面积66 km², 溪长36 km，分为白水洋、宜洋、刘公岩、太堡楼、鸳鸯湖五大景区。其中，白水洋为世界罕见的"浅水广场"，河床长约2 km，布水均匀，净无沙砾，人行其上，水仅没踝，阳光下波光潋滟，一片白炽，故名白水洋。鸳鸯溪（宜洋）位于白水洋下游，因每年有数千对鸳鸯从北方到此过冬，故称鸳鸯溪。景区森林茂密，峡谷深壑，融秀溪、峡峰、怪岩、奇洞、雄瀑、诡云、朦雾、古道、险栈、珍禽异兽于一体，有"百里画廊""爱侣圣地""鸳鸯故乡""猕猴乐园"之美誉。

泰宁风景区： 国家5A级景区、世界地质公园。位于三明市泰宁县，总面积490 km²，其中丹霞地貌面积250 km²。景区由石网、大金湖、八仙崖、金铙山四个园区和泰宁古城游览区组成。以典型青年期丹霞地貌为主体，兼有火山岩、花岗岩、构造地貌等多种地质遗迹，是集科学考察、科普教育、观光览胜、休闲度假于一体的综合性旅游区。

任务 8.4 海南旅游资源赏析与线路设计

一、旅游资源与环境概况

海南省位于我国最南端,北以琼州海峡与广东划界,西临北部湾与越南相对,东濒南海与台湾省相望,东南和南面隔南海与菲律宾、文莱和马来西亚为邻。其行政区域包括海南岛、西沙群岛、中沙群岛、南沙群岛及附近海域,陆地面积 $3.54 \times 10^4 \ km^2$,海洋面积 $200 \times 10^4 \ km^2$,是我国陆地面积最小、海域面积最大的省。海南省的主体是海南岛,是我国仅次于台湾岛的第二大岛。1988 年,海南设省并被辟为中国最大的经济特区。因古代称海南为琼崖、琼州,故简称琼。人口 1 008 万,以汉、黎、苗、回族居多,黎族是海南岛上最早的居民。

海南岛中间高耸,以山地和丘陵为主,四周低平为滨海平原,约占总面积的 11%。海南是我国最具热带海洋气候特色的地方,终年暖热,雨量充沛,干湿季节明显,热带风暴和台风频繁,年平均气温为 23℃~25℃,全年气候宜人,没有冬季,是避寒、冬泳和度假的好地方。生物资源十分丰富,生长着丰富多彩的热带林木、热带花卉、热带水果和天然药材,有"绿色宝库"之称,是我国最大的热带自然博物馆、最丰富的物种基因库。

近年来,海南社会经济发展较快,重点发展了以天然气化工、石油化工为主的新型工业,以海洋捕捞、水产品养殖为主的热带高效现代农业,以及旅游业和现代服务业。海南海运发达,全省有 68 个天然港湾,已开辟港口 24 个;环岛高速公路已建成通车,并且全线无收费站;粤海铁路已开通,并与全国铁路网并网;有海口美兰和三亚凤凰两大国际机场,并与 39 个国内外大中城市通航。

二、旅游业特色与水平

海南因具宜人的气候资源、丰富的海洋及海滨景观、独特的热带原始森林及良好的区位条件,使得旅游业发展很快,目前已成为我国最重要的旅游目的地。虽然海南的国内旅游、入境旅游等指标总量并不大(见表 8-3),但旅游业在海南社会经济中的地位却十分突出,已成为海南的主导产业和支柱产业。

表 8-3　海南省旅游业发展情况一览表

项目	入境游客数	国内游客数	星级酒店数	旅行社数	5A级景区数
海南	54万人次	853万人次	101家	483家	6家
全国	3 057万人次	36 139万人次	10 003家	38 943家	280家
占比	1.8%	2.4%	1.0%	1.2%	2.1%
排名	13	15	28	29	22

海南具有三大得天独厚的旅游资源。一是宜人的海岛气候。呈典型的热带季风气候，年均温23.8℃，有"终年皆是夏，一雨便成秋"之说，使其成为冬可避寒、夏能消暑的休闲、度假胜地。二是良好的生态环境。岛上四季常青，遍地皆绿，森林覆盖达 52.3%，有五指山、坝王岭、尖峰岭、吊罗山、黎母山五大热带原始森林区。三是独特的热带风情。阳光、海水、沙滩、绿色、空气，当代五大旅游度假要素在这里一应俱全，同时还有热带雨林、椰风海韵、矿泉温泉、奇花异木、黎苗风情，形成了独特的热带海岛自然人文风光，成为全国著名的生态旅游省。

2010 年，国务院发布了《关于推进海南国际旅游岛建设发展的若干意见》，提出大力发展旅游业，进行旅游设施、经营管理和服务水平的国际化改造，将海南建设成国际旅游岛，打造成具有国际竞争力的旅游胜地。

三、经典旅游线路及行程特色

1. 三亚两日游

行程：D1：三亚，蜈支洲岛—亚龙湾—天堂森林公园；

　　　D2：三亚，天涯海角—南山佛教文化苑—鹿回头公园。

特色：本线路以海滨海岛风光、佛教文化为主题，在三亚一地深度游。

2. 海南东部四日游

行程：D1：琼海，博鳌亚洲论坛会址—万泉河—红色娘子军纪念园；

　　　D2：兴隆，分界洲岛—兴隆热带植物园；

　　　D3：三亚，蜈支洲岛—大小洞天—大东海；

　　　D4：三亚，呀诺达雨林文化旅游区—槟榔谷。

特色：本线路以海南东部海岸的精华景点为对象，景观类型各异，适合各类群体。

3. 精华海岛联程三日游

行程：D1：兴隆，分界洲岛—椰田古寨—兴隆热带植物园；

　　　D2：三亚，南湾猴岛—亚龙湾；

　　　D3：三亚，西岛—兰花世界—大东海。

特色：本线路的特色是一天一岛，三日赏尽海南精华海岛。

4. 海南环岛五日游

行程：D1：海口，万绿园—海瑞纪念园—西海岸带状公园—琼台书院；

D2：文昌，东郊椰林—铜鼓岭—宋庆龄故居；

D3：琼海，博鳌亚洲论坛会址—玉带滩—红色娘子军纪念园；

D4：兴隆，分界洲岛—兴隆热带植物园—红艺人表演；

D5：三亚，亚龙湾—天涯海角—南山佛教文化苑。

特色：本线路从海口出发，基本环绕海南一周，尽赏海南各类精华景观。

5. 海南红色专项二日游

行程：D1：海口，解放海南岛战役纪念馆—海口琼崖红军云龙改编旧址—海南省博物馆；

D2：琼海，红色娘子军纪念园—五指山革命根据地纪念园。

特色：一线游遍海南革命胜迹，两日通晓海南革命历史。

四、旅游城市与景点

1. 海口

海口，海南省省会，位于省境北端，环境优美，富有现代城市风貌。主要景区有热带野生动植物园、万绿园、五公祠、海口公园、海瑞墓园、假日海滩、琼台书院、东寨港红树林、石山火山群、海底村庄等。

热带野生动植物园： 位于海口市秀英区东山镇，国家 4A 级景区。是一座具有仿野生概念，集动物观赏保护、繁育、科研、观赏为一体的热带动物园，占地 1.3 km²。园内有行车观赏区、步行观赏区、湖边度假区、中心服务区等，可乘车观赏非洲狮、虎、黑熊等猛兽在自然状态下的风采，也可步行观赏亚洲象、长颈鹿、鳄鱼等，还可置身于人造猴山与群猴嬉戏，是我国唯一一家全景式展现岛屿热带雨林野生态系统、浓缩海南岛动植物精华的天然博物馆。

2. 三亚

三亚，位于海南岛最南端，古称崖州，濒临南海。三亚是海南最著名的旅游城市，号称"中国的夏威夷"。旅游资源得天独厚，集阳光、海水、沙滩、气候、森林、热带田园风光与名胜古迹于一地，尤其是海滨沙滩，堪称世界一流。主要景区有亚龙湾、大东海、南山文化旅游区、大小洞天、天涯海角、鹿回头公园、海山奇观、西岛和蜈支洲岛等。

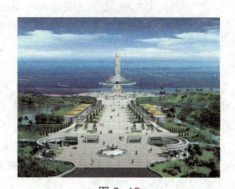

图 8-15

南山文化旅游区： 位于三亚市南山，距市区 40 km，为全国首批 5A 级景区。南山文化旅游区共分为南山佛教文化园、中国福寿文化园和南海风情文化园三大主题公园。南山佛教文化园（见图 8-15）是一座展示中国佛教文化的园区，有南山寺、南海观音佛像、观音文化苑、天竺圣迹、佛名胜景观苑、十方塔林与归根园、佛教文化交流中心、素斋购物一条街等名胜；中国福寿文化园是一座集中华民族文化精髓，突出和平、安宁、幸福、祥和气氛的园区；南海风情文化园展示的是南海之滨自然风光和黎村苗寨文化风情，主要景观有滑草场、滑沙场、黎苗风情苑、神话漫游世界、黄道婆纪念馆、海洋公园、海底世界、花鸟天堂等。

南山大小洞天： 古称鳌山大小洞天，位于三亚市以西 40 km 处的南山西南隅。大小洞天因奇特秀丽的海景、山景、石景和洞景，自宋代起就开辟为旅游景点，至今已有 800 多年的历史，是海南岛历史最悠久的风景名胜，号称"琼崖第一山水名胜"，为国家首批 5A 级景区。旅游区岩奇洞幽、山海互衬，宛如一幅古朴优雅的长卷画图，内有太极广场、小洞天、椰风海韵、南极寿谷等景点，形成以传统的中国道家文化为主题，融热带海滨风光、民俗风情、休闲度假为一体的国际化旅游风景区。

天涯海角：位于三亚市天涯镇，前海后山，风景独特（见图 8-16）。沙滩上有一对拔地而起的青灰色巨石上分别刻有"天涯"和"海角"字样，"天涯海角"由此得名。游人至此，似乎到了天地之尽头。经历代文人墨客的题咏描绘，已成为我国富有神奇色彩的著名游览胜地，融碧水、蓝天于一色，烟波浩瀚，帆影点点，椰林婆娑，奇石林立，如诗如画。

图 8-16

亚龙湾：位于三亚市东南 28 km 处，是海南岛最南端一个呈半月形的海湾（见图 8-17）。三面青山环绕，沙滩平缓宽阔，绵延 7 000 余米，沙粒洁白细腻，海水清澈澄莹，能见度达 7~9 m，为三亚最优质的海滨沙滩，被人们誉为"东方夏威夷"。现为国家级旅游度假区。区内有凯莱、喜来登、希尔顿等豪华酒店，是一个拥有滨海浴场、豪华别墅、会议中心、高星级宾馆、海底观光世界、海上运动中心、高尔夫球场、游艇俱乐部等国际一流水准服务设施的旅游度假区。"三亚归来不看海，除却亚龙不是湾"，便是游人对亚龙湾由衷的赞誉。

图 8-17

呀诺达雨林：位于保亭县，国家 5A 级景区、国家文化产业示范基地（见图 8-18）。是海南岛五大热带雨林精品的浓缩，堪称中国钻石级雨林景区。景区以美国电瓶车、生态栈道、飞瀑索道、高品质旅游巴士环绕成长约 18 km 的园区通道，组成了蓝月谷和梦幻谷两个游览区域。雨林为原始森林和次森林，包容了空中花篮、老茎生花、高板根、藤本攀附、根包石海南热带雨林等奇观。

图 8-18

3. 琼海

琼海地处海南岛东部，自然条件优越，工农业比较发达。主要景区有博鳌亚洲论坛永久会址、博鳌东方文化苑、博鳌海洋馆、万泉河旅游区、官塘温泉、白石岭、红色娘子军纪念园、椰寨农家乐等。

博鳌：位于琼海市万泉河入海口处，以水城著称。出海口中有东屿、鸳鸯两个岛屿，使博鳌港水中有岛，岛中有水，波光错落，景色秀丽。东屿岛上亚洲论坛永久会址的建立使博鳌成为目前中国境内唯一一个定期、定址、非官方的国际会议组织所在地。会址有国际会议中心，旁边还建有温泉、高尔夫球会，集休闲、娱乐于一体。

4. 万宁

万宁，位于海南岛东南部沿海，东濒南海，西毗琼中，南邻陵水，北与琼海接壤。主要景点有东山岭、兴隆温泉旅游区、兴隆热带植物园、日月湾海门公园、南燕湾白石岭高尔夫球场、东南亚风情村和亚洲风情园等。

兴隆热带植物园：位于万宁市兴隆温泉旅游区内，是集科研、科普、生产、加工和观光休闲于一体的综合性热带植物园。植物园依山傍水，风景秀丽，内分植物观赏区、生产示范区、科研开发区、立体种养区和生态旅游区等五大功能区。拥有热带香料作物、饮料作物、果木花卉等 12 类共 1 200 多种热带植物。

5. 其他旅游城市与景点

其他有文昌、陵水、儋州等旅游城市。这些地区以山地为主，历来为黎、苗等少数民族聚居之地，神奇的民族风情和热带山地森林景观是其旅游特色。主要景区有东郊椰林、铜鼓岭、分界洲岛、南湾猴岛、尖峰岭、五指山热带雨林风景区、儋州石花水洞地质公园、东坡书院、松涛天湖风景区、农垦万嘉果农庄、海南热带飞禽世界、中华民族文化村等。

图 8-19

分界洲岛：位于陵水县东北部，我国首个海岛型国家 5A 级景区。是集海底、海上、空中为一体的立体型、多资源景区，是海南省最早开发开放的无人居住型海岛旅游区（见图 8-19）。它由山、海、岛相融合的独特资源构成，可提供潜水、海钓、潜艇观光、游艇、海豚表演、鲸鲨观光、珊瑚馆观光等多种活动，被称为"坠落红尘的天堂"和"可以发呆的地方"。

实训作业与学习评价

1. 请以"带你游广州长隆／武夷山／亚龙湾"为题作 10 分钟的景点讲解。
2. "十一"前后，北京某单位欲组织一批老年人来广东／福建／海南旅游，请为他们设计一条适用的旅游线路。
3. 请在 5 分钟内说出本区旅游资源与环境的主要特征。
4. 请在 5 分钟内说出海洋类旅游资源／主题公园类旅游资源的特征、价值和开发形式。

项目 9

游遍西南三省区

项目导读

西南地区是我国旅游特色区域之一,尤其在喀斯特地貌以及民族风情旅游等方面地位突出。通过本项目学习,学生应该掌握本区的旅游资源与环境特征,熟悉广西、云南、贵州等省区的主要旅游城市和景点,能根据不同的客源需求设计合理的旅游线路并进行推介与讲解。同时,通过对本区丰富民族民俗和优美自然风光的赏析,提高民族自信和爱国热情。

课程资源

西南区的旅游环境及特色资源解读微课视频

广西旅游资源赏析与线路设计微课视频

云南旅游资源赏析与线路设计微课视频

贵州旅游资源赏析与线路设计微课视频

项目 9 PPT 课件

任务 9.1 西南区的旅游环境及特色资源解读

一、位置与范围

本区包括广西、云南和贵州三省区，位于我国的西南边疆，其北接重庆、四川与西藏，东毗广东、湖南，南临南海，西与越南、老挝、缅甸接壤。改革开放后特别是近十年来，西部大开发战略的实施及西南出海大通道建设等诸多因素使本区域的战略地位日益突出。

二、旅游环境与资源特征

1. 地面结构较复杂，地貌独特

本区地势起伏大，西北高东南低，由西向东分为横断山区、云贵高原、广西丘陵盆地。横断山区高山耸立、河流众多、地表崎岖，梅里雪山、怒山、玉龙雪山、云岭是登山探险的好去处，其间的怒江、澜沧江、金沙江则形成了众多峡谷景观；云贵高原低岗缓丘多坝子，石灰岩分布广泛，喀斯特地貌典型；广西盆地四周群山环绕，岩溶地貌发育，南面濒临北部湾，拥有良好的海滨旅游度假资源。本区复杂多样的地理环境孕育了"东部喀斯特地貌、西部三江并流、南部热带雨林和海滨风光、北部雪山冰川"丰富而独特的自然景观。

2. 气候条件差异大，生物景观多样

本区大部分地区属于亚热带、热带气候，温暖湿润，四季宜人，适游期长，但地势高低起伏，地区气候差异明显。云贵高原四季如春，冬暖夏凉，贵州"天无三日晴"，云南"无云四季春"；广西北部属亚热带季风气候，南部为湿热的热带气候，"四季皆为夏，一雨便成秋"是对其最好的解读；而横断山区受地形影响，垂直变化明显，"一山有四季，十里不同天"，孕育了丰富的生物资源。这里有银杉、桫椤、秃杉等珍稀植物，也有云豹、叶猴、大小灵猫等珍稀野生动物，目前已建立众多国家级和省级自然保护区，成为野生动植物的天堂。

3. 少数民族聚集，民族风情绚丽多彩

本区是我国少数民族种类最多、人数最多的聚集区，其中少数民族人数较多的有壮族、瑶族、彝族、苗族、白族、哈尼族、傣族、回族、傈僳族等，仅云南一省聚居人口在 4 000 人以上的少数民族就有 25 个之多。各少数民族能歌善舞、技艺精湛，在长期的生产和生活中创造了丰富多彩的民族文

化。摩梭母系社会文化、南诏大理文化、东巴文化与绚丽的壮、瑶、苗、傣、彝、侗、白、傈僳等众多少数民情风俗交相辉映，勾画了一幅幅浓郁且色彩斑斓的民族民情画卷。

4. 口岸众多，边境旅游潜力大

云南、广西毗邻越南、老挝、缅甸等国，在漫长的边境线和广袤的边疆域土上，分布着几十个国家的一类口岸和二类口岸。云南的瑞丽、河口、金水河、天保、磨憨、畹町等和广西的凭祥、友谊关等地，已经成为中国西南地区对外开放的前沿阵地和重要通道。"一院两国""一井两国""一街两国""一桥两国"的奇特边境景观，以边境口岸城市为中心形成的特殊氛围以及便利的通关手续等吸引了大量游客前去参观游览。

三、特色资源及其开发利用

1. 喀斯特地貌旅游资源

喀斯特地貌是指具有溶蚀力的水对可溶性岩石（大多为石灰岩）进行溶蚀作用等所形成的地表和地下形态的总称，又称岩溶地貌。除溶蚀作用以外，还包括流水的冲蚀、潜蚀以及坍陷等机械侵蚀过程。

喀斯特地貌分为地表喀斯特和地下喀斯特两大类，其各自发展却又相互影响。喀斯特地貌地面多数崎岖不平、奇峰林立，常见石林、石芽、峰林、孤峰、溶沟、漏斗、干谷、溶蚀洼地等形态；地下喀斯特则多为地下河、溶洞和化学沉积物。

图 9-1

我国的喀斯特地貌分布广泛、类型齐全，主要集中在广西、贵州、云南等省，其地貌奇特多样，典型的岩溶景观分布区很多都成为著名的旅游胜地，如广西的桂林山水、贵州的织金洞、云南的路南石林等。桂林（见图 9-1）是典型的亚热带岩溶地貌分布区，山峰突兀、形态各异、美不胜收。溶洞、石钟乳、石笋、石柱、石幔、石花等千奇百态，形成地下宫殿，引人入胜。

2. 民族风情类旅游资源

民族风情类旅游资源是指那些能够对旅游者产生吸引力并产生社会效益和经济效益的民族民俗资源，是人文旅游资源的重要组成部分。我国地域辽阔，民族众多，在长期的生产、生活和工作过程中，各个民族在语言表达、居住环境、建筑样式、生活方式、节庆活动、宗教信仰、婚恋丧葬、服饰饮食等方面形成了自己独特的风貌，并不断地传承与积累，具有民族性和地域性、社会性和历史性、稳定性和发展性。

淳朴的民风、独特的地域文化、多彩的民俗深深地吸引着外地的人们来参观、游览、体验。科学、保护性地开发各种民族民情旅游资源，可以满足旅游者求新、求异、求知的心理需求，开阔眼界；能展现各民族的民族风情、弘扬民族文化和民族艺术，增强民族自豪感和自信心；能增强各民族之间相互了解，促进民族大团结；能促进当地经济发展，增加当地居民收入。

西南地区的云南、贵州和广西都是多民族省区，也是我国少数民族最集中的区域，民族风情异彩纷呈，是中国旅游资源当中一颗耀眼的明珠。广西壮族的歌圩节、彝族的火把节、傣族的泼水节（见图 9-2）、白族的三月街、哈尼族的长街宴、瑶族的盘王节等都盛大壮观。云南丽江古镇、贵州侗族的鼓楼、三江侗族的程阳风雨桥、白族的垛木房、傣族的竹楼、纳西族的三房一照壁等都是少数民族建筑的杰出代表。

图 9-2

任务 9.2 广西旅游资源赏析与线路设计

一、旅游资源与环境概况

广西壮族自治区，简称桂，省会南宁，位于东经 104°28′~112°04′、北纬 20°54′~26°24′，北回归线横贯全区中部。东部与广东毗邻，北面与湖南、贵州相接，西与云南交界，南临北部湾、与海南隔海相望，与越南接壤。面积 $23.67×10^4$ km^2，占全国总面积的 2.5%，现辖 14 个地级市，人口 5 013 万。除汉族外，还有壮、瑶、苗、侗、仫佬、毛南、回、京、彝、水、仡佬等少数民族。其中壮族是人口最多的少数民族，约占全区少数民族人口的 1/3。

广西处于被称为第二级阶梯的云贵高原的东南边缘、两广丘陵的西部，南边朝向北部湾。四周多山地与高原，而中部与南部多为平地，素有"广西盆地"之称。喀斯特地貌广布，占土地面积的 37.8%，其发育类型之多为世界少见。全区属典型的亚热带季风气候，平均气温为 17℃~23℃，气候宜人，是全国主要的甘蔗、林木和热带亚热带水果生产基地。"山清水秀生态美"，森林覆盖率达到 58%。

广西历史悠久，在四五万年前的旧石器时代晚期就有"柳江人"和"麒麟山人"在此劳作生息。公元前 214 年，秦王朝征服百越，在岭南设置桂林郡、南海郡和象郡，今广西大部分地区属于桂林郡和象郡，所以广西称"桂"由此而来。广西在历史进程中留下了大量的文物古迹和宝贵遗产，如兴安灵渠、宁明花山壁画、柳侯祠、恭城文庙，还有近现代的革命根据地以及众多少数民族民情风俗。

二、旅游业特色与水平

广西旅游资源种类多、分布广、特色突出，等级和品位高，是旅游资源大省。随着东盟自由贸易区建成、北部湾经济区开放开发、新一轮西部大开发、国家海洋战略及兴边富民行动等一系列国家重大战略出台，广西成为国家战略的交汇地，为旅游业的跨越式发展提供了十分难得的机遇。加之贵广高铁、南广高铁全线通车，四大旅游集散中心城市全部通高铁，旅游可进入性大大提升，逐步成为全国一流、世界知名的区域性国际旅游目的地和旅游集散地,全区旅游业发展呈现持续、健康、快速增长的良好态势(见表9-1)。

表9-1 广西省旅游业发展概况一览表

项目	入境游客数	国内游客数	星级酒店数	旅行社数	5A级景区数
广西	54万人次	754万人次	383家	850家	7家
全国	3 057万人次	36 139万人次	10 003家	38 943家	280家
占比	1.8%	2.1%	3.8%	2.2%	2.5%
排名	12	17	7	20	19

近年来,广西充分发挥桂林旅游的龙头带动作用,重点建设桂林、柳州、来宾、南宁、北海、钦州、防城港南北旅游发展带和梧州、贺州、贵港、玉林、柳州、来宾、南宁、崇左、百色、河池西江东西旅游发展带,打造大桂林、北部湾、红水河流域三大国际旅游目的地,建设南宁、桂林、梧州、北海四大旅游集散地,培育桂林山水、北部湾浪漫滨海、中越神秘边关、巴马长寿养生、刘三姐民族风情等五大旅游品牌,整合推出桂东北山水精华游、中越边关探秘游、北部湾休闲度假游、少数民族风情游、世界长寿之乡休闲养生游、桂东祈福感恩游六条旅游精品线路,将桂林国家旅游综合改革试验区、南宁凤亭国际生态文化旅游区、左右江红色旅游区、河池生态养生旅游区、北海涠洲岛旅游区、中越国际旅游合作区和桂台(贺州)客家文化旅游合作示范区作为广西旅游发展重要基地,不断探索跨越式发展的新路子,开发提升游览观光、休闲度假、宗教历史文化体验、长寿养生、民族民俗风情、康体运动、红色旅游、会展商务、乡村旅游等九大特色旅游产品。

三、经典旅游线路及行程特色

1. 桂林山水文化体验游

行程:D1:桂林,漓江—象山—伏波山—芦笛岩—两江四湖—古东瀑布等;
　　　D2:阳朔,百里画廊—漓江风光—大榕树景区—遇龙河景区—西街;
　　　D3:龙胜,龙脊梯田—龙胜温泉—龙胜红瑶;
　　　D4:兴安,古灵渠—华南第一峰—猫儿山—乐满地度假世界。
特色:本线路以喀斯特地貌景观为主,一览桂林山水,是典型的山水之旅。

2. 中越边关探秘游

行程:D1:崇左,石林—斜塔—白头叶猴生态公园;
　　　D2:宁明,花山—明江;
　　　D3:凭祥,友谊关景区—大连城—浦寨—平尔关地下长城;
　　　D4:大新,德天瀑布—明仕田园风光—奇峰谷;
　　　D5:靖西,通灵大峡谷—古龙峡谷漂流—旧州古镇—鹅泉—三牙山。
特色:本线路以边境口岸风光为主,具有一定的神秘色彩。

3. 世界长寿之乡养生休闲之旅

行程:D1—D2:南宁,嘉和城温泉谷—嘉和城高尔夫—九曲湾温泉—青秀山高尔夫—广西药用植物园;

D3-D4：巴马，盘阳河—长寿村等。

特色：以温泉、高尔夫为主，主打健康、养生与运动主题。

4. 北部湾休闲度假游

行程：D1：北海，银滩—涠洲岛—海洋之窗—海洋世界—南珠宫—老街—海鲜城；

D2：钦州，三娘湾—七十二泾；

D3：防城港，江山半岛—防城港—东兴金滩—东兴国门第一街。

特色：以浓郁的亚热带海滨风情度假产品为主，谱写轻松心情。

5. 广西红色专项三日游

行程：D1：桂林，红军长征突破湘江烈士纪念碑园—湘江战役纪念园—新圩阻击战纪念园；

D2：百色，右江工农民主政府旧址—百色起义纪念园；

D3：南宁，昆仑关战役博物馆—邓颖超纪念馆—广西革命纪念馆。

特色：参观革命战争纪念场馆，学习世纪伟人和革命先烈的牺牲精神。

四、旅游城市与景点

1. 南宁

南宁，广西首府，也是广西最大的城市、北部湾经济区核心城市、中国东盟博览会永久举办地；是一座历史悠久的文化古城，同时也是一个以壮族为主的多民族和睦相处的现代化城市。南宁旅游资源丰富，扬美古风、青山塔影、明山锦绣、望仙怀古、伊岭神宫、南湖情韵、龙虎猴趣、邕江春泛、凤江绿野、九龙戏珠为南宁十景。

图 9-3

青秀山： 位于南宁市区往东南 9 km 处的邕江江畔，总面积 4 km²；国家 5A 级旅游区，被誉为"南宁市的巨肺"。青秀山景区（见图 9-3）四季常绿，群峰叠翠，山峦起伏，拥有世界最大的苏铁园、热带雨林大观园、棕榈园、龙象塔、凤凰头等景观。现存古迹和名人文士的题吟颇丰，是游客观光旅游、寻古探幽的好去处。

扬美古镇： 位于左江下游，距南宁 38 km，有上千年历史，是广西境内保存最完好的明清古建筑群。镇里镇外风光秀丽、民风古朴。著名景点有千年古楼——魁星楼、清代一条街、明清古建筑群、梁列亚故居、龙潭等，"扬美三宝"——梅菜、豆豉和酸菜风味独特。

大明山自然保护区： 位于武鸣区东北部，距县城 50 km，以"雨后明空晴翠"而得名。山体属弧形山脉，西北东南走向，绵延长 150 km，东西宽约 25 km，主峰龙头山海拔 1 760 m，为桂中南最高峰，气势雄伟。山中四季分明，形成了春之岚、夏之瀑、秋之云、冬之雪的美丽景观，被誉为"广西庐山"。主要景观有林海日出、壮乡远眺、深山飞瀑、南疆冰雪、奇松劲秀、高山草坪、奇峰幽谷等。

2. 桂林

桂林，世界著名旅游城市、首批国家历史文化名城。其山水风光举世闻名，享有"桂林山水甲天下"的美誉。其中最具有代表性的景点有漓江、乐满地、印象刘三姐、阳朔西街、两江四湖（漓江市区部分、桃花江、木龙湖、桂湖、榕湖、杉湖)、三山两洞(象鼻山、伏波山、叠彩山、芦笛岩、七星岩)、冠岩、龙脊梯田、遇龙河、银子岩、猫儿山和世外桃源等。

独秀峰-王城景区： 位于桂林市漓江之畔，占地面积 20 km²，国家 5A 级景区。景区内自然山水风光与历史人文景观交相辉映，自古以来就有"城中城"的美誉。山上建有玄武阁、观音堂、三客庙、三神祠等，山下有月牙池等景观，峰壁摩崖石刻星罗棋布，"桂林山水甲天下"的真迹就题刻于此。王城是明太祖朱元璋的侄孙朱守谦被封为靖江王时修造的，是我国目前保存最为完好的明藩王府第，现为全国重点文物保护单位。

漓江景区： 国家 5A 级景区、国家重点风景名胜区，是桂林风景的精华所在，为世界上规模最大、风景最美的岩溶山水游览区(见图 9-4)。景区以桂林市为中心，北起兴安灵渠，南至阳朔，由漓江一水相连。"江作青罗带，山如碧玉簪"，有山青、水秀、洞奇、石美四绝之誉。沿途如百里画廊，可以欣赏到九马画山、鲤鱼挂壁、黄布倒影、半边渡等佳景，一年四季游船穿梭不绝。

图 9-4

乐满地： 国家首批 5A 级旅游景区，占地 400 公顷，由融合桂林山水之美、广西少数民族艺术及乐满地欢乐文化的度假酒店、美式丘陵国际标准 36 洞高尔夫球场和缤纷主题乐园构成，是广西目前最大的外商投资旅游项目。

3. 柳州

柳州，位于广西中北部，是山水景观独特的历史文化名城。主要景点有柳侯公园、龙潭公园、百里柳江、立鱼峰景区、柳州博物馆、鹅山公园、三门江森林公园、都乐岩风景区、柳州水上运动中心、河西花卉公园、马鹿山公园、箭盘山公园等。

柳侯祠： 始建于宋代，重建于清朝。古朴轩昂，塑有柳宗元及其部将的仿铜塑像，陈列有文物、图表、书画，详尽介绍了柳宗元的生平和历史功绩。祠内还有柳宗元书写的"龙城石刻"和苏轼书写的"荔子碑"等碑刻 40 余方。

马胖鼓楼： 位于广西三江侗族自治县马胖寨，是广西唯一被列为全国重点文物保护单位的鼓楼，也是全国仅有的三座"国宝"侗族鼓楼之一。楼高 15 m，长宽 11 m，共 9 层，层层叠架，全用杉木凿榫衔接，不用钉铆，也没有木楔，结构精巧，造型美观。

程阳风雨桥： 建于 1912 年。主要由木料和石料建成，是侗寨风雨桥的代表作，集桥、廊、亭三者于一身，在中外建筑史上独具风韵，是目前保存最好、规模最大的风雨桥，如图 9-5 所示。

图 9-5

4. 北海

北海，古代"海上丝绸之路"的重要始发港、国家历史文化名城。主要景点有北海银滩、海洋之窗、海底世界、珠海路老街、北海近代建筑群、山口红树林自然保护区、璋嘉自然景观旅游区、涠洲岛国家地质森林公园等。

北海银滩： 4A 级旅游景区、国家级旅游度假区，为中国 35 个"王牌景点"之一，享有"天下第一滩"的美誉。东西绵延 24 km，滩长平、沙细白、水温净、浪柔软、无鲨鱼、无污染、空气清新自然。

涠洲岛： 火山喷发堆凝而成，遍布海蚀、海积以及绚丽多姿的活珊瑚景观，有"蓬莱岛"之称，是中国地质年龄最年轻的火山岛，也是广西最大的海岛（见图9-6）。岛内景区包括鳄鱼山景区、滴水丹屏景区、石螺口景区、天主教堂景区和五彩滩景区等。

图 9-6

5. 梧州

广西的东大门，享有"绿城水都""世界人工宝石之都"等美誉。全市主要的旅游景点有李济深故居、太平天国永安活动旧址、梧州中山纪念堂、中共梧州地委、广西特委旧址、岑溪邓公庙、白云山、太平狮山等。

白云山公园： 位于梧州市区东北部，最高峰386 m。唐代大诗人孟浩然诗云"苍梧白云远，烟水洞庭深"，清代诗人李世瑞诗云"晓露乍薄初日上，晚烟如幂夕阳低"，梧州八景之一"云岭晴岚"因此得名。

6. 贺州

贺州，地处湘、粤、桂三省区的结合部，优秀旅游城市、著名客家聚居区。历史悠久，文物古迹多，民族风情丰富。主要景点有玉印浮山、客家围屋、黄姚古镇、临贺故城、秀水状元村、十八水、姑婆山、贺州玉石林、贺州温泉、紫云仙境等。

姑婆山： 首批国家生态旅游示范区，有"华南最大的天然氧吧""瀑布森林公园"之称。不仅是动植物王国，如诗如画的山水田园景色更是吸引了众多的国内外旅游者，还成为很多影视作品的外景拍摄地。

客家围屋： 位于贺州市八步区莲塘镇仁冲村，是目前中国保存最完整、规模最大、历史最悠久的客家古建筑之一，与福建客家土楼并称为"中国客家民居的传统建筑"，素有"江南紫禁城"之美称（见图9-7）。整个围屋分北、南两座，相距300 m。北座四横六纵，有天井18处、厅堂9个、厢房99间；南座三横六纵，有天井16处、厅堂8个、厢房94间。

图 9-7

7. 钦州

钦州，优秀旅游城市，南临北部湾，是大西南最便捷的出海通道，具有重要的战略地位。其旅游景点众多，主要有三娘湾旅游区、八寨沟旅游区、王岗山、冯子材故居、大芦村民族风情、六峰山、麻蓝岛、七十二泾、三海岩、灵东水库、五皇山以及众多遗址遗迹。

大芦村： 广西三个著名古村（镇）之一，以古建筑、古文化、古树（俗称"三古"）名列广西三个古村镇之首。始建于明、清，建筑面积达 $22 \times 10^4 \ m^2$。现保存有305副古对联，1999年被授予"广西楹联第一村"称号。

8. 百色

百色，位于右江上游，是一个集革命老区、少数民族地区、边境地区、大石山区、贫困地区、水库移民区"六位一体"的特殊区域。主要景区有百色起义纪念园、红七军军部旧址、右江民族博物馆、澄碧湖、大王岭原始森林、乐业大石围天坑群、靖西通灵大峡谷和古龙山峡谷、田阳敢壮山布洛陀、凌云茶山金字塔等。

百色起义纪念园：位于百色市东北郊迎龙山，园中还有百色地区的标志——百色起义烈士纪念碑。馆内藏有百色起义和左右江革命根据地大量的革命文物和史料。

大石围天坑群：国际洞穴探险基地、国家地质遗址、世界自然遗产，建设有世界天坑溶洞博物馆。24个天坑分布在方圆不到 20 km² 的崇山峻岭里，是世界上最大的天坑群（见图9-8）。

图 9-8

9. 玉林

玉林，被世人誉为"岭南美玉，胜景如林"，自古享有"岭南都会"之美称，具有两千多年历史。主要景点有经略台真武阁、鬼门关、谢鲁山庄、都峤山、云天宫、大容山森林公园等。

铜石岭：有汉代冶铜和铸造铜鼓遗址，是广西重点文物保护单位。其以勾漏洞和铜石岭特别景观区为主要游览线路。铜石岭阴阳山是喀斯特地貌与丹霞地貌结合最好、最典型、最具观赏价值的旅游景观。

10. 防城港

防城港，滨海城市、边关城市、港口城市，是中国氧都、广西第二大侨乡。森林覆盖率达59%，拥有世界唯一的金花茶自然保护区和中国最大、最典型的海湾红树林。主要景点有江山半岛旅游度假区、簕山古渔村、海洋文化公园、那良古街、野人谷、古炮台遗址等。

江山半岛：荣获"中国最美休闲度假旅游胜地"。景区内有迄今为止中国大陆最南端最早年代的恐龙化石、新石器时代的亚婆山贝丘遗址和东汉伏波将军马援平定交趾叛乱时留下的历史文化遗迹。此外还有清代的白龙古炮台群、烽火台和抗美援越时期的"海上胡志明小道"等战争遗址。

11. 其他旅游城市与景点

此外，还有贵港、河池、来宾和崇左市。贵港位于广西东南部，西江流域中游，是大西南出海通道的重要门户，拥有桂平西山风景名胜区、太平天国起义金田旅游区、北回归线标志公园、东塔等风景名胜区和文物保护单位。河池是一座以壮族为主的多民族聚居城市，为歌仙刘三姐故乡、世界长寿之乡，主要景点有红水河百里画廊、七百弄国家地质公园、水晶宫和百魔洞等。来宾位居广西中部，有"桂中"之称，是世界瑶都、盘古文化之都和奇石之乡，主要景点有莫氏土司衙署、象州花池温泉、百崖大峡谷等。崇左是广西边境线陆路最长的地级市，西及西南部与越南接壤，处于华南经济圈、西南经济圈和东盟经济圈交汇的中心地带，主要景点有德天瀑布、左江斜塔、白头叶猴生态公园、红八军军部旧址等。

任务 9.3

云南旅游资源赏析与线路设计

一、旅游资源与环境概况

云南简称滇，省会昆明，位于中国西南边陲，是人类文明重要发祥地之一，因"彩云之南""云岭之南"而得名。北回归线从南部横穿而过，与川、黔、桂、藏相邻，与缅甸、老挝和越南接壤，面积 $39×10^4$ km²，总人口 4 721 万。下辖 8 个市、8 个州，为全国少数民族最多的省份。许多少数民族至今仍保持着自己的传统和习俗，因而成为宝贵的多元民情风俗旅游资源。

云南属青藏高原南延部分，只有 6% 为平地，全省海拔 2 500 m 以上的山峰有 30 多座。地形以高原为主，坝子众多，湖泊遍布，温泉成群，水系丰富。云南的气候随海拔的不同而变化多端，但总降雨量及温度适中，昼夜温差大，大部分地区冬暖夏凉，四季如春。云南拥有中国最丰富的植物种类，花卉和观赏植物也极负盛名，还出产名贵药材。滇金丝猴、绿孔雀、小熊猫、亚洲象、望天树等都是特有物种，大约 700 种蝴蝶，有"植物王国"和"动物王国"的美誉。全省已建立 50 多处国家级及省级自然保护区和森林公园。

在交通方面，机场、铁路、公路等现代交通网络运输能力得到极大提升，并逐步建立起面向南亚、东亚、沟通太平洋和印度洋的功能齐全、运力强大的国际立体交通网络。

二、旅游业特色与水平

复杂的地理环境、丰富的生物资源和多样性民族文化使云南拥有丰富的旅游资源，自然景观与人文景观相得益彰。经过多年对旅游业的大力投入和培育，旅游基础设施建设取得了突破性的进展，服务意识和服务水平不断提高，大量有当地特色的旅游产品得到开发，旅游业得到快速发展，国内旅游人数、入境旅游人数、国内旅游收入、旅游外汇收入等指标均稳步增长（见表 9-2）。

表 9-2 云南省旅游业发展概况一览表

项目	入境游客数	国内游客数	星级酒店数	旅行社数	5A级景区数
云南	45 万人次	1 122 万人次	415 家	1 105 家	8 家
全国	3 057 万人次	36 139 万人次	10 003 家	38 943 家	280 家
占比	1.5%	3.1%	4.1%	2.8%	2.9%
排名	17	11	5	16	17

近年来，云南省着力构建"一心六区七廊"的发展格局，即强化一个中心，把昆明建设成全国重要的旅游目的地、连接东盟旅游圈和中国旅游圈的枢纽；优化滇中国际旅游区、滇西北香格里拉国际

旅游区、滇西火山热海边境旅游区、滇西南澜沧江—湄公河国际旅游区、滇东南喀斯特山水文化旅游区和滇东北红土高原旅游区，并在进一步完善五条传统精品旅游线路的基础上，面向国际和国内两大市场，构建昆明—曼谷、昆明—河内、昆明—仰光、昆明—腾冲—密支那、昆明—丽江—香格里拉—昌都、昆明—昭通—成都（重庆）—三峡—"长三角"、昆明—文山—北部湾—"珠三角"等7条联系周边、延伸国内、辐射国际的旅游经济走廊。

三、经典旅游线路及行程特色

1. 云南风景名胜经典六日游

行程：D1：昆明，市容—西山龙门胜景—大观楼—金马碧鸡坊—鲜花市场—石林；
　　　D2：大理，洱海—观音阁—苍山—清碧溪—大理古城—洋人街；
　　　D3—D4：丽江，古城四方街—黑龙潭—玉水寨—东巴神园—甘海子—玉龙雪山；
　　　D5—D6：泸沽湖，泸沽湖—摩梭母系部落—草海—走婚桥—鸟觉湖湾—后龙山。

特色：本线路是云南经典旅游线路之一，城市风光、自然景观和民族风情融为一体。

2. 滇西南热带雨林风情游

行程：D1—D2：西双版纳，傣族早市—傣寨—勐仑植物园—原始森林公园—傣族泼水节—傣族歌舞表演；
　　　D3—D4：中缅，打洛独树成林—景真八角亭—边贸集市—国门—界碑—出境游卧佛寺—平塔—大金塔。

特色：本线路以热带雨林、生物景观和民族文化为主。

3. 滇西北香格里拉生态文化四日游

行程：D1：香格里拉，滇藏公路—长江第一湾—虎跳峡—彝族村寨—独克宗月光古城；
　　　D2：香格里拉，金沙江第一湾—白芒雪山—德钦飞来寺；
　　　D3：香格里拉，梅里雪山—明永冰川；
　　　D4：香格里拉，普达措国家森林公园。

特色：本线路以民族风情、生态文化、雪山冰川、江湾峡谷等为特色。

4. 云南红色专项两日游

行程：D1：昆明，云南陆军讲武堂旧址—红军长征柯渡纪念馆；
　　　D2：腾冲，滇西抗战纪念馆—和顺古镇。

特色：瞻仰红色场馆，感受滇西抗战和红军长征历史，接受爱国主义教育。

四、旅游城市与景点

1. 昆明

　　昆明，享"春城"之美誉，系云南省会，全国十大旅游热点城市、首批中国优秀旅游城市。主要景点有石林、滇池、安宁温泉、九乡、阳宗海、轿子雪山、世界园艺博览园、云南民族村等。

　　石林：世界地质公园，位于石林县境内，距昆明市86 km。由大、小石林、乃古石林、大叠水、长湖、月湖、芝云洞、奇风洞7个风景片区组成，面积400 km^2，被人们誉为"天下第一奇观"，是世界唯一位于亚热带高原地区的喀斯特地貌风景区，如图 9-9 所示。其与北京故宫、西安兵马俑、桂林山水齐名。

滇池：亦称昆明湖、昆明池，是云南省最大的淡水湖，有高原明珠之称。滇池为地震断层陷落型的湖泊，其外形似一弯新月。周围风景名胜众多，与西山森林公园、大观公园等隔水相望。云南民族村、国家体育训练基地、云南民族博物馆等既相连成片又相对独立、互为依托，是游览、娱乐、度假的理想场所。

图 9-9

世界园艺博览园：1999 年昆明世界园艺博览会会址。园区整体依山就势，错落有致，气势恢宏，集全国各省、区、市地方特色和 95 个国家风格迥异的园林园艺精品、庭院建筑和科技成就于一园，体现了"人与自然，和谐发展"的时代主题，是一个具有"云南特色、中国气派、世界一流"的园林园艺精品大观园。

2. 大理

大理，是大理白族自治州的府邸，东巡洱海，西及点苍山脉，是中国西南边疆开发较早的地区之一。地处低纬高原，四季温差不大，常年气候温和，土地肥沃，以秀丽山水和少数民族风情闻名于世。境内以蝴蝶泉、洱海、崇圣寺三塔等景点最有代表性。

崇圣寺三塔：位于大理古城西北部 1.5 km 处，由一大二小三塔组成。大塔又名千寻塔，高 69.13 m，底为 9.9 m，为大理地区典型的密檐式空心四方形砖塔。三座塔鼎足而立，千寻塔居中，二小塔南北拱卫，雄伟壮观，显示了古代劳动人民在建筑方面的卓越成就，为大理的标志（见图 9-10）。

图 9-10

大理古城：东临洱海，西倚苍山，形成了"一水绕苍山，苍山抱古城"的城市格局，已有 1 200 年的建造历史。现存的大理古城呈方形，开四门，上建城楼，下有卫城，更有南北三条溪水作为天然屏障。城内由南到北横贯着五条大街，自西向东纵穿了八条街巷，整个城市呈棋盘式布局。

蝴蝶泉：位于苍山第一峰云弄峰下，南距大理古城 27 km，为方形泉潭。泉水清澈如镜，由泉底冒出。泉边一高大古树，横卧泉上，这就是"蝴蝶树"。每年春夏之交，特别是 4 月 15 日，蝴蝶树芬芳引蝴蝶，大批蝴蝶聚于泉边，满天飞舞。最奇的是万千彩蝴蝶，头尾相随，倒挂蝴蝶树上，形成无数串，垂及水面，蔚为壮观。蝴蝶泉奇景古已有之，明代徐霞客笔下已有生动的记载。郭沫若 1961 年游览时，手书"蝴蝶泉"三个大字，后刻于泉边的坊石之上。

3. 丽江

丽江，处于云南省西北部，距昆明市 527 km。被称为"中国古典音乐活化石"的纳西古乐、世界上唯一活着的东巴象形文字、仍具有母系氏族特征的摩梭人、玉龙雪山、虎跳峡、束河古镇等，使丽江成为中国乃至世界的旅游热点。与四川阆中、山西平遥、安徽歙县并称为"保存最为完好的四大古城"。

玉龙雪山：国家重点风景名胜区。主峰扇子陡海拔 5 596 m，以险、秀、奇著称。主要有云杉坪、白水河、甘海子、冰塔林等景点，是一个集观光、登山、探险、科考、度假、郊游为一体的多功能的旅游胜地。

丽江古城：又名"大研古镇"，是世界文化遗产、国家 5A 级旅游景区、全国文明风景旅游区示范点。坐落在丽江坝中部、玉龙雪山下，以四方街为中心，向周围呈放射形状布局，街道四通八达，家家流水，户户垂杨，被誉为"高原姑苏"（见图 9-11）。

图 9-11

4. 迪庆

迪庆，藏语意为"吉祥如意的地方"，是云南唯一的藏族自治州，位于滇、藏、川三省区交界处。以藏传佛教为主，多种宗教多种教派并存，形成了神秘、深邃的宗教文化。主要旅游景点有香格里拉、普达措国家公园、三江并流、梅里雪山、虎跳峡、长江第一湾、碧塔海、纳帕海、明永冰川、松赞林寺、东竹林寺、小中甸草原、月亮湾大峡谷、白水台、寿国寺、茨中天主教堂、飞来寺国家森林公园等。

三江并流：是指金沙江、澜沧江和怒江这三条发源于青藏高原的大江在云南省境内自北向南并行奔流 170 km，穿越担当力卡山、高黎贡山、怒山和云岭等崇山峻岭之间，形成世界上罕见的"江水并流而不交汇"的奇特自然地理景观。高山雪峰、峡谷险滩、林海雪原、冰蚀湖泊、珍稀动植物和民族风情，形成了雄、险、秀、奇、幽、奥、叹等特色。

香格里拉：位于云南省西北部，是滇、川、藏三省区交汇处，也是"三江并流"风景区腹地（见图 9-12）。英国著名作家詹姆斯·希尔顿在其长篇小说《消失的地平线》中描绘了一个远在东方群山峻岭之中的永恒、和平、宁静之地。

图 9-12

5. 西双版纳

西双版纳，位于云南省南端。西双版纳意为"理想而神奇的乐土"，以美丽的热带雨林自然景观和少数民族风情而闻名于世。在这片富饶的土地上，有占全国 1/4 的动物和 1/6 的植物，是名副其实的"动物王国"和"植物王国"。特有的节日"泼水节"于每年 4 月中旬举行，吸引了众多国内外的游客参与。

西双版纳国家森林公园：位于景洪市，占地 1 750 公顷，园内森林覆盖率为 98.6%，是目前北回归线以南保存最完好的一片原始森林。融会了原始森林神奇的自然风光和浓郁的民俗风情，体现了"热带沟谷雨林""以孔雀文化为主的野生动物展示""以哈尼族—爱尼人为主的民俗风情展示"三大主题特色，是一个神奇的地方。

曼飞龙笋塔：西双版纳地区标志性的建筑景观，位于景洪城西南勐龙区的曼飞龙村。始建于 1204 年，1 个主塔与 8 个小塔建在同一座塔基上，似竹笋破土而出。塔身洁白如雪，塔尖金光耀眼、富丽堂皇、气度不凡（见图 9-13）。

图 9-13

6. 保山

保山，古称永昌，位于云南省西部，外与缅甸山水相连。自然生态环境复杂，以温泉火山地貌为最，少数民族资源丰富。主要景点有腾冲地热火山风景区、玉佛寺、滇西抗日阵亡战士纪念碑、古西南丝绸之路遗址、北海湿地、龙王潭、迤东会馆、金鸡古镇、高黎贡山等。

腾冲地热火山： 位于云南省西部国陲，与缅甸接壤。景区内分布着气泉、热泉、温泉 80 多处，以及 90 多座火山锥，为我国第二大热气田。著名的温泉有硫黄塘大滚锅、黄瓜箐热气沟和澡塘河高温沸泉。

7. 曲靖

曲靖，位于云南省东部，素有"滇黔锁钥""云南咽喉"之称，是云南第二大城市。彝、布依、壮、苗、瑶等八大民族独特的语言、服装、风俗和信仰构成了别样的民族风情。主要景点有珠江源、爨宝子碑、爨龙颜碑、大理三十七部会盟碑、千佛塔及罗平多依河、九龙瀑布群、鲁布革风景区等。

爨龙颜碑： 始建于南朝刘宋孝武帝大明二年（458 年），高 3.38 m，上宽 1.35 m，下宽 1.46 m，厚 0.25 m，碑阳正文 24 行，每行 45 字，共 927 字，故称"大爨"。它是现存晋宋间云南最有价值的碑刻之一，为后人研究爨氏家族及晋南北朝时期的云南历史，提供了宝贵的资料。

8. 玉溪

玉溪，位于云南省中部。地形复杂，山地、峡谷、高原、盆地交错分布。因粮食高产、烟叶质地优良而享有"滇中粮仓""云烟之乡"的美誉。主要景点有抚仙湖、红塔山工业区、哀牢山自然保护区、界鱼石、禄充村、九龙池、白龙寺、磨盘山国家森林公园等。

抚仙湖： 位于云南省玉溪市澄江、江川、华宁三县间，是中国最大的深水型淡水湖泊、珠江源头第一大湖。水质极佳，湖水清澈，晶莹剔透，被古人称为"琉璃万顷"。

9. 德宏

德宏，位于云南西部中缅边境，取傣语意为"怒江下游的地方"。有畹町、瑞丽、陇川章凤和盈江小平原口岸，傣、景颇、阿昌、德昂等少数民族世居，多种文化交融。旅游资源丰富，主要有勐巴娜西大花园、树包塔奇观、芒市镇南传上座部佛寺、三仙洞、畹町原始森林、滇缅公路终点——畹町桥、畹町生态园、扎朵佛脚印风景区、麓川古城、中缅一条街等。

一寨两国： 寨子名为银井，位于瑞丽市西南约 11 km。有名的中缅边境 71 号界碑矗立寨中，是个典型的"一寨两国"边境地区（见图 9-14）。从瑞丽至弄岛的公路将同一傣族村寨一分为二，中方一侧的称为银井，缅方一侧的称为芒秀。寨中的国境线以竹棚、村道、水沟、土埂为界。寨子里的老百姓语言相通、习俗相同，且相处和睦。

图 9-14

10. 红河州

红河州，位于云南省东南部，是云南经济社会和人文自然的缩影，是云南近代工业的发祥地，也是中国走向东盟的陆路通道和桥头堡。红河州具有山区多、民族多、贫困人口多、边境线长等特征；锡文化、陶瓷文化和梯田文化闻名遐迩。主要景点有哈尼梯田、建水风景名胜、湖泉生态园、阿庐古洞、燕子洞、团山民居等。

哈尼梯田： 2013年被列入世界遗产名录，位于云南南部。梯田是哈尼族人1 300多年来生生不息雕刻的山水田园风光画，遍布于红河州元阳、红河、金平、绿春四县，总面积约100万亩。仅元阳县境内就有17万亩梯田，是红河哈尼梯田的核心区。梯田随山势地形变化，因地制宜，最高级别在3 000级，坡度15°~75°，蔚为壮观，如图9-15所示。

图9-15

11. 其他旅游城市与景点

除此之外，还有昭通、普洱、临沧三个市和怒江、楚雄和文山三个自治州，其共同特点为地貌复杂、少数民族风情浓郁。昭通市是云南通向四川、贵州两省的重要门户，云南文化三大发源地之一，为中国著名的"南丝绸之路"的要冲，素有"锁钥南滇，咽喉西蜀"之称；主要景点有昭通古城、扎西会议会址、念湖、天台山溶洞等。普洱市原名思茅市，曾是茶马古道上重要的驿站，是著名的普洱茶的重要产地之一，也是中国最大的产茶区之一；主要景点有茶马古道、墨江北回归线标志园、中华普洱茶博览苑、娜允古镇、思茅小黑江森林公园等。临沧市是中国佤文化的荟萃之地，是世界著名的"滇红"之乡、世界种茶的原生地之一、全国著名的核桃之乡；主要景点有漫湾百里长湖、临沧大雪山、沧源崖画、翁丁佤族原始群居村等。怒江州是中国唯一的傈僳族自治州，独龙族和怒族是其所特有的少数民族。高山峡谷多，主要景点有怒江第一湾、石月亮、抗英纪念碑等。楚雄彝族自治州是人类发祥地之一，有着悠久的历史和灿烂的文化，被誉为"滇中绿宝石""滇中植物基因库"。一年一度的火把节是彝州各族人民最盛大、最隆重的传统节日。主要景点有元谋人遗址、恐龙谷、大姚白塔、彝人古镇等。文山壮族苗族自治州位于云南省东南部，与越南接壤，人称"滇东南大门""三七之乡"，主要景点有普者黑、砚山浴仙湖、盘龙公园和柳井溶洞群等。

任务 9.4

贵州旅游资源赏析与线路设计

一、旅游资源与环境概况

贵州，省会贵阳，简称黔或贵，位于东经103°36′~109°35′、北纬24°37′~29°13′。地处西南腹地，与重庆、四川、云南、广西相接壤，是西南地区陆路交通枢纽。辖6市和3个自治州，总面积约为$17.6×10^4$ km²，总人口约3 856万人。世居少数民族有苗族等17个民族，少数民族人口约占

39%。千百年来,各民族和睦相处,共同创造了多姿多彩的贵州文化。

贵州位于中国西南部高原山地,境内地势西高东低,平均海拔在 1 100 m 左右。全省地貌有高原、山地、丘陵和盆地四种基本类型,高原山地居多,素有"八山一水一分田"之说,是全国唯一没有平原的省份。境内属亚热带湿润季风气候,四季分明、春暖风和、雨量充沛、雨热同期。

贵州旅游资源富集、特色鲜明,是世界上岩溶地貌发育最典型的地区之一。旅游优势突出,如以喀斯特风光为主且集瀑布、溶洞、湖泊为一体的自然风光,以贵阳、六盘水等为代表的避暑休闲度假资源和以西江、肇兴、音寨等为代表的原生态民族文化资源,融合了以长征、四渡赤水等为主的红色文化,以屯堡为主的老汉族文化和以镇远、青岩为代表的历史古镇文化。

二、旅游业特色与水平

贵州大力引导与扶持旅游业发展,旅游产业规模日益壮大。基础设施建设加快;吃、住、行、游、购、娱六大产业要素建设明显改善;旅行社、旅游饭店数量不断增多;旅游接待能力大大提高,国内旅游人数、入境旅游人数、国内旅游收入、旅游外汇收入等指标连续多年增长(见表9-3)。

表 9-3 贵州省旅游业发展概况一览表

项目	入境游客数	国内游客数	星级酒店数	旅行社数	5A级景区数
贵州	23 万人次	486 万人次	225 家	594 家	7 家
全国	3 057 万人次	36 139 万人次	10 003 家	38 943 家	280 家
占比	0.8%	1.3%	2.2%	1.5%	2.5%
排名	20	19	20	26	19

贵州旅游发展实施大思路和新视角。首先其总体定位为"两省、六地":"两省",即旅游大省和山地旅游休闲度假省;"六地",即全国最佳旅游避暑地、新型国民休闲基地、养生与老龄度假基地、原生态民族文化体验基地、山地户外活动基地、自驾车与自行车自助旅游基地。其次,大力发展骨干休闲度假区,即泛黄果树旅游度假区、多彩贵州城文化旅游区、乐湾国际温泉休闲城、荔波生态旅游度假区、龙里国际山地避暑休闲度假区、国酒茅台度假区、百里杜鹃高山休闲度假区、镇远古镇历史文化旅游度假区、雷山西江苗寨度假区、黎平肇兴侗寨度假区、织金洞度假区、宽阔水—九道门—双河溶洞度假区、赫章阿西里西大草原避暑度假区、赤水丹霞自然遗产度假区、兴义万峰林(万峰湖)户外运动度假区、梵净山—德江文化旅游度假区、安顺大屯堡文化乡村旅游度假区、施秉杉木河云台山旅游区、湄潭—凤冈茶旅一体休闲农业示范区和桐梓避暑休闲度假区。

三、经典旅游线路及行程特色

1. 贵州精品三日游

行程:D1:贵阳,花溪公园—青岩古镇—甲秀楼;
　　　D2:安顺,天龙屯堡—龙宫—黄果树瀑布—天星桥;
　　　D3:兴义,马岭河—万峰林。

特色：本线路集自然风光、漂流探险、科普教育、民俗历史为一体。

2. 贵州红色专项三日游

行程：D1：贵阳，集中营纪念馆—解放贵州革命烈士纪念碑；
　　　D2：遵义，遵义会议会址—红军山—海龙屯—娄山关；
　　　D3：仁怀，国酒文化城—盐津温泉—土城四渡赤水纪念馆。

特色：以红色旅游景点为主，体现爱国主义教育主题。

3. 多彩贵州清凉四日游

行程：D1：荔波县，大七孔—小七孔—水春河；
　　　D2：贵阳，青岩古镇—花溪公园—甲秀楼—黔灵公园；
　　　D3：安顺，黄果树大瀑布—陡坡塘瀑布—天星桥—龙宫塘；
　　　D4：毕节，织金洞。

特色：以水文景观为主，让游客感受清凉世界。

4. 苗侗风情四日游

行程：D1：凯里，南花苗寨—西江千户苗寨—郎德苗寨—雷公山；
　　　D2：榕江，麻江（农民绘画之乡铜鼓）—卡拉村—侗族风情—三宝侗寨；
　　　D3：从江，岜沙苗寨—肇兴侗寨—地坪风雨桥；
　　　D4：凯里，锦屏隆里古镇—剑河温泉—台江施洞苗寨。

特色：本线路以观赏民族建筑、苗岭风光和感受多彩的少数民族风情为主。

四、旅游城市与景点

1. 贵阳

贵阳简称筑，别称林城。贵州省省会，全省政治、经济、文教、交通和旅游服务中心，生态旅游休闲度假旅游城市，中国避暑之都。多民族杂居，刺绣、挑花、蜡染是最具有代表性的传统工艺。主要景点有黔灵山、青岩古镇、花溪湿地、甲秀楼、文昌阁、阳明祠、东山塔、贵阳欢乐世界、桃源河峡谷、息烽温泉、息烽集中营旧址、贵阳森林野生动物园、百花湖、红枫湖、六广河大峡谷、情人谷、香纸沟、长坡岭国家森林公园等。

黔灵山公园：罕见的天然城市中央公园。园内古木参天，植被茂密，集贵州高原灵气于一身。山上生长着1 500余种树木花卉和1 000多种名贵药材。公园有弘福寺、麒麟洞、摩崖石刻群、革命烈士纪念碑等景观。抗日战争期间爱国将领张学良、杨虎城曾被软禁于麒麟洞内。

花溪国家城市湿地公园：贵州省首个国家城市湿地公园。属于亚热带湿润气候下的高原岩溶丘陵区，以喀斯特地貌为主要特征，具有生态"大氧吧""天然大空调"的美称。湿地公园（见图9-16）以花溪河为纽带，涵盖十里河滩、花溪公园、洛平至平桥观光农业带和大将山景区。

2. 安顺

安顺，中国优秀旅游城市，位于贵州省中西部，是喀斯特地貌发育最成熟、最典型、最集中的地带。主要景点有黄果树瀑布、龙宫、夜郎洞、格凸河、红枫湖、九龙山、关岭化石群、关岭花江大峡谷、安顺屯堡、安顺宁谷天落湾、镇宁普里山等。

黄果树瀑布：国家重点风景名胜区、首批5A级旅游景区。古称白水河瀑布，亦名"黄葛墅"瀑布或"黄桷树"瀑布，是世界著名大瀑布之一。瀑布高度为77.8 m，其中主瀑高67 m，瀑布宽101 m，水势浩大、气势壮观，如图9-17所示。

图 9-16

龙宫：国家重点风景名胜区、首批5A级旅游景区。龙宫是以暗河溶洞为主，集旱溶洞、峡谷、瀑布、峰林、绝壁、溪河、石林等多种喀斯特地质地貌景观为一体，有着中国最长的水溶洞、最大的洞穴佛堂、最大的洞中瀑布等高品位风景资源。

图 9-17

3. 毕节

毕节，位于贵州省西北部，贵州金三角之一。历史悠久、资源密集，众多民族聚居，气候温和，物产丰富。主要景点有百里杜鹃、织金洞、草海、九洞天、拱拢坪、小河、赫章韭菜坪等。

织金洞：原名打鸡洞，位于织金县城东北处的官寨乡，是世界地质公园、国家5A级景区，被誉为"中国溶洞之王"。它是一个多层次、多阶段、多类别、多形态的完整岩溶系统。洞长6.6 km，最宽处175 m，相对高差150 m，洞内空间宽阔，有上、中、下三层，洞内有40多种岩溶堆积物（见图9-18）。

图 9-18

百里杜鹃：国家5A级景区。位于贵州西北部，总面积600余 km^2，享有"地球彩带、杜鹃王国、养身福地、清凉世界"之美誉。是地球上最大的原始杜鹃林带，分布有杜鹃花60多个品种，占世界杜鹃花种属5个亚属中的全部。最难得的是一树不同花，还有树龄千年的杜鹃花王。

4. 黔东南

黔东南，位于贵州东南部，境内原始生态保存完好，民族风情浓郁。主要景点有西江千户苗寨、镇远古镇、黎平侗乡、雷公山、苗岭国家地质公园等。

西江千户苗寨：是完整保存苗族原始生态文化的地方，由十余个依山而建的自然村寨相连成片，是目前中国乃至全世界最大的苗族聚居村寨。其苗族建筑以木质的吊脚楼为主，为穿斗式歇山顶结构，分平地吊脚楼和斜坡吊脚楼两大类，是中华上古居民建筑的活化石（见图9-19）。

图 9-19

黎平侗乡： 位于贵州省东南边缘。其以丰富的生态资源、旅游资源、民间文学艺术资源和区位优势成为侗乡腹地，被称为"侗族文化发祥地""艺术原生地""歌的海洋、诗的家乡"。

5. 遵义

遵义，地处中国西南腹地，位于贵州省北部，是贵州省第二大城市、中国历史名城、酒文化名城，拥有丰富的旅游资源。主要景点有海龙屯土司遗址、赤水丹霞、赤水桫椤自然保护区、双河溶洞、遵义会议会址、赤水大瀑布、燕子岩园、四渡赤水纪念馆、云门屯等。

海龙屯土司遗址： 位于遵义市北的白沙村，与湖南永顺老司城遗址、湖北恩施唐崖土司城遗址一起列入世界遗产名录，是播州杨氏政权七百年统治的所在地。屯中有许多遗址文物，是黔北的重要人文景观。

遵义会议会址： 国家4A级风景区。其为砖木结构，中西合璧，建于20世纪30年代初。1935年1月15日至17日，著名的遵义会议（即中共中央政治局扩大会议）在主楼楼上原房主的小客厅举行（见图9-20）。这次会议确立了以毛泽东为代表的马克思主义在中共中央的领导地位。

图 9-20

6. 六盘水

六盘水，位于贵州西部。境内岩溶地貌类型齐全，发育典型，山奇水秀，气候宜人，融民族风情和喀斯特地貌风光为一体。主要景点有玉舍、黑叶猴自然保护区、盘县[1]大洞、长角苗风情、北盘江峡谷、护国寺、盘县古银杏风景区、高原草场等。

玉舍国家森林公园： 位于贵州省水城县南部。以浩瀚的林海为主，森林覆盖率在90%以上。拥有光叶珙桐、西康玉兰、水青树、十齿花、南方红豆杉等多种国家一、二级珍稀植物。野生保护动物有白腹锦鸡、红腹锦鸡、白狐、花面狸、香獐等。

7. 铜仁

铜仁，位于贵州省东北部，享有"黔东门户"之美誉。广阔而富饶，雨量充沛，日照充足，气候宜人。主要景点有梵净山、石阡国家级温泉群风景名胜区、大明边城、仡佬族民族文化村、松桃苗王城、石阡楼上古寨、万寿宫、鸳鸯湖等。

梵净山： 国家级自然保护区，位于贵州省铜仁市。主峰海拔2 494 m。夏无酷暑，冬无严寒。拥有丰富的野生动植物资源，如黔金丝猴、珙桐等珍稀物种，是珍贵的生物资源库。

8. 黔西南

黔西南，位于贵州省西南部，素有"西南屏障"和"滇黔锁钥"之称。州境内地形起伏大，地貌复杂，亚热带季风湿润气候，民族风情浓郁。主要景点有马岭河峡谷、万峰林、万峰湖、兴义人古文化遗址、贵州龙化石、安龙招堤、明十八先生墓、兴义府试院、抗战文化遗址、何应钦故居、刘氏庄园等。

万峰林： 国家地质公园、国家4A级旅游景区、中国最美的五大峰林。它是中国西南三大喀斯特

---

[1] 盘县：今为盘州市。

地貌之一，堪称"中国锥状喀斯特博物馆"，被誉为"天下奇观"（见图 9-21）。相传徐霞客还发出这样的赞叹："天下山峰何其多，唯有此处峰成林。"

9. 黔南

黔南，位于贵州省中南部。自古以来就是少数民族先民居住的区域，以山地高原为主，拥有世界上同纬度仅有的保存完好的喀斯特森林地貌。生物资源丰富，民族文化多彩。主要景点有荔波樟江、贵州茂兰自然保护区、关岭公园、蚌河景区、龙里猴子沟、古城遗址、朱家山和中国茶文化博览园等。

图 9-21

荔波樟江风景区： 位于荔波县境内，总面积 118.8 km²，由大七孔景区、小七孔景区、水春河景区和樟江风光带组成。景区内以丰富多样的喀斯特地貌、秀丽奇特的樟江水景和繁盛茂密的原始森林、各类珍稀品种动植物为特色，集奇特的山水自然风光与当地布依族、水族、瑶族等民族特色于一身，是贵州首个世界自然遗产地。

实训作业与学习评价

1. 请以"带您游广西/贵州/云南"为题作 10 分钟的景点讲解。
2. 炎炎夏日，请为您的亲朋好友设计一条西南地区的避暑旅游线路，并阐述自己的设计思路。
3. 请说说本区内每个省份的特色旅游资源以及特色旅游产品。
4. 围绕西部地区多姿多彩的民情风俗旅游资源，请介绍 5 个不同地区的少数民族以及相关旅游景点。

项目 10

游遍西北四省区

项目导读

西北地区的旅游业在西部大开发中有着极为重要的地位，也是中国旅游发展的重要组成部分，具有美好的前景，当然也存在诸多挑战。西北地区旅游资源丰富多彩，有少数民族的聚居地、宏伟的宗教建筑、淳朴的民风民俗和灿烂的丝路文化。通过对本区民族文化、历史胜迹的赏析和红色旅游线路的设计，维护民族大团结，提升爱国情怀。

课程资源

项目10　PPT课件

任务10.1

西北区的旅游环境及特色资源解读

一、位置与范围

本区位于我国北部和西北部边疆,包括甘肃、内蒙古、宁夏和新疆四个省区,其总面积占全国总面积的1/3。民族构成复杂,是我国民族成分最多的地区。该地区幅员辽阔,地广人稀,旅游资源有明显的地方特色和民族特色。广袤的沙漠、戈壁,奇特的风沙地貌,景色宜人的草原,曾经繁华的丝路古迹,多姿多彩的民族风情,令人流连忘返。

二、旅游环境与资源特征

1. 典型的风成地貌景观

风成地貌是风力对地表物质的吹蚀、搬运和堆积而形成的多种地貌形态,可分为风蚀地貌和风积地貌两大类。本区是我国沙漠集中分布的地方,包括塔克拉玛干沙漠、古尔班通古特沙漠、腾格里沙漠等。在沙漠地区,风力活动十分活跃,形成多种多样的风蚀地貌和风积地貌。区内风蚀地貌形态各异,有风蚀洼地、风蚀长丘、风蚀蘑菇、风蚀城堡、雅丹地形、蜂窝石和风蚀柱等,其中以准噶尔盆地西北部乌尔禾"风城"最为著名。区内风积地貌主要是沙丘,沙丘有流动性、固定、半固定之分。沙丘的形态各异,有新月形沙丘、复合沙丘链、金字塔沙丘、穹状沙丘和纵向沙丘等。

2. 秀美的草原绿洲景观

早在南北朝时期就流传着"天似穹庐,笼盖四野,天苍苍,野茫茫,风吹草低见牛羊"的吟诵。草原上河流众多,大小湖泊更是星罗棋布。本区拥有呼伦贝尔、锡林郭勒、科尔沁、乌兰察布、鄂尔多斯和乌拉特等六个天然草原。本区草原属典型的温带草原,水清草绿,牛羊遍野,一望无际。游人在这里观赏大草原风光的同时,可以切身感受草原牧民的生活,参加赛马、赛骆驼、狩猎等娱乐活动,品尝草原风味美食等。

3. 壮阔的冰川山地景观

我国是世界上山岳冰川面积最大的国家,有全国最大的冰川——乔戈里峰北坡的音苏盖提冰川。甘肃西部祁连山的"七一"冰川,是亚洲距城市最近的、可供游览的冰川。有昆仑山等多条世界著名高大山系,海拔7 000 m的山峰就有16座。壮丽的雪峰、冰川形成了高山平湖、雪岭云杉、原始森林、山地草场等特色自然风景,对登山探险、科学考察、猎奇观光的旅游者具有较强的吸引力。

4. 多姿多彩的少数民族风情

本区是我国少数民族聚居的地区，除维吾尔族、回族以外，还有哈萨克、蒙古、锡伯、乌兹别克、东乡、藏等40多个少数民族。少数民族人民热情、奔放、欢乐、勇敢。少数民族花园似的庭院、陈设华丽的帐篷、鲜艳的服饰、民族风味的饮食（手抓羊肉、烤全羊等）、熙熙攘攘的集市（巴扎）、欢乐彪悍的民间文体活动、风情典型的宗教活动、"花儿会"等都使人流连忘返。

5. 特色的丝路文化

沟通亚、非、欧三大洲的古代丝绸之路，东起长安（今西安），经渭河流域穿过河西走廊和塔里木盆地，跨越葱岭（今帕米尔），经中亚地区和阿富汗、伊朗、伊拉克、叙利亚而抵达地中海东岸，全长7 000 km。这条通道在沟通东西方经济、文化和促进欧亚两大洲许多国家的发展方面起了重大作用。几千年来，中国和西方各国沿着这条丝绸之路进行政治、经济和文化方面的交流，留下了大量文物古迹，有丝路古城敦煌、张掖、武威、喀什等四座全国历史文化名城。军事设施方面有自战国秦昭王长城至明长城，如汉代阳关、玉门关，明代嘉峪关。古墓遍地，出土了大量的珍贵文物，具有很高的历史价值和艺术价值。其中雷台东汉墓出土的马超飞雀铜奔马，已成为中国旅游的形象标志。曾经跋涉在这条古道上的张骞、班超、李广、高适、岑参、玄奘、林则徐、左宗棠及意大利的马可·波罗等中外名人的故事及遗留的游记、小说、诗词等，为这条古道增添了丰富的历史文化内涵，赋予了更为神奇的色彩。

三、特色资源及其开发利用

本区最吸引人的还要属当地独特的自然风光。区内大面积的草原和沙漠是最具特色的旅游资源。

1. 沙漠旅游资源

沙漠旅游资源是以沙漠地域和沙漠为载体的事物、活动等为吸引物，并能满足旅游者求知、猎奇、探险、环保等需求的资源。它包括沙漠观光旅游、沙漠探险旅游、沙漠体育旅游、沙漠生态旅游，是一项和城市旅游、乡村旅游并列的具有地域性、综合性的新兴旅游产品。我国是世界上沙漠分布最多的国家之一。沙漠广袤千里，一条弧形沙漠带绵亘于我国的西北、华北北部和东北西部。

我国的沙漠分布于青藏高原以北，西起新疆塔里木盆地西部的喀什噶尔，东至内蒙古高原东部大兴安岭西麓呼伦贝尔的北方广大地域。沙漠多深居内陆盆地和高原，自西而东横跨温带干旱、荒漠与半荒漠、半干旱草原和半湿润草原四个自然带。其主要分布在新疆、甘肃、青海、宁夏、内蒙古、陕西、辽宁、吉林和黑龙江。我国沙漠面积仅次于澳大利亚和沙特阿拉伯，列世界第三位。

纵观我国目前沙漠旅游景区景点的基本情况，从产品的整体来看，可分为以沙漠娱乐与户外运动为主要内容的康体娱乐型产品、以环境建设与保护为目的的生态型产品、以自然与人文资源相结合的综合性产品、以体现人与自然和谐相存的体验型产品等四大类；从产品的单个项目来看，可分为观光游览、戏沙游乐、探险拓展、康体沙疗、休闲度假、牧户（农户）体验、特色餐饮、沙漠科普、沙漠体验、沙漠动植物养殖等十种。沙漠特色旅游活动颇多，游客可以乘坐沙漠观光索道鸟瞰沙漠的壮观景象，滑沙与沙共舞，也可以骑骆驼、骑马，乘沙漠冲浪车，玩沙漠滑翔伞和沙漠太空球，近距离亲近沙漠。

2. 草原旅游资源

草原旅游资源是以草原生态系统为依托，以草原文化为核心，包括草原景观、草原人文历史遗迹、草原游牧生产生活方式等物质与非物质形态的资源。草原旅游资源的景观类型分为草甸草原、典型草原（干草原）、荒漠草原和沙地草原四种。

草原旅游产品是西北地区的主打旅游产品。各地区依托不同类型的草原景观开发出了不同的旅游产品，如呼伦贝尔市依托呼和诺尔草原的草甸草原景观，乌兰察布市依托格根塔拉草原的典型草原景观和鄂尔多斯市依托荒漠草原景观，开发了风格各异、具有良好互补性的草原景区景点，使草原旅游产品具有差异化的特点。

草原旅游资源的开发要遵循天人合一的生态观，将草原景观与民族文化风情有机结合起来，实现从单一的观光型向观光度假型和观光参与型转变。辽阔坦荡的草原风光、清新无染的空气和独特的蒙古民族风情正吸引着越来越多的国内外游客。在草原地区，人们可以参加篝火晚会，观草原日出、草原夜景，访问牧民，骑马、骑骆驼、狩猎，品尝手扒羊肉、奶茶等草原风味食品，如赶上"那达慕"大会，还可参与具有浓郁民族风情的活动。

任务10.2 内蒙古旅游资源赏析与线路设计

一、旅游资源与环境概况

内蒙古，全称内蒙古自治区，成立于 1947 年 5 月 1 日，是我国建立最早的自治区。现辖 8 盟、4 地级市，总面积 110 多万 km²，从东北向西南伸展。人口约 2 405 万，有蒙古、汉、达斡尔、鄂温克、鄂伦春、回、满、朝鲜等民族。省会呼和浩特。北与蒙古、俄罗斯接壤，是我国跨经度最大的省份。茫茫草原、皑皑白雪、大漠风情、天然湖泊及少数民族特殊风情，是内蒙古独具特色的旅游资源。

内蒙古地域辽阔，地形复杂。辽阔的草原，古老而神秘的人文古迹，浩瀚的沙漠，迷人的湖泊，原始的森林，独特的少数民族文化与风土人情，构成内蒙古丰富的旅游资源。最吸引人的还要属当地独特的自然风光——大面积的草原和沙漠。呼伦贝尔大草原、锡林郭勒草原、希拉穆仁草原都是感受草原风光的好去处。在零星散落的蒙古包映衬下，天空纯净明亮，草地辽阔壮丽，空气清新，牛羊成群，对久居都市的人来说，这一切都是那么遥远而又亲切。内蒙古的沙漠主要分布在西部地区，比较著名的有巴丹吉林沙漠、腾格里沙漠、库布齐沙漠等。而以蒙古族为主体的民族风情更为内蒙古草原增添了淳朴自然的神韵。

二、旅游业特色与水平

经过多年的培育发展，内蒙古的旅游基础设施和旅游条件得到显著改善，目前已取得初步成效：形成了以呼和浩特、包头、海拉尔、满洲里、赤峰等城市为中心的热点旅游地区；推出了草原、沙漠、森林、边境、民族风情、文化遗迹等独具特色的旅游项目；吸引了海内外大量游客。但旅游业整体发展水平位居全国中下等（见表 10-1）。

表 10-1　内蒙古旅游业发展概况一览表

项目	入境游客数	国内游客数	星级酒店数	旅行社数	5A级景区数
内蒙古	19万人次	147万人次	205家	1 147家	6家
全国	3 057万人次	36 139万人次	10 003家	38 943家	280家
占比	0.6%	0.4%	2.0%	2.9%	2.1%
排名	21	25	22	14	22

　　内蒙古将重点建设以呼伦贝尔、满洲里口岸和阿尔山为核心的草原森林、火山温泉、民族风情旅游，以锡林郭勒—克什克腾—喀喇沁为中心的草原风情、民族文化、地质奇观旅游，以呼和浩特—包头—鄂尔多斯—乌兰察布—巴彦淖尔为中心的民族文化、民俗风情、草原沙漠旅游，以阿拉善—乌海为中心的大漠秘境、岩画访古、航天科技旅游。

三、经典旅游线路及行程特色

1. 雪城朝圣两日游

　　行程：D1：阿尔山市，鄂温克草原—阿尔山国家森林公园；

　　　　　D2：阿尔山市，阿尔山国家森林公园—阿尔山天池—石塘林—杜鹃湖—三潭峡。

　　特色：与原始森林的亲密接触，呼吸充满负离子的清新空气。

2. 草原风情两日游

　　行程：D1：满洲里，国门景区—俄·后贝加尔斯克小镇；

　　　　　D2：呼伦贝尔，广寒仙境呼伦湖—草原马场—民族博物馆。

　　特色：了解草原民族的生活习俗、历史文化，欣赏俄罗斯情调的建筑，体验异国情调的生活。

3. 戈壁胡杨风情摄影两日游

　　行程：D1：额济纳旗，胡杨林—额济纳博物馆。

　　　　　D2：额济纳旗，巴丹吉林沙漠。

　　特色：拍摄日出美景，感受苍茫戈壁的生命张力。

4. 内蒙古红色专项两日游

　　行程：D1：呼伦贝尔，世界反法西斯战争海拉尔纪念园—中东铁路博物馆—团结抗战胜利纪念碑；

　　　　　D2：呼伦贝尔，额尔古纳湿地——满洲里市中俄边境旅游区（满洲里市红色国际秘密交通线教育基地）。

　　特色：参观红色场馆，了解抗战历史，感悟中华民族伟大复兴的重要性。

四、旅游城市与景点

1. 呼和浩特

　　呼和浩特是内蒙古的首府。呼和浩特，系蒙古语，意为"青色的城市"，故有"青城"之称。因其历史上召庙较多，又称"召城"。内蒙古人通常称其为"呼市"或"呼和"。主要景点有大窑文化遗址、昭君墓、白塔、公主府、将军衙署、大昭寺、五塔寺、席力图召、哈达门公园、乌素图、哈素海和大青山等。

昭君墓： 相传王昭君有"落雁"之美，为中国古代四大美女之一。汉元帝时被选入宫，竟宁元年（公元前33年）匈奴呼韩邪单于入朝求和亲，昭君自愿出嫁远入匈奴，后立为宁胡阏氏（王后），留下了脍炙人口的"昭君出塞"的故事。昭君墓（见图10-1）始建于西汉时期，距今2 000余年，由汉代人工积土夯筑而成。墓体状如覆斗，高达33 m，底面积约1.3万 m²，是中国最大的汉墓之一。覆满芳草，碧绿如茵，巍峨壮观，远远望去，显出一幅黛色朦胧、若泼浓墨的景色，被誉为"青冢拥黛"。

图 10-1

2. 赤峰

赤峰市，位于内蒙古东南部、蒙冀辽三省区接壤处。是内蒙古第一人口大市，也是闻名中外的红山文化中心。碧波万顷的达里湖、白音敖包自然保护区、"塞外小黄山"马鞍山、两大响水、三大温泉、辽上京中京遗址和克什克腾石阵吸引着国内外众多的游客。赤峰地区特有的巴林石是与寿山石、青田石齐名的我国三大珍稀名贵彩石之一，巴林石雕工艺品远销国内外。

大明塔： 赤峰市城南现存两座砖塔，其中位于中央大道东北方的大塔称大明塔（见图10-2），八角13层密檐式，通高81.39 m。传此塔为辽圣宗时感圣寺内所建舍利塔。该塔雄浑凝重，巍峨矗立。晴日，即便在百里之遥，亦可用肉眼望见，"自远早见郁迢姥"。若到跟前看一看，却是"逼近欲瞻翻不易"。观者无不为其工程之浩大、造型之壮观、雕刻之精细而感叹。

图 10-2

3. 通辽

通辽市，位于内蒙古东部，历史悠久、文化灿烂。有燕国长城、金代界壕、辽代古墓壁画、元代佛塔和清代王府等历史文化古迹，是清代孝庄文皇后和清代名将僧格林沁、民族英雄嘎达梅林的故里。主要景点有大小青沟、莫力庙沙湖、珠日河草原、奈曼旗王府等。

科尔沁草原： 科尔沁，蒙语意为"著名射手"。位于内蒙古东部，在松辽平原西北端，包括整个兴安盟和通辽市的一部分。西与锡林郭勒草原相接，北邻呼伦贝尔草原，地域辽阔，资源丰富。有较大面积的天然牧场和近2 000万头（只）的科尔沁红牛、兴安细毛羊和蒙古牛羊。

大小青沟： 区内大小青沟纵贯南北，呈"人"字形分布，沟长24 km，深约100 m，宽200～300 m。现已查明的植物有700多种、动物170多种，是天然的动植物宝库。大青沟地貌怪异，景观奇特。沟下原始森林奇花异树，纯乎自然，为沙海一绝，享有"塞外桂林"的美誉。春天百花齐放，夏天绿树成荫，秋天枫叶似火，冬天云雾蒸腾。

4. 呼伦贝尔

呼伦贝尔市，地处中俄蒙三国的交界地带，以境内呼伦湖和贝尔湖得名。旅游资源富集，是国家旅游局认定的中国六大重点旅游开发区之一，是中国旅游二十胜景之一，是国家级草原旅游重点开发区。主要景点有西山国家森林公园、北山侵华日军要塞遗址、嘎仙洞、满洲里国门、呼伦湖、呼和诺尔草原、巴彦呼硕草原、金帐汗蒙古部落、根河湿地、莫尔道嘎、柴河和红花尔基森林公园等。

呼和诺尔草原：位于呼伦贝尔市陈巴尔虎旗境内，距海拉尔市[1]约 45 km，是呼伦贝尔草原的一部分，也是当地最具代表性的草原民俗旅游区。它是呼伦贝尔大草原秀丽风光的缩影（见图 10-3）。坦荡无垠的草原环抱着波光潋滟的呼和诺尔湖，夏秋季节，绿茵如毯，鲜花烂漫，蒙古包点点，犹如绿海中的白帆。人们可以泛舟垂钓于湖中，可以野炊露营于湖畔，可以纵马奔驰于田野，也可谐趣狩猎于林中，还可以穿上蒙古袍，骑着骏马奔驰，饱览美丽草原风光。

图 10-3

5. 包头

包头位于内蒙古西部，源于蒙古语"包克图"，意为"有鹿的地方"，故又称鹿城。辖 5 个市辖区、1 个县、2 个旗及 1 个国家级稀土高新技术产业开发区。包头市矿产资源丰富，其中最为著名的是白云鄂博矿山，其稀土储量居世界之最，占全国稀土储量的 91.6%，占世界总产量的 60%，因此，包头又有"世界稀土之都"的美誉。主要景点有美岱召、五当召、希拉穆仁草原、梅力更、九峰山和南海旅游度假村等。

五当召：位于包头东北约 70 km，始建于清康熙年间（1662—1722 年）。古语"五当"意即"柳树"，"召"即"庙"之意，原名巴达嘎尔庙。清乾隆十四年（1749 年）重修，汉名广觉寺。因召庙建在五当沟的敖包山山坡，故又称五当召。庙宇为藏式，依山势而建，整个寺庙占地 300 亩，有殿宇 2 500 余间，各幢建筑自成一区。主体建筑群由六大殿、三座活佛府和一座安放历代活佛舍利塔的灵堂塔以及僧房、塔寺等组成，是内蒙古现存唯一一座完整的藏传佛教寺庙。

6. 鄂尔多斯

鄂尔多斯，位于内蒙古西南部，蒙古语意为"众多宫殿"。资源独特而丰富，有"扬眉吐气"之称。"扬"指的是羊毛和羊绒制品，鄂尔多斯羊绒闻名海内外；"眉"即煤，鄂尔多斯的煤炭储量占全国总量的 1/6；"吐"即高岭土，鄂尔多斯境内的石膏在全国硬质高岭土中质量最优；"气"指的天然气，鄂尔多斯市天然气储量占全国的 1/3。主要旅游景观有"河套人"文化遗址、古长城遗址、成吉思汗陵园、"秦直道"遗迹、大夏国都城统万城、藏传佛教寺庙准格尔召、响沙湾、库布齐沙漠、毛乌素沙地、沙漠绿洲恩格贝、晋蒙黄河大峡谷等。

响沙湾：位于鄂尔多斯市库布齐沙漠北缘、达拉特旗境内，现为国家 5A 级景区。响沙湾为新月形丘链或格状丘地貌，沙丘高大，比肩而立，浩海茫茫，一望无际。当人们从沙丘顶端向下滑时，会听到身边的沙发出了奇怪的声音，轻则如青蛙呱呱叫，重则像飞机汽车轰鸣，犹如惊雷贯耳，堪称"世界罕见，中国之最"，响沙湾即得名于此。其集观光与休闲度假为一体，包含莲沙度假岛、福沙度假岛、一粒沙度假村、悦沙休闲岛、仙沙休闲岛五个区域。

成吉思汗陵：位于内蒙古依金霍洛旗阿腾席连镇东南 15 km，建筑面积 1 500 m²，是一代天骄成

---

[1] 海拉尔市：今为海拉尔区。

吉思汗的陵墓（见图 10-4）。其为全国重点文物保护单位、国家 5A 级旅游景区。景区以三个穹隆式建筑为主体，配有后殿、东西走廊等建筑。它以优美的草原环境、神秘的人文景观显示着草原帝王陵的雄姿。

7. 其他旅游城市与景点

此外，还有兴安盟、锡林郭勒盟、阿拉善盟等旅游城市。其中，兴安盟境内主要的景点有阿尔山温泉、成吉思汗庙、哈拉哈河、石塘林、七仙湖草原、葛根庙、科尔沁珍禽自然保护区、金界壕、乌兰毛都草原、五一会议旧址、阿尔山柴河等。锡林郭勒盟的主要景点有锡林郭勒自然保护区、元上都遗址、洪格尔岩画群、玄石立马、古长城遗址、突厥石人、札格斯坦诺尔保护区景区、贝子庙等。阿拉善盟的主要景点有世界著名大沙漠巴丹吉林、腾格里、乌兰布、黑城遗址、曼德拉岩画、东风航天城、额济纳胡杨林等。

图 10-4

任务10.3

宁夏旅游资源赏析与线路设计

一、旅游资源与环境概况

宁夏回族自治区，简称宁，省会银川。东邻陕西，西部、北部接内蒙古，南部与甘肃省相连。位于东经 104°17′~107°39′、北纬 35°14′~39°23′，处在中国西部的黄河上游地区。自古以来就是内接中原、西通西域、北连大漠和各民族南来北往频繁的地区。面积 $6.64×10^4$ km²，人口 720 万，其中回族人口占 1/3。

宁夏地处黄土高原与内蒙古高原的过渡地带，地势南高北低。在宁夏不大的版图上，包含了山脉、高原、平原、丘陵、河谷等类型多样的地貌，使宁夏呈现出丰富的自然景观。滔滔黄河从境内斜穿而过，灌溉了大河两岸，形成了"塞上江南"的秀美风光。贺兰山、六盘山横亘西部和南部，塑造了奇险的山岳景观。

宁夏位于"丝绸之路"上，历史上曾是东西部交通贸易的重要通道。作为黄河流经的地区，这里同样有古老悠久的黄河文明。早在三万年前，宁夏就已有了人类生息的痕迹。历史上李元昊曾在此称帝建立西夏国，并定都中兴府（今银川市），创造了神秘的西夏文化，显赫一时，留下形态各异的陵墓古塔和众多的文物古迹，成为宁夏丰富的人文旅游资源。

二、旅游业特色与水平

由于经济基础和区位条件等因素的制约，宁夏旅游业起步较晚，目前尚处在全国后进状态，但发展势头较快（见表 10-2）。宁夏山川湖泊众多，景色雄浑秀丽，历史源远流长，其原始纯朴的自然环境、雄奇独特的自然景观与境内风格迥异的回族人文景观，符合旅游者求新、求异、求知、求乐的需求趋势，具有极大的吸引力，是我国未来旅游业更新换代产品的主要基地。

表 10-2 宁夏旅游业发展概况一览表

项目	入境游客数	国内游客数	星级酒店数	旅行社数	5A级景区数
宁夏	4万人次	106万人次	89家	164家	4家
全国	3 057万人次	36 139万人次	10 003家	38 943家	280家
占比	0.1%	0.3%	0.9%	0.4%	1.4%
排名	30	29	30	31	27

宁夏旅游业围绕"西夏古都""塞上江南""回族风情"三大特色，精心打造"塞上江南新天府、贺兰山历史文化、六盘山红色生态"三大旅游板块。在旅游产品营销上，采用"联合"和"互补"来扩大宁夏旅游业发展的市场份额，加强与陕西、甘肃、青海、内蒙古等相邻省区的横向联合，实现资源共享、客源互送；大力发展区域旅游，全面展示宁夏独具特色的旅游产品，推介"进回乡、上贺兰、攀六盘、看王陵、观沙湖、漂黄河、游沙漠"等旅游项目，开发了与之相关的一系列旅游产品。

三、经典旅游线路及行程特色

1. 魅力宁夏全景四日游

行程：D1：银川，沙湖风景区—西部影视城；
　　　D2：中卫，沙坡头风景区；
　　　D3：中卫，藏兵洞景区；
　　　D4：中卫，贺兰山景区。
特色：领略塞上江南的美景。

2. 西夏文化两日游

行程：D1：银川，西夏王陵—西夏风情园—水洞沟；
　　　D2：银川，回乡文化园。
特色：体验回族历史文化，鉴赏回族特色文物，感悟回族与时俱进的创新精神，体会回族二元一体特质的和谐传统。

3. 西夏休闲一日游

行程：银川，鸣翠湖国家湿地公园—黄沙古渡原生态旅游区。
特色：领略塞上江南风情。

4. 宁夏红色专项两日游

行程：D1：固原，六盘山红军长征旅游区—红崖村老巷子；
　　　D2：固原，西吉县单家集革命遗址—将台堡红军会师纪念园—红军寨。
特色：游览六盘山，体验红军长征的艰辛，感受胜利的喜悦。

四、旅游城市与景点

1. 银川

银川市，中国历史文化名城、宁夏的首府，中国·阿拉伯国家经贸论坛永久举办地。位于宁夏北部，西依贺兰山，东临黄河，素有"塞上江南"之美誉。历史上曾作为西夏王朝的首都，存留了不少文物古迹。自然景观有苏峪口、滚钟口、金水、大小西湖、鸣翠湖、鹤泉湖等；人文景观有西夏王陵、贺兰山岩画、拜寺口双塔、三关口明长城、水洞沟遗址、鼓楼、玉皇阁、海宝塔、承天寺塔、南关清真大寺、纳家户清真寺、马鞍山甘露寺、镇北堡华夏西部影视城等。

西夏王陵： 位于银川市西约 30 km 的贺兰山东麓，是西夏历代帝王的陵墓群。西夏是 11 世纪初以党项羌族为主体建立的封建王朝，自 1038 年李元昊在兴庆府（现银川市）称帝建国，于 1227 年被蒙古所灭，经历 10 代皇帝。西夏王陵内现存 9 座帝陵，为裕陵、嘉陵、泰陵、安陵、献陵、显陵、寿陵、庄陵、康陵，坐北面南。按昭穆（古代宗法制度）宗庙次序排列，形成东西两行，周边另有 250 多座陪葬墓。

镇北堡西部影城： 位于银川市西夏区镇北堡镇，原址为明清时代的边防城堡。影城（见图 10-5）以古朴、原始、粗犷、荒凉为特色，是中国西部题材和古代题材的电影电视最佳的外景拍摄基地。已拍摄了获得国际、国内大奖的《牧马人》《红高粱》《黄河谣》《黄河绝恋》《大话西游》《新龙门客栈》等多部影视剧。

图 10-5

2. 中卫

中卫市位于宁夏中西部，宁夏、甘肃、内蒙古三省区交界点上。中卫得黄河灌溉之利，是西北重要的商品粮、畜产品、水产品和果菜生产基地，其"中国枸杞之乡""世界枸杞之都""西部养鸡第一市"的美名享誉全国。主要景点有沙坡头、寺口子、古代岩画、中卫高庙、双龙山石窟。

沙坡头： 位于中卫市腾格里沙漠东南缘，濒临黄河，属草原化荒漠地带，气候干旱而多风。该地区格状沙丘群由西北向东南倾斜，呈阶梯状分布，以沙漠生态治理与旅游闻名于世。沙坡头游览区的特色：滑沙；腾格里沙漠；乘古老的渡河工具羊皮筏，在滔滔黄河之中，渡向彼岸。有最大的天然滑沙场；有总长 800 m、横跨黄河的"天下黄河第一索"，即沙坡头黄河滑索；有黄河文化的代表——古老水车；有中国第一条沙漠铁路；有黄河上最古老的运输工具——羊皮筏子；还有沙漠中难得一见的海市蜃楼。游客可以骑骆驼穿越腾格里沙漠，也可以乘坐越野车沙海冲浪，如图 10-6 所示。

高庙： 高庙位于中卫县城北，建在连接城墙的高台上。经历代增建重修，至清代已成为一处规模较大的古建筑群，表现出宁夏古建筑的风貌。高庙是一座三教合一的寺庙，庙里供奉的不仅有佛、菩萨，还有玉皇、圣母、文昌、关公。佛、道、儒三教的偶像在此济济一堂。

图 10-6

3. 石嘴山

石嘴山，位于宁夏北部，旅游资源独特。主要景点有沙湖、大武口、北武当庙、平罗玉皇阁、贺兰山岩画、古长城遗址、陶乐兵沟汉墓等。

沙湖：位于石嘴山市，距银川市 56 km，国家 5A 级景区。融江南水乡与大漠风光为一体，"沙、水、苇、鸟、山"五大景观有机结合，宽阔的湖泊出现在茫茫沙漠之中，形成沙海水乡的独特景观。湖面呈月牙形，面积为杭州西湖的 1.5 倍，湖中芦苇丛丛，鸟类众多。南岸为广袤的沙漠，沙海金浪起伏，湖水碧波荡漾，两者相映成趣。碧水、蓝天、青山、黄沙、绿苇、金穗、翠树、百鸟，构成一幅大西北乃至世界罕见的奇景（见图 10-7）。

图 10-7

4. 其他旅游城市与景点

此外，还有固原、青铜峡等旅游城市。固原是回族聚居区，主要景点有六盘山、泾源、火石寨、战国秦长城、须弥山石窟等。青铜峡位于宁夏平原中南部，主要景点有青铜峡水库、一百零八塔、广武口子门岩画、北岔口明长城等。

任务 10.4

甘肃旅游资源赏析与线路设计

一、旅游资源与环境概况

甘肃省简称甘或陇，因境内的甘州（今张掖）与肃州（今酒泉）而得名。位于黄河上游地区，东接陕西，南邻四川，西连青海、新疆，北靠内蒙古、宁夏，并与蒙古人民共和国接壤。位于东经 92°13′~108°46′、北纬 32°11′~42°57′。面积为 42.58×10^4 km^2，人口 2 502 万，省会兰州。

甘肃地处黄土高原、青藏高原和内蒙古高原交接地区，地貌复杂多样，山地、高原、平川、河谷、沙漠、戈壁交错分布。地势自西南向东北倾斜，地形复杂，大致可分为各具特色的六大区域：陇南山地、甘南高原、陇中黄土高原、河西走廊、祁连山地和河西走廊以北地带。其中甘南高原草滩宽广，水草丰美，牛肥马壮，是甘肃省主要畜牧业基地之一。各地海拔相差悬殊，其境内从东南到西北包括了北亚热带湿润区到高寒区、干旱区的各种气候类型。气候干燥，气温日差较大，光照充足，太阳辐射强。

甘肃历史悠久，山川壮丽，是驰名中外的古丝绸之路的重要通道。丝路沿线留下了麦积山石窟、炳灵寺石窟、嘉峪关、榆林窟、莫高窟、玉门关、阳关等众多的历史文化遗迹。自然风光秀美，不仅有高山峡谷、绿色草原、天池溶洞、丹霞奇观、珍稀物种，更有雄浑的黄土高原、冰川雪山、大漠戈壁、沙漠绿洲、黄河风光。境内有许多少数民族，是民俗风情旅游的理想地。裕固族、东乡族是甘肃独有的少数民族，它们以独特魅力吸引着广大游客。

二、旅游业特色与水平

甘肃是旅游资源大省，旅游资源具有类型全、品位高、功能齐、特色鲜明、原始质朴的特点。旅游业发展潜力巨大，前景十分广阔。但由于受区位条件和交通等配套设施的限制，甘肃旅游业特别是国际旅游在全国旅游业中所占的份额还比较少，水平相对落后（见表10-3）。

表10-3 甘肃省旅游业发展概况一览表

项目	入境游客数	国内游客数	星级酒店数	旅行社数	5A级景区数
甘肃	8万人次	135万人次	315家	723家	5家
全国	3 057万人次	36 139万人次	10 003家	38 943家	280家
占比	0.3%	0.4%	3.1%	1.9%	1.8%
排名	28	28	12	22	26

甘肃以兰州为中心，重点建设中部、西部、东部三大旅游区，即以兰州市为依托的中部旅游区（兰州、白银、定西、临夏、甘南三市两州），以敦煌市为依托的西部旅游区（武威、金昌、张掖、酒泉、嘉峪关五市）和以天水市为依托的东部旅游区（天水、陇南、平凉、庆阳四市）。重点培育七大景区群，即敦煌景区群、酒泉—嘉峪关景区群、张掖—武威—金昌景区群、兰州—白银—定西景区群、临夏—甘南景区群、天水—陇南景区群和平凉—庆阳景区群。形成六大旅游主线：在西线建立河西走廊、丝绸古道、古今飞天、大漠风情旅游线；在东线建立丝路胜迹、名山石窟、三国古道、朝觐旅游线；在南线建立回藏风情、宗教文化、化石遗迹、草原风光旅游线；在北线建立白银铜都、取水提灌、黄河奇观、石林风光旅游线；在东北线建立陇东风情、崆峒风光、红色胜地旅游线；在东南线建立绿色陇南、秀美天池、官鹅峡谷、天然溶洞自然风光旅游线。

三、经典旅游线路及行程特色

1. 金城经典一日游

行程：兰州，白塔山—黄河母亲雕像—黄河铁桥—五泉山。

特色：金城关外寺，殿宇枕岩河，地辟飞沙少，山高怪石多。钟声闻紫塞，塔影漫黄河。最爱谈禅处，何妨载酒过？

2. 冶海天池汽车两日游

行程：D1：冶力关，冶海天池—赤壁幽谷—千年卧佛；
　　　　D2：冶力关，冶力关国际森林公园。

特色：游览海拔 2 600 m 的高原湖泊，聆听当地动人的神话传说，欣赏别具一格的丹霞地貌景观。

3. 天水麦积山伏羲庙寻根两日游

行程：D1：天水，伏羲庙—天水民俗博物馆；
　　　　D2：天水，麦积山石窟。

特色：天水有"小江南"之称，是古丝绸之路的必经之地，也是中国古代文化发祥地，享有"羲皇故里"之美誉，是海内外华人寻根问祖的圣地。

4. 甘肃红色专项三日游

行程：D1：定西，通渭榜罗镇革命遗址—岷州会议纪念馆；
　　　　D2：白银，红军会宁会师旧址—红军西征胜利纪念馆—红军渡河战役纪念馆；
　　　　D3：平凉，界石铺红军长征纪念园—界石铺毛泽东旧居纪念馆。

特色：游览红色景点，体验红军长征路，接受爱国主义教育。

四、旅游城市与景点

1. 兰州

兰州是甘肃省省会，是黄河流域唯一一个黄河穿城而过的省会城市。市区依山傍水，山静水动，形成了独特而美丽的城市景观。兰州是古"丝绸之路"重镇，历史和大自然为兰州留下了许多名胜古迹。主要景点有黄河母亲雕像、黄河第一桥、徐家山、石佛沟、兴隆山、五泉山、白塔山、白云观、白衣寺、兰山公园、南湖公园、西湖公园和滨河公园等。

黄河风情线：兰州是一个东西向延伸的狭长形城市，夹于南北两山之间，黄河在市北的九州山脚下穿城而过。沿黄河南岸，已开通了一条东西数十千米的滨河路，这条路被誉为兰州的"外滩"。游客沿路可以欣赏黄河风情，参观沿途点缀的平沙落雁、搏浪、丝绸古道、黄河母亲、西游记等众多精美的雕塑，并可参观中山铁桥、白塔山公园、水车园等景点。

2. 天水

天水，位于甘肃省东南部，地处陕、甘、川三省交界，素有"西北咽喉，甘肃门户"之称。其为中国历史文化名城，因境内有很多甘美之泉而得名。天水是中国古代文化的发祥地，享有"羲皇故里"的殊荣，是海内外龙的传人寻根问祖的圣地。境内文化古迹甚多，现有国家和省、市级重点保护文物 169 处。天水既有北国之雄奇，又有江南之秀丽，自古就有"西北小江南"之称，是一处风景秀丽的旅游胜地。

麦积山风景区：麦积山位于天水市东南，因山势突兀，仿佛农家麦垛而得名。风景区包括麦积山石窟、仙人崖、石门、曲溪四大景区。石窟位于麦积山的南侧，始凿于十六国时期的后秦，后历经十多个朝代的不断开凿和修复，现有洞窟 194 个，保存历代泥塑、石雕像 7 200 多件，壁画 1 300 m²。其精美的泥塑艺术闻名中外，从高约 16 m 的阿弥陀佛到高 10 cm 的小影塑，从神圣的佛到天王脚下的牛犊，均精巧细腻，栩栩如生。石窟周围，景色极为秀丽，重峦叠嶂，松柏苍翠，云雾缭绕，有著名的"麦积烟雨"等景观。

天水伏羲庙： 伏羲庙本名太昊宫，俗称人宗庙，在天水市城区西关伏羲路，现为国家级重点文物保护单位。庙始建于明成化年间，前后历经九次重修，形成今天规模宏大的建筑群。新旧建筑共计 76 间，具有鲜明的中国传统建筑艺术风格。由于伏羲是古史传说中的第一代帝王，因此建筑群呈宫殿式建筑模式，为全国规模最大的伏羲祭祀建筑群。伏羲庙（见图 10-8）各院内遍布古柏，为明代所植，原有 64 株，象征伏羲六十四卦之数，现存 37 株。

图 10-8

3. 嘉峪关

嘉峪关位于甘肃省西北部、河西走廊中部，地处古"丝绸之路"的交通要冲，又是万里长城的西端起点。有雄伟壮观的汉代和明代万里长城、嘉峪关关城、长城第一墩以及展现古代游牧民族社会生活的黑山岩画等人文古迹，有亚洲距城市最近的七一冰川及祁连积雪、瀚海蜃楼等独具特色的西部风光。

嘉峪关关城： 始建于明洪武五年（1372 年），历时 168 年。关城布局合理，建筑得法，由内城、瓮城、罗城、城壕及三座三层三檐歇山顶式高台楼阁建筑和长城烽台等组成。内城是关城的主体和中心，其周长 640 m，面积 2.5×10^4 m²。关城（见图 10-9）地势天成，攻防兼备，与附近的长城、城台、城壕等设施构成了严密的军事防御体系，是明代长城沿线建造规模最为壮观、保存最为完好的古代军事城堡，被誉为"天下第一雄关"。

图 10-9

4. 敦煌

敦煌，古称沙洲，位于甘肃西北边境、河西走廊西端，是丝绸之路的西陲重镇，隶属酒泉市管辖。境内名胜古迹星罗棋布，自然风光美丽迷人。莫高窟、榆林窟、西千佛洞是保存完整的佛教艺术宝库；阳关、玉门关的残垣断壁镌刻着历史的印迹；沙漠奇观鸣沙山与月牙泉，金黄的沙山与清澈的泉水相互映衬，景色奇异迷人。

莫高窟： 又称"千佛洞"，位于敦煌市城东南 25 km 的鸣沙山下，因地处莫高乡得名。它是我国最大、最著名的佛教艺术石窟。分布在鸣沙山崖壁上，三四层不等，全长 1 600 m。现存石窟 492 个，壁画总面积约 4.5×10^4 m²，彩塑佛像等造型 2 100 多身。石窟大小不等，塑像高矮不一，大的雄伟浑厚，小的精巧玲珑，其造诣之精深、想象之丰富，令人惊叹（见图 10-10）。

图 10-10

鸣沙山： 位于敦煌市南郊 7 km 处。古代称神沙山、沙角山。全山系沙堆积而成，东西长约 40 km，南北宽 20 km，高数十米，山峰陡峭，势如刀刃。沙丘下面有一潮湿的沙土层，风吹沙粒振动，声响可引起沙土层共鸣，故名鸣沙山。据史书记载，在天气晴朗时，即使风停沙静，沙土也会发出丝竹管弦之音，犹如奏乐，故"沙岭晴鸣"为敦煌一景。人若从山顶下滑，沙粒随人体下坠，鸣声不绝于耳。据说晚间登沙山，还可看到沙粒滑动摩擦产生火花。鸣沙山与宁夏中卫市的沙坡头、内蒙古达拉特旗的响沙湾和新疆巴里坤哈萨克自治县境内的巴里坤沙山，并称为我国"四大鸣沙山"。这是大自然现象中的一种奇观，古往今来以"沙漠奇观"著称于世，被誉为"塞外风光之一绝"（见图 10-11）。

图 10-11

5. 其他旅游城市与景点

此外，还有酒泉、张掖、武威、平凉等旅游城市。酒泉是古丝绸之路上的咽喉重镇，以"城下有泉""其水若酒"而得名，有锁阳城、瓜州等古代城池，还有中国航天工业的摇篮酒泉卫星发射中心。张掖民风淳朴，水草丰美，素有"金张掖"的美誉，有大佛寺、西来寺、土塔、镇远楼、山西会馆、明粮仓等古代建筑，有黑水国遗址、汉墓群、古城墙、长城烽燧等历史足迹，还有七彩丹霞、沙漠公园、黑河山庄、大野口等融南国秀色与塞外风光为一体的绚丽的自然景观。武威是"中国旅游标志之都""中国葡萄酒的故乡"，素有"银武威"之称，中国旅游标志的"铜奔马"及"雷台汉墓"均出土于武威。平凉历史悠久，文化灿烂，旅游资源丰富，主要景点有崆峒山、王母宫、温泉、柳湖、南石窟寺、龙泉寺、莲花台、紫荆山、国家级森林公园云崖寺，以及明代宝塔、李元谅墓等。

崆峒山： 位于平凉市城西 12 km，是古丝绸之路西出关中之要塞，国家首批 5A 级景区。景区面积 84 km²，主峰海拔 2 123 m，森林覆盖率达 90%以上。其间峰峦雄峙，危崖耸立，似鬼斧神工；林海浩瀚，烟笼雾锁，如缥缈仙境；高峡平湖，水天一色，有漓江神韵，既富北方山势之雄伟，又兼南方景色之秀丽。凝重典雅的九宫八台十二院、四十二座建筑群、七十二处石府洞天，气魄宏伟，底蕴丰厚，集奇险灵秀的自然景观和古朴精湛的人文景观于一身，有"中华道教第一山"之美誉。

任务10.5 新疆旅游资源赏析与线路设计

一、旅游资源与环境概况

新疆维吾尔自治区，简称新，位于我国西北部，地处欧亚大陆中心，位于东经 73°40′~96°18′、北纬 34°25′~48°10′。东部和南部依次与甘肃、青海和西藏三省区连接，东北与蒙古人民共和国相邻，西与俄罗斯、哈萨克斯坦、吉尔吉斯斯坦、塔吉克斯坦接壤，西南和阿富汗、巴基斯坦、印度相邻，为我国边境线最长的省区。古称西域，在历史上是沟通东西方、闻名于世的"丝绸之路"的要冲，现在又成为第二座"亚欧大陆桥"的必经之地，战略位置十分重要。面积 $166 \times 10^4 \text{ km}^2$，约占全国面积的 1/6，是我国面积最大的一个省区。人口 2 585 万。

冰川雪岭、戈壁沙海、森林草原、湖泊河流、高原盆地，共同构成了新疆博大、粗犷、雄险、奇特的自然景观。新疆南有昆仑山和阿尔金山，北有阿尔泰山，西跨帕米尔高原，中部有天山横贯。天山，作为新疆的象征，横贯中部，形成南部的塔里木盆地和北部的准噶尔盆地。习惯上把天山以北地区叫北疆，天山以南地区叫南疆，把哈密、吐鲁番盆地叫东疆。北疆旅游资源风格多样，集中了新疆主要的旅游资源；南疆以历史古迹、沙漠探险和民族风情等旅游资源为主。

新疆远离海洋，温差极大，秋季是旅游的最佳时间。高山、盆地、沙漠在大陆性气候影响下形成了独特的地理景观，如吐鲁番洼地、火焰山、坎儿井、罗布泊风蚀地貌、天山高山湖泊、天池等。新疆的农产品以小麦、玉米、水稻、棉花、蚕茧为主，特产有长绒棉、桑蚕、葡萄、哈密瓜、苹果、香梨、玉石等。

二、旅游业特色与水平

新疆是典型的干旱区和多民族聚居区，又是历史上著名的丝绸之路要道。神奇的自然景观、绚丽多彩的民族风情以及灿烂的古代文明是新疆珍贵的旅游资源。其特色在于自然旅游资源气势恢宏、雄伟壮丽，特殊的地质构造形成了新疆的大山系、大盆地。同时，新疆境内有众多的自然保护区，珍稀的野生动物以及植物资源。丝绸之路是新疆最受人瞩目的人文旅游资源。2 000 多年以来，商贾沿着这条丝路，穿绿洲，涉沙漠，走草原，跨冰川，加强了东西方经贸和文化的往来，也为旅游业留下了宝贵的文化。新疆旅游业发展概况见表 10-4。

表 10-4　新疆旅游业发展概况一览表

项目	入境游客数	国内游客数	星级酒店数	旅行社数	5A级景区数
新疆	3 万人次	85 万人次	347 家	702 家	13 家
全国	3 057 万人次	36 139 万人次	10 003 家	38 943 家	280 家
占比	0.1%	0.2%	3.5%	1.8%	4.6%
排名	31	30	16	23	6

　　森林和草原是新疆的特色资源。天山腹地及北坡有绵延千里的云杉、冷杉林，阿尔泰山雪坡为落叶松林区，胡杨林则分布在环塔里木盆地及沿塔里木河及东尔臣河的绿色走廊带。历史文化遗存大多与古代丝绸之路有关。丝绸之路进入新疆后以天山为界分为南道、北道、中道和稍后拓通的天山以北的新北道。两千多年来的沧桑巨变，丝绸之路经过的一些城邦有的沦为废墟，有的掩埋在沙漠之中，成为历史之谜，从而成为人们思古凭吊和科学考察的富有魅力的旅游资源。

三、经典旅游线路及行程特色

1. 北疆草原六日游

行程：D1：乌鲁木齐，乌鲁木齐—静县；
　　　D2：伊宁，巴音布鲁克草原—那拉提草原—巩乃斯林场—哈萨克毡房—牧马人—伊犁河；
　　　D3：伊宁，赛里木湖—牧民家；
　　　D4：乌尔禾，乌尔禾魔鬼城；
　　　D5：乌尔禾，将军戈壁；
　　　D6：喀纳斯，喀纳斯湖。

特色：北疆有以喀纳斯、大草原等为代表的如诗如画的美景。

2. 南疆丝绸之路七日游

行程：D1：乌鲁木齐，库尔勒—博斯腾湖；
　　　D2：库车，克孜尔千佛洞—维吾尔牧民家；
　　　D3：库车，阿艾峡谷—克孜尔尕哈烽火台；
　　　D4：民丰，沙漠日出—胡杨林；
　　　D5：和田，和田市场购物；
　　　D6：喀什，艾提尕尔清真寺—香妃墓—大巴扎；
　　　D7：塔什库尔干县，慕士塔格登山大本营—喀拉库里湖。

特色：南疆可以追踪古老的丝绸之路文明，探寻神秘沙漠雪山。

3. 新疆红色专项三日游

行程：D1：乌鲁木齐，红山公园—八路军驻新疆办事处纪念馆—乌鲁木齐市烈士陵园—新疆博物馆；
　　　D2：石河子，军垦博物馆—周总理纪念馆—艾青诗歌馆—军垦第一连—小李庄军垦旧址；

D3：昌吉，五家渠军垦博物馆—昌吉红色记忆博物馆—吉烈士陵园。

特色：参观红色纪念场馆，学习先辈英烈们的奋斗精神，维护民族大团结。

四、旅游城市与景点

1. 乌鲁木齐

乌鲁木齐，新疆的首府，简称乌市，意为"优美的牧场"。有许多雄奇壮美的自然景观和富有地域民族特色的人文景观，如久负盛名的达坂城、景色迷人的天池、被誉为"冰川活化石"的一号冰川，以及风光秀丽的天山大峡谷、南山天然牧场、甘沟菊花台、白杨沟瀑布等，都是中外游客向往的游览胜地。古迹古寺有乌拉泊古城、陕西大寺、阿拉沟"石垒"、文庙、巩宁城遗址、纪晓岚微草堂、"一炮成功"等。二道桥民族集贸市场（大巴扎）是民族风情最集中、最浓郁的地方，吸引着国内外众多游客。

天池：位于天山博格达峰北侧，是世界著名的天然高山湖泊。湖面海拔 1 910 m，湖面呈半月形，南北长 3 400 m，东西最宽处约 1 500 m，面积为 4.9 km²，最深处达 105 m。天池湖水清澈，晶莹如玉，四周群山环抱，绿草如茵，野花似锦，如图 10-12 所示。天池风景区以天池为中心，融森林、草原、雪山、人文景观为一体，形成别具一格的风光特色。

图 10-12

2. 哈密

哈密是新疆的"东大门"，地理位置很重要，素有"西域咽喉，东西孔道"之称。远在两千多年前，这里就是汉代张骞第一次通西域开通丝绸之路的要塞。中部绿洲水丰土沃、物产众多，名扬天下的哈密瓜在这里种植的历史已有两千余年。主要景点有哈密鸣沙山、巴里坤湖、哈密回王陵、盖斯墓、白石头、哈密黑沟、拉甫乔克故城、焉不拉克古墓群等。

3. 吐鲁番

吐鲁番，是古代丝绸之路上的重镇，自明代起称吐鲁番。吐鲁番旅游业因葡萄而兴盛，被人们称为"葡萄之乡"。吐鲁番是我国陆地最低的地方，也是我国夏季最炎热的地方，因而素有"火洲"之称。《西游记》中唐僧徒受困于"八百里火焰山"的故事就发生在吐鲁番。

交河故城：位于吐鲁番市以西 10 km 处，南北长约 1 650 m，东西最宽处约 300 m，由庙宇、官署、塔群、民居和作坊等建筑组成。因为两条河水绕城在城南交汇，故名交河。建筑年代距今 2 000~2 300 年，是目前世界上最古老、最大，也是保护得最好的生土建筑城市。

葡萄沟：位于火焰山的西端。沟中郁郁葱葱，遍布葡萄园，盛产各种优质葡萄，主要是无核白葡萄，这种葡萄晶莹如玉、味道极佳。葡萄沟里有旅游接待站。两米高的葡萄棚架成的长廊藤蔓交织，串串葡萄伸手可及；崖壁间渗出的泉水汇成养鱼池，安静幽雅。

4. 库车

库车，古称"龟兹"，地处天山南麓中部塔里木盆地北缘。是举世闻名的龟兹文化发祥地，素有

"西域乐都""歌舞之乡""中国白杏之乡"的美誉。

赤沙山·大小龙池： 位于库车县城以北 65 km 的独库公路两侧。这里的岩石呈红褐色，还夹有黄、绿、灰、白等各种色彩，怪石嶙峋，山景奇特，有"魔鬼峡谷"之称。大小龙池位于城北 120 km 的天山深处，独库公路傍湖而过。大龙池海拔 2 700 m，面积约 3 km²，阴坡云杉苍翠，阳坡绿草如茵，波光倒影，相映成趣。离大龙池 9 km 处的小龙池，池水清澈，野鸭戏水，其下还有瀑布飞溅。传说池中有龙，夜间出水与龟兹马交合产出龙驹。

5. 喀什

喀什，是中国最西端的一座城市，是著名的"安西四镇"之一，为东西方经济文化交流做出了重要的贡献。喀什自然风光奇特、人文景观众多，民族色彩浓郁，是南疆最重要的旅游地区。这里有帕米尔高原，有叶尔羌河，有冰川之父——慕士塔格冰山，有世界第二高峰——乔戈里峰，有"死亡之海"——塔克拉玛干大沙漠，有新疆最大的清真寺——艾提尕尔清真寺，这里还有大型伊斯兰式古建筑——香妃墓、千年佛教遗址——莫尔佛塔、古代"喝盘陀"国的都城——塔什库尔干石头城等历史古迹。

艾提尕尔清真寺： 位于喀什市中心，是一座规模宏大的伊斯兰教建筑物，至今已有五百多年历史。该寺由礼拜堂教经堂、门楼、水池和其他一些建筑物组成（见图 10-13）。清真寺的正长 160 m，进深 16 m，廊檐十分宽敞，有 100 多根雕花木柱支撑，顶棚上面是精美的木雕和彩绘的花卉图案。正殿正中墙上开了一个深龛，龛内放置着一个有台阶的宝座。

图 10-13

阿帕霍加墓： 位于喀什市东郊，是一座典型的伊斯兰古建筑群，占地 2 公顷。传说乾隆皇帝的爱妃"香妃"死后也葬于此，故此墓又称香妃墓。墓由门楼、大礼拜寺、小礼拜寺、教经堂和主墓室五部分组成。主体陵墓是一座长方形拱顶的高大建筑，高 26 m，底长 35 m，进深 29 m。四角各立一座半嵌在墙内的巨大砖砌圆柱，柱顶各建一座精致的圆筒形"邦克楼"，楼顶各有一根铁柱，高擎着一弯新月。主墓屋顶呈圆形，其圆拱直径达 17 m，无任何梁柱。

6. 阿勒泰市

阿勒泰市，位于新疆北部、阿尔泰山南麓、额尔齐斯河北岸。主要风景名胜有闻名遐迩的喀纳斯景区、布尔根河、可可托海、福海、蝴蝶沟、乌伦古湖、白沙湖、鸣沙山，以及高山风光、冰川雪岭、湖泊温泉、岩画石刻，切木尔切克古墓群及草原石人等。

喀纳斯： 位于布尔津县北部，为国家首批 5A 级景区。喀纳斯系蒙古语，意为"美丽而又神秘的地方"。景区面积 1×10^4 km²，包括一个国家级自然保护区、一个国家地质公园和两个国家森林公园。区内集冰川、雪原、高山、河流、湖泊、森林、草原等各种自然景观于一体（见图 10-14），有大小景点 55 处，其中高品位景点 11 处。既具北国风光之雄浑，又有江南山水之娇秀，是当今世界绝无仅有的寒温带植物基

图 10-14

因库，是西伯利亚泰加林在中国唯一的延伸带，是中国唯一的古北界欧洲——西伯利亚动植物分布区，是中国唯一的北冰洋水系——额尔齐斯河最大支流布尔津河的发源地，是人类农耕文明之前游牧文化的活博物馆。

7. 其他旅游城市与景点

此外，还有库尔勒、克拉玛依、巴音郭楞、伊犁等旅游城市。库尔勒是旅游探险的好地方，境内有许多文物胜迹，其中最有名的是位于城北的铁门关，还有王孜千古城、托务其古城、爱力克满古城、库尔楚土墩遗址及古陶遗物等。克拉玛依的主要景点有黑油山、黑油山公园、一号井、克拉玛依九龙潭、克拉玛依乌尔禾魔鬼城等。巴音郭楞，简称"巴州"，其和静县的巴音布鲁克草原是中国第二大草原，面积约 2.5×10^4 km²，博湖县内的环博斯腾湖旅游区为国家 5A 级景区。伊犁地处新疆西部，与哈萨克斯坦毗邻，境内有霍尔果斯口岸，旅游景点有那拉提草原、喀拉峻大草原、伊犁将军府、惠远钟鼓楼、林则徐纪念馆等。其中，那拉提风景区将优美的草原风光与当地独特的哈萨克民族风情结合在一起，成为新疆十大风景区之一，现为国家 5A 级景区。

实训作业与学习评价

1. 请找一张中国地图，然后找出丝绸之路的路线，并请思考：丝绸之路的旅游功能是什么？丝绸之路在西北大漠草原丝路文化旅游区中的地位和作用是什么？
2. 请查找相关资料，分别指出西北沙漠旅游资源、草原旅游资源、民族体育旅游资源在开发和保护中存在的问题，以及相应的解决对策。

项目 11

游遍青海和西藏

项目导读

本项目将对青海和西藏的旅游环境、旅游业发展现状、特色旅游资源和旅游线路等问题进行分析。通过本项目学习，学生应了解青藏高原独特的自然旅游特征，熟悉本区以藏传佛教为主的人文旅游环境特征，能根据不同的旅游主题和市场需求设计不同的旅游线路。通过对本区民族文化和自然景观的赏析，提升对民族大团结和热爱祖国壮丽河山的情怀。

课程资源

青海和西藏旅游环境及特色资源解读微课视频

项目 11 PPT 课件

任务11.1

青海和西藏的旅游环境及特色资源解读

一、位置与范围

青海和西藏两省（区），位于我国西南部的青藏高原之上。其东部和南部与四川、云南相连，西部和西南部分别与印度、尼泊尔、不丹、缅甸等国家接壤，北部与新疆、甘肃相接。地广人稀，是我国藏族聚居的主要地区。

二、旅游环境与资源特征

1. 雄奇壮丽的雪域高原景观

青藏高原是我国面积最大、世界上海拔最高的高原，平均海拔 4 500 m 以上，有世界最高峰珠穆朗玛峰，另有高逾 7 000 m 的山峰数十座，素有"世界屋脊"之称。青藏高原总的地势是由西北向东南倾斜，地形复杂多样、景象万千，主要有山地景观、水体景观和珍稀动植物景观。雪山连绵、冰川广布，"远看是山，近看成川"，是青藏高原地表形态的形象写照。青藏高原还是众多大江大河的源头，素有"中华水塔""水源"等美誉。黄河、长江、澜沧江、金沙江、怒江、岷江、雅砻江、雅鲁藏布江均发源于此。

2. 古老神秘的青藏文化

青海和西藏有丰富而独特的区域文化，藏传佛教及其寺庙凭借本地区独特的人文地理环境，创造了民族风格鲜明、灿烂辉煌的藏传佛教文化。青海和西藏林林总总的寺院在整体设计、建筑工艺、艺术风格等方面都体现了很高的水平，形成了本区鲜明、独特的建筑风格和佛教艺术。例如，西藏的布达拉宫和青海的塔尔寺，殿宇巍峨，富丽堂皇，加上神秘的活佛转世制度，形成了深邃而神秘的西藏文化，格外令人神往。除宗教文化外，在青海和西藏，两千年丝绸之路的印迹在戈壁滩上的残垣依稀可辨，也总能使人对大汉王朝的强盛产生身临其境之感。柴达木盆地的唐代吐蕃墓葬群、诺木洪文化遗址、可可西里自然保护区、石经岩画石刻以及西王母神话无不散发出迷人的光彩。

3. 风格迥异的民族风情

青海和西藏是少数民族聚居区，其中藏族是人口最多的少数民族，珞巴族、门巴族、土族、撒拉族是青海和西藏独有的少数民族，其服饰、饮食、居室、婚丧、节日娱乐特色各异，创造了一幅绚丽多彩的民族风情文化长卷。这幅民族风情文化长卷的核心是藏族文化，藏族服饰是青藏高原一道绵延流长的亮丽文化景观。酥油茶是藏族人最喜爱的传统饮品，而青稞酒是藏民过节必备的饮料。藏族节日多具有浓厚的宗教色彩，并伴以许多娱乐活动，每当节日来临，人们总是穿戴华丽的服饰，或游园，或载歌载舞，形成极富浓郁的民俗风情。

三、特色资源及其开发利用

青海和西藏地势高耸，空气稀薄，民族风情独特，旅游资源丰富多彩，尤以雪域高原类旅游资源最具特色。

雪域高原类旅游资源是指利用高寒气候和高原地形开展的旅游观光、探险等活动的各类资源，它属于自然旅游资源范畴。地势高，地表坦荡，往往形成寒冷、潮湿的天气，空气稀薄，含氧量少，天空透明度高，光照充足，太阳辐射强烈，造就了高原特有的自然景观。

青藏高原复杂而严酷的地理环境，使其自然景观极为奇特罕见，如巍巍的雪山冰峰，坦荡开阔的宽谷，一望无垠的高原，星罗棋布的湖泊，茫茫的草原，苍郁的原始森林，长达 32 km 的察尔汗盐湖"万丈盐桥"，柴达木盆地西部透明晶亮的玻璃盐，青海湖中的鸟岛，羊八井丰富的地热资源，拉萨日光城，雅鲁藏布江深邃的大峡谷，以及风沙景观、冰缘现象等。同时，由于人类影响小，这里野生生物资源丰富，珍禽异兽、名贵药材繁多。据统计，有畜类 50 余种，其中雪豹、白唇鹿为高原特有物种，野驴、藏羚羊、梅花鹿为稀有物种；有鸟类百余种，黑颈鹤为我国所特有。另外在高原湖泊中还有十分丰富的鱼类资源，有"高原鱼库"的美称。这些大自然奇观，都展示着青藏高原神秘的色彩。

任务11.2

青海旅游资源赏析与线路设计

一、旅游资源与环境概况

青海省简称青，省会西宁。位于我国西北地区，地处青藏高原东北部，与甘肃、四川、西藏、新疆接壤。位于东经 89°35′~103°04′、北纬 31°9′~39°19′，面积 72×10⁴ km²，人口 592 万，其中少数民族人口占 42.8%。青海山脉纵横，峰峦重叠，湖泊众多，峡谷、盆地遍布。长江、黄河之源头就在青海。因域内有中国最大的内陆高原咸水湖——青海湖而得名。

青海属于高原大陆性气候，具有气温低、昼夜温差大、降雨少而集中、日照长、太阳辐射强等特点。青海良好的生态环境为高原野生动植物的生长、栖息和繁衍提供了独特的自然条件，是无数珍禽异兽的天然乐园。

青海的菜肴、小吃品种多样，风味各不相同，具有浓郁的高原特色和民族风格。藏族的"拉伊"山歌、"果卓"、铃鼓舞，安多藏戏，土族的"安昭"舞更能让游客体验民族的多姿多彩。青海湖的碧水蓝天，塔尔寺的酥油花、壁画和堆绣，日月山的美丽传说，人间天境祁连草原，闻名遐迩的阿尼玛卿神山，静谧的三江源，悠长的唐蕃古道，"万山之祖"昆仑山，"美丽的少女"可可西里等都是著名的景点及旅游资源。

二、旅游业水平与特色

改革开放后，青海旅游业得到逐步发展，而青藏铁路的全线贯通，使旅游业进入了快速发展阶段。旅游接待人次逐年大幅递增；旅游收入逐年攀升，"大美青海"的旅游品牌正在国内外逐步形成（见表11-1）。

表11-1 青海省旅游业发展概况一览表

项目	入境游客数	国内游客数	星级酒店数	旅行社数	5A级景区数
青海	6万人次	166万人次	207家	155家	3家
全国	3 057万人次	36 139万人次	10 003家	38 943家	280家
占比	0.2%	0.5%	2.1%	1.3%	1.1%
排名	29	24	21	27	29

虽然青海旅游发展起步较晚，但近年来，通过不断完善旅游业发展规划，加快旅游基础设施建设和配套设施建设，旅游环境质量等级逐步提高，增强了"大美青海"旅游目的地吸引力。初步形成了以青海湖、鸟岛、坎布拉等为主的高原自然风光景区，以互助土族、循化撒拉族民俗、传统文化为主的民族风情园景区，以西宁、贵德的文化、古迹、休闲旅游景区，以塔尔寺、北禅寺等为主的宗教文化旅游景区，以黄南热贡艺术为主的藏族绘画艺术景点，以"三江源"生态和藏族文化、歌舞为主的民族风光旅游景区，以格尔木盐湖城为主的工业风光景区以及青藏铁路沿线旅游景区。

三、经典旅游线路及行程特色

1. 青海湖一日游

行程：西宁，赞普林卡—日月山—倒淌河—青海湖—金银滩—原子城。

特色：本线路以青海湖小环线一日游为特色。

2. 环青海湖经典四日游

行程：D1：西宁，莫家街—水井巷—清真大寺；

D2：西宁，黑泉水库—门源油菜花—岗什卡雪峰—祁连大草原—卓尔山；

D3：祁连，冰沟风景区—大冬树山垭口—岗查—环湖北路—鸟岛—实乃亥；

D4：黑马河，茶卡盐湖—黑马河—151基地—倒淌河—日月山—湟源峡谷。

特色：本线路以观光、避暑、休闲、度假、生态旅游为特色。

3. 青海民族风情三日游

行程：D1：西宁，莫家街—水井巷—清真大寺；

D2：西宁，塔尔寺—互助土族民族村—青海藏文化馆—塔尔寺；

D3：西宁，青海湖—丹噶尔古城—日月山—青海湖。

特色：本线路以少数民族风情、高原山湖景观为特色。

4. 唐蕃古道五日游

行程：D1：西宁，塔尔寺—藏医药文化博物馆—东关清真大寺；

D2：西宁，青海湖—日月山—青海湖；

D3：兴海，大草原—鄂陵湖—迎亲滩—牛头碑；

D4：玛多，玉树—巴颜喀拉山—通天河大桥—晒经石—三江源纪念碑—文成公主庙—勒巴沟岩画—新寨嘛呢石堆—结古寺；

D5：玉树，囊谦—通天河—群果扎西滩。

特色：本线路以历史、民俗文化为特色。

5. 青海红色专项两日游

行程：D1：西宁，中国工农红军西路军纪念馆—青海省博物馆；

D2：果洛，红军沟纪念馆。

特色：瞻仰雪域红军史迹，接受爱国主义教育。

四、旅游城市与景点

1. 西宁市

西宁市，位于青海东北部，青海省省会。为青藏高原的东方门户和通往青海腹地的交通要地，著名的"丝路南线"和"唐蕃古道"都经过这里，如今又是兰青铁路的终点、青藏铁路的起点。主要景点有塔尔寺、日月山、东关清真大寺、青海省博物馆、北禅寺、老爷山、虎台、娘娘山、卡约文化遗址、馨庐公馆和青唐城遗址等。

塔尔寺：位于西宁市区西南 25 km 的湟中县鲁沙尔镇，国家 5A 级景区。是我国著名的喇嘛寺院，是黄教创始人宗喀巴的诞生地，亦是青海佛教活动的中心。塔尔寺（见图 11-1）始建于明嘉靖三十九年（1560年），乾隆皇帝曾御赐寺额"梵宗寺"。寺内藏有丰富的文物，包括各种法器、千姿百态的佛像和浩瀚的藏文、蒙文和满文佛经和碑刻。塔尔寺诸佛殿装饰的堆绣、壁画和酥油花被称为艺术"三绝"，其中尤以酥油花最有名。

图 11-1

日月山：位于西宁市湟源县境内，海拔约 3 500 m。山顶有红色岩系裸露，故古称"赤岭"。传说唐朝的文成公主远嫁吐蕃王朝的松赞干布途经此地，遗下了日月宝镜，人们为了纪念文成公主进藏和亲将赤岭称为"日月山"。日月山是我国自然地理上的一条非常重要的分界线，是我国外流区域与内流区域的分水岭，也是季风区与非季风区、黄土高原与青藏高原和青海省农业区与牧业区的分界线。

2. 海北州

海北藏族自治州位于青海省东北部，因地处青海湖北岸而得名。海北州是一个美丽富饶的地方，主要景点有青海湖沙岛景区、鸟岛景区、金银滩（原子城）、百里油菜花海景区、祁连山风光景区、岗什卡雪峰、仙女湾湿地、年钦夏格日山、仙米国家森林公园、祁连卓尔山和阿咪东索景区。

青海湖景区： 青海湖（见图11-2）又名"库库淖尔"，即蒙语"青色的海"之意。它位于青海省东北部的青海湖盆地内，既是中国最大的内陆湖泊，也是中国最大的咸水湖。由祁连山的大通山、日月山与青海南山之间的断层陷落形成。现为国家5A级景区，由青海湖、鸟岛、海心山、沙岛、三块石、二郎剑等景点组成。每年的七八月是去青海湖的最好时节，油菜花盛开，一年一度的环湖自行车赛也恰好举行。

图 11-2

3. 海东市

海东市位于祁连山脉东段、青海省东北部，因位于青海湖东而得名。海东不仅有悠久的历史文化、秀美的自然风光，回、藏、土、撒拉等民族的民俗风情更是别具一格。主要景点有互助土族故土园、循化撒拉族绿色家园、北山国家级森林公园、孟达天池、柳湾墓地、瞿昙寺、十世班禅故居、佑宁寺、夏宗寺、李家峡库区、夏琼寺、峡群景区、药草台景区、天井峡景区等。

互助土族故土园： 位于海东地区的互助土族自治县威远镇，国家5A级景区。土族故土园是一个全面展示土族历史、婚嫁、丧葬、服饰、歌舞、传统刺绣、风味饮食等民族风情的主题园区，其原始纯朴的自然环境、雄奇独特的生态环境、古老神秘的文化遗迹、风格迥异的民族风情具有很强的吸引力。

4. 黄南州

黄南州位于青海省东南部，地处九曲黄河第一弯的南岸，是一个以藏族为主体的少数民族自治州。全州神秘厚重的宗教人文景观、精美绝伦的热贡艺术、神奇浓郁的民族风情以及多姿多彩的自然风光为旅游业的发展提供了得天独厚的条件。主要景点有坎布拉、同仁吾屯文化村、麦秀原始森林、和日石经墙、河南圣湖、仙女洞、宁木特黄河大峡谷、隆务寺、年都乎寺、郭麻日寺、昂拉千户宅院、亲王府等。

坎布拉国家森林公园： 位于黄南州尖扎县西北部，总面积152 km²。其中森林面积42 km²，水域面积32 km²。有景点50多处，以丹霞地貌、佛教寺院为主体景观，并兼有宏大的李家峡水电工程，形成以游览观赏、宗教朝觐、消夏避暑为主要功能的综合性风景名胜区。

5. 其他旅游城市与景点

此外，还有海南州、海西州、果洛州和玉树州等。海南州位于青海省东部，因地处著名的青海湖南部，故名海南州，其主要景点有龙羊峡景区、赛宗寺、伏俟城遗址、同德河北原始森林、石藏寺、卓贡沟、阿什贡丹霞地貌等。海西州位于青海西部，因地处青海湖以西而得名，州府驻德令哈市。海西州以柴达木盆地为主体，是中华文明的发祥地之一和西部矿产资源、旅游资源富集地区，主要景点有格尔木昆仑文化旅游区、外星人遗址旅游区、贝壳梁、国际狩猎场、霍鲁逊湖等。果洛州位于青海省的东南部，州府驻玛沁县大武镇，是青海省的重要牧业生产基地之一，主要景点有鄂陵湖、扎陵湖、阿尼玛卿雪山、托索湖、莫格德哇遗址、年宝玉则、白玉寺等。玉树州位于青海省西南青藏高原腹地的三江源头，素有"江河之源、名山之宗、牦牛之地、歌舞之乡""唐蕃古道""中华水塔"的美誉，主要景点有可可西里自然保护区、三江源、文成公主庙、巴颜喀拉山、尕朵觉悟雪山和黄河源等。

可可西里自然保护区：可可西里蒙语意为"美丽的少女"，位于玉树州西北部，是国家级自然保护区。可可西里地区因气候严酷，自然条件恶劣，人类无法长期居住，被誉为"世界第三极""生命的禁区"。可可西里地区雪山耸立，冰川广布，湖泊众多，草原广袤，是野生动物的天堂，拥有的野生动物多达 230 多种。其中，藏羚羊（见图 11-3）是我国特有的物种、国家一级保护动物，被称为"可可西里的骄傲"。

图 11-3

任务11.3

西藏旅游资源赏析与线路设计

一、旅游资源与环境概况

西藏自治区简称"藏"，位于我国西南边陲、青藏高原的西南部。北与新疆和青海毗邻，东连四川，东南与云南相连，南边及西部与缅甸、印度、不丹、尼泊尔等国接壤。处于东经 78°24′~99°06′、北纬 26°52′~36°32′。面积约为 $123×10^4 \text{ km}^2$，人口约 365 万。

西藏是以藏族为主体的民族自治区，另外还有回族、门巴族、珞巴族等少数民族。西藏平均海拔 4 000 m 以上，是青藏高原的主体部分。总的地势由西北向东南倾斜，境内纵横延展着许多高耸山系。西藏境内江河纵横，水系密布，是我国河流分布最多的省区之一。在广袤的西藏高原上点缀着大小湖泊 1 500 多个，是中国最大的湖泊密集区，也是世界上湖面最高、范围最大、数量最多的高原湖区。西藏地势高，空气稀薄，含氧量少，昼夜温差大，太阳辐射强。

二、旅游业水平与特色

西藏神奇美丽的自然景观、独特的人文风情，成为旅游业发展得天独厚的优势。近年来，西藏旅游业跨越式发展，特别是青藏铁路建成通车后，西藏旅游业更是突飞猛进，西藏逐渐成为旅游热点（见表 11-2）。

表 11-2 西藏旅游业发展概况一览表

项目	入境游客数	国内游客数	星级酒店数	旅行社数	5A级景区数
西藏	18万人次	60万人次	165家	310家	4家
全国	3 057万人次	36 139万人次	10 003家	38 943家	280家
占比	0.6%	0.2%	1.6%	0.8%	1.4%
排名	25	31	25	30	27

随着国家投入的增加，西藏旅游基础设施建设不断完善，基本形成了吃、住、行、游、购、娱有序发展的旅游产业体系。西藏的传统饮食是藏餐，藏餐中有代表性的是烧羊、牛肉、糌粑、酥油茶和青稞酒，以"绿色饮食王国"的美名扬名天下。西藏有各等级的星级宾馆。随着青藏铁路开通和林芝机场通航，西藏旅游交通更加便捷通畅。

三、经典旅游线路及行程特色

1. 圣城拉萨一日游

行程：拉萨，布达拉宫—大昭寺—八角街。

特色：本线路以拉萨著名景点为特色。

2. 藏东最美林芝深度四日游

行程：D1：林芝，雅鲁藏布江峡谷—南迦巴瓦峰观景台—千年核桃民俗村；

D2：林芝，鲁朗—巨柏树—色季拉山—南迦巴瓦峰—鲁朗林海；

D3：林芝，工布江达—巴松措—秀巴千年古堡—工布江达尼洋河—米拉山口；

D4：林芝，工布江达—太昭古城—茶马古驿站—清朝古墓群。

特色：本线路以秀色可餐的大自然景色、蕴含风情意味的人文景观为特色。

3. 藏南雅砻文化四日游

行程：D1：西宁，扎塘寺—敏竹林寺—朗色林庄园—雅鲁藏布江的风光；

D2：西宁，雅砻博物馆—昌珠寺—雍布拉康—山南烈士陵园—吐蕃故都藏王墓群；

D3：那曲，桑耶寺—修行圣地青朴—雅砻藏药厂—贡布日神山—圣洞—猴子洞；

D4：当雄，拉加里王宫—拉姆拉措。

特色：本线路以藏族发祥地西藏山南地区雅砻文化旅游为特色。

4. 西藏完美全境八日游

行程：D1：拉萨，布达拉宫—大昭寺—八角街；

D2：拉萨，纳木错；

D3：那曲，念青唐古拉雪山—羌塘大草原；

D4：当雄，羊八井地热温泉区；

D5：山南，冈巴拉雪山—羊卓雍湖—卡诺拉冰川；

D6：日喀则，扎什伦布寺；

D7：林芝，米拉雪山—尼洋河谷风光—松赞干布出生地；

D8：林芝，巴松措—巨柏公园。

特色：本线路贯穿了西藏最具代表性的景点。

5. 拉萨红色专项一日游

行程：D1：拉萨烈士陵园—西藏百万农奴解放纪念馆—清政府驻藏大臣衙门—中央人民政府驻藏代表楼旧址—林周农场。

特色：以红色印记重温革命历史、传承奋斗精神，感悟爱国主义教育。

四、旅游城市与景点

1. 拉萨

西藏的省会城市，位于西藏东南部、雅鲁藏布江支流拉萨河北岸，国家历史文化名城。"拉萨"在藏语中为"圣地"或"佛地"之意，长期以来是西藏政治、经济、文化、宗教的中心，有"高原日光城"的美誉。主要景点有布达拉宫、大昭寺、罗布林卡、哲蚌寺、色拉寺、小昭寺、甘丹寺、宗角禄康、藏王陵、楚布寺、拉萨清真寺、曲贡遗址、西藏博物馆、药王山、直贡噶举派寺庙群、纳木错等。

布达拉宫：位于拉萨市西北 2 km 的红山上，海拔 3 767 m，是世界上海拔最高的宫殿。布达拉宫始建于公元 7 世纪，是藏王松赞干布为远嫁西藏的唐朝文成公主而建。宫堡依山而建，现占地 41×10^4 m²，建筑面积 13×10^4 m²，宫体主楼 13 层，高 178 m，由红宫（佛殿及历代达赖喇嘛灵塔殿）、白宫（达赖喇嘛居住的地方）两大部分组成。红宫居中，白宫横贯两翼，红白相间，群楼重叠，是集宫殿、城堡、陵塔和寺院于一体的宏伟建筑（见图 11-4）。

大昭寺：位于拉萨老城区中心，是一座藏传佛教寺院，是西藏现存最辉煌的吐蕃时期的建筑，也是西藏现存最古老的土木结构建筑。大昭寺始建于公元 7 世纪唐朝初期，后经历代多次整修、扩建，遂形成如今占地 2.5×10^4 m² 的宏大规模。有殿堂 20 多个，主殿高 4 层，镏金铜瓦顶，辉煌壮观，具有唐代建筑风格，也吸取了尼泊尔和印度建筑艺术特色，成为藏式宗教建筑的典范。

图 11-4

2. 昌都

昌都旧称"察木多"，位于西藏东部、澜沧江上游，是西藏的东大门。厚重的历史文化积淀形成了独特的"康巴文化"底蕴，古老而神秘的茶马古道赋予了昌都鲜明的文化特征。主要景点有卡若遗址、强巴林寺、查杰玛大殿、孜珠寺、仁措湖、然乌湖、布托湖、长毛岭养鹿场、卡玛多塔林、波罗吉荣大峡谷、嘎学岩画、生钦朗扎神山、伊日温泉等。

盐井古盐田：位于芒康县盐井镇澜沧江东西两岸，号称茶马古道上的明珠，已有1300多年的食盐生产历史，至今还完整保持原始的手工晒盐方式。盐井、盐田与澜沧江水相互映衬，这里不仅可看到盐田美丽的自然风光，还可体验原始制盐的全过程，观赏盐田下钟乳石般的结晶盐。登高俯瞰，从江边绵延分布到山上的数千块盐田，银光闪烁，红、白相间，错落有致，美不胜收。

3. 林芝

林芝位于西藏东南部，山清水秀的林芝藏语意为"太阳宝座"。林芝地区地处藏东南雅鲁藏布江下游，平均海拔 3 000 m，海拔最低的地方仅 900 m，气候湿润，景色宜人。境内湖泊密布，林海浩瀚，雪山耸立，瀑布飞泻，素有"香帕拉""生态绿洲"等美誉，是西藏最重要的生态旅游区和大香格里拉生态旅游圈中心腹地。主要景点有雅鲁藏布大峡谷、巴松措、南迦巴瓦峰、藏布巴东瀑布群、米堆冰川、南伊沟、鲁朗五寨和色季拉山国家森林公园等。

雅鲁藏布大峡谷： 位于雅鲁藏布江中下游林芝地区，全长504.6 km，极值深度6 009 m，是世界上最大的峡谷（见图11-5）。这里拥有我国山地生态系统最完整的垂直植被组合，拥有壮观的跌水、雄伟的雪山、丰富的宗教传说等人文景观。

图 11-5

4. 日喀则

日喀则地区位于西藏西南部，自然景观和人文景观独具特色，旅游业为日喀则的支柱产业之一。主要景点有扎什伦布寺、珠峰自然保护区、雍则绿措湖、江孜城堡抗英遗址、樟木口岸、宗山遗址、帕拉庄园等。

扎什伦布寺： 位于日喀则市尼色日山南侧，藏语意为"吉祥须弥山"，是西藏佛教格鲁派在后藏地区的最大寺院，也是全国著名的六大黄教寺院之一。从第四世班禅起，后世班禅均以此寺为驻锡地。整个寺院依山坡而筑，背附高山，坐北地向阳，殿宇依次递接，疏密均衡，和谐对称。

5. 其他旅游城市与景点

此外，还有山南、那曲和阿里等旅游城市。山南位于西藏南部边陲、雅鲁藏布江中下游地区，历史上称为"雅砻河谷"，是藏民族的摇篮和文化发祥地，有西藏历史上第一座宫殿、第一座寺院、第一部经书、第一块农田等，主要景点有雅砻河风景名胜区、羊卓雍措、拉加里王宫遗址和普莫雍错等。那曲地处西藏北部，素有"万里羌塘"之称，主要景点有当惹雍措、念青唐古拉山、羌塘（藏北）草原等。阿里位于西藏的西部，首府狮泉河镇，主要景点有神山冈仁波齐峰、圣湖玛旁雍错、古格王国遗址和班公湖等。

实训作业与学习评价

1. 请以全陪的身份，用5分钟的时间提醒团友去西藏旅游要注意的事项。
2. 根据所学的知识，请设计一条以青藏铁路为媒介贯穿青海和西藏的旅游线路，并以PPT形式进行展示。
3. 青海和西藏是藏传佛教的圣地，有布达拉宫、大昭寺等著名寺庙，请用5分钟介绍寺庙旅游的注意事项及习俗禁忌。
4. 青海和西藏拟联盟参加中国（广东）国际旅游产业博览会，请以PPT形式就两省区的旅游资源特色和主要景点作10分钟的推介。

项目 12

游遍港澳台

项目导读

香港、澳门是我国两个特别行政区,台湾是我国领土不可分割的部分。港澳台三地旅游资源特色鲜明。通过本项目学习,学生应该要掌握港澳台景点特色,同时,充分认识"一国两制"的伟大创举以及祖国统一的重要性。

课程资源

香港和澳门游线路设计
微课视频

项目 12 PPT 课件

任务12.1 港澳台的旅游环境及特色资源解读

一、位置与范围

本区位于我国东南沿海，包括香港特别行政区、澳门特别行政区和台湾省。

二、旅游环境与资源特征

1. 海岸线曲折，海滨旅游资源丰富

港澳台均由岛屿或半岛组成。香港的东、西、南三面均濒临大海，有大量的海湾、岬角、半岛、海峡，海滨风光迥然有异，各具特色；台湾四面环海，有长长的海岸线以及各种类型的海岸，形成不同的景观特色；澳门有九澳湾、竹湾、黑沙湾等。绵长而曲折的海岸又拥抱着无数大大小小的海湾，不仅给港澳台带来了优美的环境和景色，而且成为良好的避风港和海滨旅游热区。

2. 山地丘陵为主的地形，山地景观丰富多彩

本区面对广阔海洋，由山地丘陵为主的岛屿或半岛组成。港澳地区基本上是广东丘陵地带的延续部分，以山地为主，陆地由半岛和岛屿两部分组成，在海岸分布着形状不一的海湾。台湾山脉众多，山地面积占了全岛总面积的三分之二。

在三地连绵起伏的山地中，山山瑰美，峰峰秀丽，层峦叠翠。例如，香港太平山、大屿山岛，澳门东西望洋山、莲花山、氹仔岛，台湾阿里山、澎湖列岛等都已成为著名旅游胜地。

三、特色资源及其开发利用

本地区旅游资源特色鲜明，尤以购物类旅游资源最为典型。

购物类旅游资源属于人文旅游资源范畴，包括旅游商贸活动场所、旅游商品两大类。本区舒适的购物环境、便捷的交通、优质的服务、丰富的旅游产品以及优惠的价格等吸引了大量游客前来购物、旅游。

香港是名副其实的"购物天堂"，不仅商品种类多、价格便宜，而且服务十分贴心。香港的购物区集中在两地：一个是香港岛（见图12-1），主要有中环、北

图 12-1

角、金钟和铜锣湾，都分布在地铁线上；另一个是九龙，主要有尖沙咀、佐敦、油麻地、旺角，也都可以乘地铁到达。

澳门购物也非常便利，著名的购物商场有：大运河购物中心、澳门一号广场、永利名店街和新八佰伴百货等。

任务12.2

香港旅游资源赏析与线路设计

一、旅游资源与环境概况

香港地处珠江口以东，北接深圳市，东濒大鹏湾，西隔珠江口与澳门相望，南面是珠海市万山群岛。主要包括香港岛、九龙半岛、新界与离岛四大部分。地形以低山丘陵为主，其面积约占 3/4 以上，新界大帽山（海拔 957 m）为全港最高点。因此建筑多依山就势，道路多斜街和盘山路。气候属南亚热带气候，全年气温较高，夏季炎热潮湿，冬季凉爽干燥，适宜避寒。

二、旅游业特色与水平

香港的旅游业开展较早，旅游基础设施和配套服务完善，旅游产品精彩纷呈，旅游服务水平高。拥有快捷、多元化的交通网络，酒店、餐饮、娱乐、零售等行业发达，旅游业已成为香港的重要经济产业。香港以其庞大的商品零售网络、本地佳肴美食、中西饮食文化精粹、景色怡人的郊野和独特的文化遗产等为特色，加上舒适的住宿环境和服务、便利的交通条件，现已发展成为国际旅游胜地。

三、旅游景点

1. 香港岛

简称港岛，是香港政治、经济和文化中心，也是开发最早的地区。香港岛与九龙半岛隔海相望。香港岛的南部有著名的深水湾、浅水湾，这里是香港的主要旅游区和高级住宅区。主要景点有太平山顶、杜莎夫人蜡像馆、海洋公园、浅水湾、香港会议展览中心、兰桂坊、赤柱小镇、西港城、中环广场和铜锣湾等。

海洋公园： 位于香港岛南区的黄竹坑，占地 0.9 km²。公园依山而建，包括山上、山下和集古村三个景区。山上以海洋馆、海洋剧场、海涛馆、机动游戏为主（见图 12-2），山下则有水上乐园、花园剧场、金鱼馆及仿照历代文物所建的集古村。集古村仿中国宫廷建筑，村内有亭台楼阁、庙宇街景，反映了中国历史风貌。

香港会议展览中心： 是香港最新建筑群中的代表，它的新翼则由填海扩建而成，内附大礼堂及大展厅数个，分布于三层建筑之中，是世界最大的展览馆之一。其独特的飞鸟展翅形态（见图 12-3）给美丽的维多利亚港增添了色彩。1997 年香港回归时曾在此举行大典，也使这里成为国际的焦点。

2. 九龙半岛

九龙半岛位于新界与维多利亚港之间，南隔海与香港岛相望，也是香港较为繁盛的市区。主要景点有黄大仙祠、幻彩咏香江、九龙寨城公园、星光大道、香港体育馆、太空馆、科学馆、九龙清真寺、历史博物馆、尖沙咀海滨公园等。

图 12-2

黄大仙祠： 位于九龙半岛的东北面，又名啬色园，始建于 1921 年，是香港最著名的庙宇之一。其建筑雄伟，金碧辉煌。除主殿大雄宝殿外，还有三圣堂、从心苑等，其中以牌坊建筑和祠内的九龙壁最具特色。

图 12-3

3. 新界

新界覆盖了香港大部分地方，占香港总面积的 92%，分为新界东和新界西。主要景点有香港迪士尼乐园、宝莲禅寺、天坛大佛、青衣城、香港文化博物馆、竹林禅院、香港米埔野生动物保护区、青山禅院、香港铁路博物馆、新田大夫第等。

香港迪士尼乐园： 位于大屿山竹篙湾东南面，是一座融合了美国加州迪士尼乐园及其他迪士尼乐园特色于一体的主题公园。香港迪士尼乐园（见图 12-4）包括美国小镇大街、探险世界、幻想世界和明日世界等主题区，每个主题区都能给游客带来无尽的奇妙体验。

图 12-4

天坛大佛： 位于大屿山木鱼峰顶，是世界上最大的露天青铜坐佛。大佛所坐莲花宝座为仿北京天坛所设计，故而得名"天坛大佛"。佛像身高 23 m，莲花座及基座总高约 34 m，重 250 吨，共由 202 块青铜焊连而成。大佛造型集云岗、龙门佛像和唐代雕塑技艺之精华，是尖端科技与宗教艺术的结晶。

青马大桥： 是全球最长的行车铁路双用悬索式吊桥，也是全球第八长的、以悬索吊桥形式建造的吊桥。青马大桥（见图 12-5）主跨长 1 377 m，连引道全长为 2 160 m。

图 12-5

任务12.3

澳门旅游资源赏析与线路设计

一、旅游资源与环境概况

澳门地处珠江口以西,北接广东省珠海市,东面与香港相隔60km,西与珠海市的湾仔和横琴相望。澳门由澳门半岛、氹仔岛和路环岛三部分组成,面积32.8 km²。地形以丘陵、台地为主,地势南高北低,平地多为填海而成。

澳门,中西文化融合共存,澳门的历史城区特色鲜明。1999年12月20日,中国政府恢复对澳门行使主权。澳门回归中国之后,经济迅速增长,比往日更繁荣,成为一国两制的成功典范。

二、旅游业特色与水平

旅游业是澳门的支柱产业,澳门特色豪华酒店众多,博彩娱乐盛兴,历史城区文化体验丰富。随着粤港澳大湾区战略的实施以及港珠澳大桥的建成通车,澳门的旅游、经济高质量发展,朝着建设世界旅游休闲中心的目标不断迈进。

三、经典旅游线路及行程特色

1. 澳门博物馆一日游

行程:海事博物馆—大炮台博物馆—仁慈堂博物馆—大赛车博物馆—葡萄酒博物馆—路氹博物馆—土地暨自然博物馆。

特色:本线路以走进不同博物馆、全面了解澳门的历史文化和科技发展为特色。

2. 澳门经典一日游

行程:威尼斯人度假村—妈阁庙—回归馆—盛世莲花广场—大三巴牌坊—新葡京娱乐场。

特色:本线路既可领略世界遗产澳门历史城区景观,又可感受前所未有的旅游新体验——威尼斯人度假村。

3. 澳门休闲五日游

行程：D1：友谊大马路—盛世莲花广场—渔人码头—金沙娱乐城—美高梅娱乐城—壹号广场；

D2：议事亭前地—玫瑰圣母堂—大三巴—大炮—主教山小堂—邮政局—索菲特酒店—妈阁庙—海事博物馆—永利酒店；

D3：东望洋灯塔—卢家大屋—氹仔岛—大运河购物中心—新濠天地；

D4：龙环葡韵—官也街—路氹博物馆—路环；

D5：路环岛—圣方济教堂—新葡京娱乐场。

特色：本线路行程安排休闲自在，全方位深度了解澳门历史、宗教文化、建筑文化、娱乐文化。

四、旅游城市与景点

1. 澳门半岛

澳门半岛是澳门居民的主要聚居地，也是澳门最早开发的地区，已有400多年历史。位于澳门半岛的澳门历史城区现为世界文化遗产。主要景点有大三巴牌坊、大炮台、圣母雪地殿教堂、玫瑰圣母堂、新葡京娱乐场、威尼斯人度假村、盛世莲花广场、普济禅院、澳门旅游塔等。

大三巴牌坊： 位于澳门大三巴街旁的小山丘上，是澳门最具代表性的名胜古迹，也是澳门风光的标志。大三巴牌坊（见图12-6）为1580年竣工的圣保罗教堂的前壁遗迹，由花岗石建成，宽23 m，高25.5 m，属古希腊巴洛克建筑风格。精美绝伦的艺术雕刻，将大三巴牌坊装饰得古朴典雅，被称为"刻在石上的教义"。

妈阁庙： 位于西望洋山下，原称妈祖阁，俗称天后庙。其始建于1488年，是澳门三大禅院中最古老的一座。其枕山临海，倚崖而建，周围古木参天，风光绮丽。主要建筑有大殿、弘仁殿、观音阁等殿堂。

威尼斯人度假村： 威尼斯人度假村（见图12-7）是由美国赌业巨头金沙集团投资24亿美元兴建。酒店位于澳门路氹金光大道中心地带，酒店楼高39层。

澳门旅游塔： 澳门旅游塔（见图12-8），港澳地区习称为"观光塔"。从地面到最高点的总高度为338 m（56层）。主观光层位于离地面223 m高的位置。它在全球独立式观光塔中排行第十位，是世界高塔联盟成员之一。

图12-6

2. 氹仔岛

氹仔岛，位于澳门半岛南约2.5 km处，西面与珠海市的小横琴岛隔海相望。主要景点有龙环葡韵、澳氹大桥、嘉模公园、菩堤园、澳门赛马会、天后宫、北帝庙等。

龙环葡韵： 位于氹仔半岛。"龙环"是氹仔的旧称，"葡韵"是指葡萄牙的建筑风格，龙环葡韵指的是

图12-7

氹仔海边马路一带的景致，包括海边马路的五幢葡式住宅、嘉模教堂、图书馆和两个小公园，尤以海边马路的葡式建筑群最具代表。五幢翠绿的小型别墅，是氹仔重要的文物建筑与文化遗存，同时也是澳门极富代表性的景点之一。

3. 路环岛

路环岛，位于澳门最南面，西面与珠海市的大横琴岛隔海相望。主要景点有黑沙海滩、妈祖文化村、圣方济各圣堂、路环村等。

黑沙海滩： 位于路环岛的南边，古称"大环"，是澳门著名的天然海浴场。海滩呈半月形，宽约 1 km，坡度平缓，滩面广阔，水质明净。

图 12-8

任务12.4

台湾旅游资源赏析与线路设计

一、旅游资源与环境概况

台湾省位于我国东南海域，东濒太平洋，北临东海，南界巴士海峡与菲律宾相邻，西隔台湾海峡与福建相望。

台湾地势中间高、东西两侧低，中央山脉纵贯南北，玉山海拔 3 952 m，是我国东部最高峰。台湾位于环太平洋地震带和火山带上，地壳不稳，是一个多地震的地区。境内河流大多流程短、落差大、水势急，多险滩和瀑布。台湾属于热带和亚热带季风气候区，终年气候宜人，动植物资源丰富，更有"蝴蝶王国""海上翠微"之美誉。

台湾自古就有"美丽宝岛"之誉。旅游资源十分独特，自然旅游资源以奇特多样的海滨地貌、温泉瀑布、森林为主；人文旅游资源则以特殊的历史遗迹、民居民俗和现代都市风貌等为胜。

二、旅游业特色与水平

台湾省各类旅游资源比较丰富，尤以山水风光、温泉疗养、滨海度假、民俗风情游为特色。

三、旅游景点

1. 北部地区

本区以台北市为中心,包括基隆、桃园县、新竹县、新竹市、苗栗县和宜兰县等。其中台北是全台湾的政治、经济、文化和教育中心,为台湾第一大城市,有"亚太之都"之称。主要景点有台北"故宫博物院"、北投温泉、士林官邸、台北101大楼、大屯火山云群、中正纪念堂、士林夜市、阳明山、野柳风景区、九分老街、十分瀑布、桃园小人国、苗栗香格里拉游乐区等。

台北"故宫博物院": 坐落在台北市士林区外双溪。原为"中山博物院",始建于1962年,1965年落成。是仿照北京故宫样式设计建筑的宫殿式建筑,典藏品数量近70万件,收藏之丰富举世公认。

台北101大楼: 原名"台北国际金融中心",位于台北市信义区。楼高508 m,地上101层,地下5层。上楼可以俯瞰台北全景。大楼(见图12-9)融合了东方古典文化及台湾本土特色,造型宛如劲竹,节节高升,象征着生生不息的深厚内涵。

野柳风景区: 位于台湾省基隆市西北方约15 km处,是一个突出海面的岬角,远望如一只海龟蹒跚离岸,昂首拱背而游,因此也有人称之为"野柳龟"(见图12-10)。受造山运动的影响,深埋海底的沉积岩上升至海面,产生了附近海岸的单面山、海蚀崖、海蚀洞等地形。海蚀、风蚀等在不同硬度的岩层上作用,形成蜂窝岩、豆腐岩、蕈状岩、姜状岩、风化窗等各类奇观。

图12-9

2. 中部地区

本区以台中市为中心,包括台中县、台中市、南投县、彰化县、云林县等。主要景点有日月潭、鹿港小镇、草岭风景区、大坑风景区、慈光寺、中山公园、南瑶宫、郑成功庙等。

日月潭: 位于南投县中部鱼池乡之水社村,是台湾地区最大的天然湖泊,是闻名遐迩之山水佳胜。四周青山环抱,重峦叠嶂,郁郁苍苍;湖面辽阔,水平如镜,潭水湛蓝。潭中有一小岛,远望好像浮在水面上的一颗珠子,名"拉鲁岛"。以此岛为界,北半湖形状如圆日,南半湖形状如弯月,日月潭(见图12-11)因此而得名。日月潭四周点缀着许多亭台楼阁和寺庙古塔,如文武庙、玄光寺、涵碧楼、慈恩塔、孔雀园等。

图12-10

3. 南部地区

本区是台湾最早开发的地区,以高雄市、台南市为中心,还包含屏东、嘉义等县市。其中,高雄市为台湾第二大城市。主要景点有阿里山、赤崁楼、西子湾、莲池潭、旗津、垦丁、茂林、火山碧云寺、延平郡王祠、

图12-11

安平古堡、大天后宫等。

阿里山风景区：位于嘉义县阿里山乡。阿里山景观多元，春可赏花，夏能避暑，秋冬观日出、看云海，一年四季皆有可观之景。高山铁路、森林、云海、日出及晚霞，号称阿里山"五奇"（见图12-12）。

4. 其他旅游城市与景点

此外，还有位于台湾东部的花莲和台东等旅游城市，以及台湾海峡中的金门岛、马祖岛和澎湖列岛等，其主要景点有太鲁阁公园、花东纵谷、东部海岸风景区、玉山国家公园、兰屿、绿岛、知本温泉、海山寺、台东海滨公园、秀姑峦溪等。金门、马祖与澎湖誉称"海峡宝珠"，主要景点有莒光楼、芹壁聚落、澎湖、壁山、风狮爷、金门模范街、龟岛、榕园和铁堡等。

图 12-12

实训作业与学习评价

1. 请设计一条以"港澳联游"为主题的4~5天的旅游线路，以小组为单位制成PPT进行推介。
2. 对比分析港澳台旅游大区中，香港、澳门、台湾三区旅游资源特色的差异。

参 考 文 献

[1] 杨载田. 中国旅游地理[M]. 4版. 北京：科学出版社，2014.
[2] 何丽芳. 中国旅游地理[M]. 北京：清华大学出版社，2008.
[3] 赵利民. 中国旅游地理[M]. 大连：东北财经大学出版社，2011.
[4] 罗兹柏，杨国胜. 中国旅游地理[M]. 天津：南开大学出版社，2011.
[5] 甘枝茂，马耀峰. 旅游资源与开发[M]. 天津：南开大学出版社，2007.
[6] 韦家瑜. 中国旅游地理[M]. 北京：中国旅游出版社，2011.
[7] 曾九江. 中国旅游地理[M]. 北京：中国出版集团 现代教育出版社，2011.
[8] 王辉，苗红. 中国旅游地理[M]. 北京：北京大学出版社，2010.
[9] 龚维嘉. 旅游线路开发与设计[M]. 合肥：合肥工业大学出版社，2008.
[10] 南宇，李兰军. 中国西部旅游资源[M]. 北京：北京交通大学出版社，2007.
[11] 刘咏梅. 中国旅游资源[M]. 北京：中国劳动社会保障出版社，2008.
[12] 陈福义，范保宁. 中国旅游资源学[M]. 北京：中国旅游出版社，2003.
[13] 韦家瑜，中国旅游地理[M]. 北京：中国旅游出版社，2003.
[14] 叶骁军. 中国旅游资源基础[M]. 天津：南开大学旅游出版社，2014.
[15] 马勇，李玺. 旅游规划与开发[M]. 北京：高等教育出版社，2002.
[16] 惠西成，石子. 中国民俗大观[M]. 广州：广东旅游出版社，1997.
[17] 吴国清. 中国旅游地理[M]. 上海：上海人民出版社，2012.
[18] 李清霞. 中国旅游地理[M]. 北京：旅游教育出版社，2012.
[19] 郭盛晖. 中国旅游地理[M]. 北京：科学出版社，2010.
[20] 张道顺. 旅游产品设计与操作手册[M]. 北京：旅游教育出版社，2012.
[21] 朱竑，田美蓉，欧阳颖. 高等院校校园旅游研究[J]. 人文地理，2005（1）.
[22] 中华人民共和国文化和旅游部. 中国文化文物和旅游统计年鉴2020[M]. 北京：国家图书馆出版社，2020.
[23] 中华人民共和国国家旅游局网站，www.cnta.gov.cn
[24] 中华人民共和国国家统计局网站，www.stats.gov.cn
[25] 北京市旅游发展委员会官网，http://www.visitbeijing.com.cn
[26] 天津旅游资讯网，http://www.tjtour.cn/index.aspx
[27] 河北旅游资讯网，http://www.hebeitour.com.cn
[28] 百度百科，http://baike.baidu.com.
[29] 广州番禺职业技术学院省级精品课程"中国旅游资源赏析与线路设计"网站，http://121.33.253.215/solver/classView.do?classKey=3468665
[30] 爱课程省级精品资源共享课程"中国旅游资源赏析与线路设计"网站，http://121.8.187.27/loadShowHome.action?courseInfoId=5000000037